JN412021

얼굴 만들기

얼굴 만들기

성형외과의의 탄생

린지 피츠해리스 지음 이한음 옮김

THE FACEMAKER: A VISIONARY SURGEON'S BATTLE TO MEND THE DISFIGURED SOLDIERS OF WORLD WAR I
by LINDSEY FITZHARRIS

This Korean edition is published by arrangement with Farrar, Straus and Giroux, New York through KCC (Korea Copyright Center Inc.), Seoul.

일러두기

- 원주는 미주로, 옮긴이주는 각주로 표시하였습니다.

이 책은 실로 꿰매어 제본하는 정통적인 사철 방식으로 만들어졌습니다.
사철 방식으로 제본된 책은 오랫동안 보관해도 손상되지 않습니다.

나 스스로조차 믿지 못할 때도 꿋꿋하게 한결같이
나를 믿어 준 아빠 마이크 피츠해리스께

그는 아이들과 그 부모와 형제자매와 아내와 연인과 조부모 앞에 모습을 드러내곤 했는데, 몸에는 팻말을 걸치고 있었으며 팻말에는 이것이 전쟁이라고 적혀 있곤 했고, 전쟁 전체를 그들이 살아 있는 한 결코 잊지 못할 작은 살과 뼈와 머리카락 뭉치로 집약시키곤 했다.

— 돌턴 트럼보, 『자니, 총을 얻다 *Johnny Got His Gun*』

죽은 이들만이 전쟁의 끝을 본다.

— 조지 산타야나, 1922년

독자에게

온갖 세세한 내용을 잔뜩 집어넣어서 독자를 질리게 만들지 않으면서 글을 쓰기란 논픽션 작가에게는 꽤 버거운 일이다. 1914~1918년에 벌어진 엄청난 규모의 사건들을 다룰 때는 더욱 그렇다. 이 책은 제1차 세계 대전 때의 성형 수술 역사를 완벽하게 서술하려는 의도를 결코 갖고 있지 않다. 게다가 당시 얼굴 손상을 입은 병사들의 얼굴을 재건하는 일에 몰두한 외과 의사 해럴드 길리스의 포괄적인 전기인 것도 아니다. 미주에 잘 드러나 있듯이, 그런 주제들을 연구하는 일에 평생을 바친 학자들이 쓴 책과 논문이 많이 나와 있다. 그렇기에 나는 길리스를 비롯한 의료진이 퀸스 병원에서 매일같이 어떤 문제들을 붙들고 씨름했는지를 가까이에서 살펴보고, 전쟁터에서 입은 부상과 고통스러운 회복 과정이라는 이중의 심리적 외상에 시달린 환자들의 이야기를 자세히 들려주려 한다.

당시에 얼굴이 손상된 병사들은 사람들로부터 아예 숨곤 했다. 이 책에 그들의 사진을 싣겠다는 결정은 가볍게 내린 것이 아니다. 나는 안면 손상을 입은 장애인 활동가를 포함해서 다양한 전문가에게 자문했다. 그들의 사진이 너무나도 생생하기에, 차마 못 보겠다고 할 독자도 많을 것이다. 그러나 얼굴을 직접 보지 않고서는 그들의 부상이 얼마나 심각했는지, 그런 얼굴에 사람들이 어떤 반응을 보였는지를 상상하기가 불가능하다. 마찬가지로 수술 진행 과정을 시간순으로 보여 주는 이 사진들을 보지 않고서는 해럴드 길리스 의료진이 병사의 얼굴을 재건할 때 쓴 기술을 제대로 이해하기가 어렵다. 빼놓은 사례도 있긴 하다. 나는 길리스의 치료를 받다가 사망한 부상자들의 수술 이전이나 이후 사진은 싣지 않았다. 재건이 완료되지 않았기 때문이다.

이 책이 논픽션임을 강조하련다. 책에 들어간 인용문은 편지든, 일기든, 신문 기사든, 수술 기록이든 간에 모두 역사 자료다. 몸짓, 표정, 감정 같은 것들을 언급한 내용도 당사자가 직접 말한 내용을 토대로 삼았다.

이 이야기를 통해서 독자가 참호전이 어떤 끔찍한 결과를 낳았으며, 군인들이 총을 내려놓은 뒤 오랫동안 사적으로 어떤 전투를 벌여야 했는지를 새로운 시각에서 보았으면 하는 것이 내 바람이다.

차례

프롤로그

〈사랑스럽지 않은 대상〉

1917년 11월 20일

캉브레의 동쪽 하늘에 붉고 노란 빛줄기가 환하게 뻗으면서 날이 밝았다. 이 프랑스 도시는 벨기에 국경에서 약 40킬로미터 떨어진 곳에 주둔한 독일군의 주요 보급지였다. 인근 산비탈의 이슬 맺힌 풀밭에 이스트서리 연대 7대대의 퍼시 클레어 사병이 지휘관 옆에 엎드린 채 진군 신호를 기다리고 있었다.

30분 전, 그는 독일군 방어선을 둘러싼 철조망을 향해 물에 젖은 땅 위를 탱크 수백 대가 우르릉거리며 나아가는 광경을 지켜보았다. 영국군은 어둠을 틈타서 진군하는 데 성공했다. 그러나 승리한 듯이 보였던 상황은 곧 양편의 대량 살상으로 이어지면서 지옥 같은 상황으로 빠져들었다. 이 새벽 공격에 참전한 클레어는 이미 폭격으로 황폐해진 땅 전체에 찢겨 나간 병사들의 시신이 널려 있는 광경을 볼 수 있었다. 〈참호 너머로 다시 해가 뜨는 광경을 볼 수나 있을까 하는 생각이 들었다.〉[1] 나중에 그는 작은 글씨로 빽빽하게 쓴 일기에 그렇게 적었다.

이 서른여섯 살의 병사에게 죽음은 더는 낯선 것이 아니었다. 1년 전 그는 솜 전선에서 참호에 틀어박혀 있었는데, 지겨워질 만치 꼼짝 못 하고 있다가 이따금 공포스러운 전투가 벌어지던 곳이었다. 며칠마다 짐마차가 와서 보급품을 내려놓고 시신을 수거해 갔다. 그러나 시신의 수가 너무 많아 다 수거하기란 불가능했다. 한 병사는 이렇게 회고했다. 〈시신들은 쓰러진 참호 안에 그대로 놓여 있었다. 눈앞에서 봐야 했을 뿐 아니라 그들을 밟고 미끄러지고 타 넘으면서 돌아다녀야 했다.〉[2]

이 썩어 가는 시신들은 참호 벽에 줄줄이 기대어 놓임으로써 통로를 좁히는 고정 구조물이 되었다. 앉혀 놓은 가슴팍에서 팔다리가 튀어나와 있었다. 군용 차량이 다닐 수 있도록 폭격으로 패인 도로를 시신으로 채우기도 했다. 한 병사는 이렇게 회고했다. 〈차량이 계속 다닐 수 있도록 패인 구멍에 삽으로 그냥 아무거나 다 몰아넣고서 말 사체, 병사 시신 등⋯⋯ 닥치는 대로 넣어 메웠다.〉[3] 늘어나는 시신의 수를 따라잡기 위해 장례 부대는 으레 하던 정중한 장례 절차도 포기했다. 시신들은 철조망 위에 빨래처럼 걸쳐졌고, 파리가 몇 센티미터 두께로 검은 털인 양 뒤덮고 있었다. 한 보병은 이렇게 회고했다. 〈최악은 무수한 구더기가 부글거리는 거품 덩어리처럼 시신에서 배어 나온다는 것이다.〉[4]

거기에 악취까지 동반되어 공포스러운 광경은 더욱 끔찍하게 와닿았다. 썩어 가는 살에서 나오는 역겨우면서 달착지근한 냄새가 사방으로 수 킬로미터까지 뒤덮었다. 다가가는 병사는 시신을 눈으로 보기 전에 냄새부터 맡을 수 있었다.[5] 악취는 그가 먹는 상한 빵에도, 마시는 고인 물에도, 입고 있는 넝마가 된 군복에도 배어 있었다. 제1차 세계 대전 때 싸운 로버트 C. 호프먼 중위는 20여 년 뒤 미국이 두 번째 세계 대전에 참전하는 것에 반대하면서 이렇게 경고했다. 「죽은 쥐의 악취를 맡아 본 적이 있나요? 모래알 하나를 보고서 애틀랜틱시티의 해변을 떠올린다고 상상해 보세요. 생쥐의 악취와 오래전에 죽어 쌓여 있는 병사들에게서 나오는 악취의 차이가 그 정도는 될 겁니다.」[6] 호프먼은 시신을 묻은 뒤에도 〈여전히 악취가 지독해서 몇몇 장교가 심하게 앓을 정도였다〉고 회상했다.

클레어는 시신에 익숙해졌지만, 죽어 가는 모습에는 아니었다.[7] 엄청난 고통에 시달리며 죽어 가는 이들의 모습은 그의 뇌리에 깊이 새겨졌다. 한번은 참호에 굴러떨어졌다가 포탄에 가슴이 찢겨 나간 채 웅크린 모습으로 죽어 있는 두 독일군을 보았다. 병사들은 서로 기괴할 만치 닮았고, 클레어는 그들이 아버지와 아들이라고 결론지었다. 그는 그들의 얼굴을 — 유령처럼 창백해진 채 떨고 있는 듯한 소름 끼치는 표정에, 아마 서로를 향해 있었을 고통, 공포와 두려움으로 가득한 눈을 — 보았고, 그 모습을 결코 잊지 못했다. 클레어는 의무병이 곧 도착하기를 바라면서 부상병들을 옆에서 지킨 적도 있었는데, 결국 어쩔 수 없이 이동해야 했다. 나중에야 그는 자신이 떠난 뒤 빈이라는 친구가 총검으로 그들의 배를 찔러서 목숨을 끊었다는 사실을 알았다.

클레어는 일기에 이렇게 적었다. 〈나는 극도의 분노에 사로잡혔다. 그에게 그런 짓을 저질러 놓고 살아남기를 바라냐고 다그쳤다. 그렇게 야비하면서 잔인한 짓을 저지르고도 신의 처벌을 받지 않는다니 도저히 믿어지지 않았다.〉 얼마 뒤 클레어는 참호에서 썩어 가는 그 친구의 시신과 맞닥뜨렸다.

지금 산비탈에서 캉브레의 전쟁터를 내려다보면서, 클레어는 어떤 새로운 공포와 맞닥뜨릴지 걱정이 되었다. 멀리서 타타타타 기관총을 쏘는 소리가 희미하게 들렸고, 포탄이 공중으로 쉬이익 날아가는 소리도 들렸다. 클레어는 포탄이 떨어질 때의 충격을 이렇게 적었다. 〈처음에는 마치 거인이 놀라서 잠에서 깨어나는 것처럼 움찔하는 식으로 땅이 한 번 흔들리는 듯했다. 이어서 계속 진동이 전달되면서 땅에 엎드려 있는 우리 몸 전체가 뒤흔들렸다.〉[8] 포격이 시작된 직후에 지휘관은 신호를 보냈다.

진격.

클레어는 총에 대검을 꽂은 뒤 다른 소대원들과 함께 조심스럽게 일어섰다. 소대는 노출된 산비탈을 따라 내려가기 시작했다. 도중에 그는 한 무리의 부상병을 지나쳤다. 그들은 공포에 질려 안색이 창백했다. 갑자기 머리 위에서 포탄이 터지며 짙은 연기가 시야를 가렸다. 연기가 걷혔을 때, 클레어는 앞쪽에 있던 소대원들이 묵사발이 된 것을 발견했다. 〈몇 분 뒤 우리는 불쌍한 동료들의 찢겨 나간 시신들을 밟고 나아갔다.〉[9] 시신 한 구가 특히 그의 시선을 끌었다. 죽은 병사는 완전히 벌거벗겨진 상태였다. 〈몸을 가렸던 옷의 실밥이 모조리 뜯겨 나갔다……. 강한

폭발물이 터짐으로써 생긴 신기한 효과였다.〉

클레어의 소대는 주검들을 지나서 목표물을 향해 계속 나아갔다. 겹겹이 두른 철조망으로 지키고 있는 방비가 잘된 참호였다. 그들이 다가가자 독일군들이 총알을 쏟아 내기 시작했다. 몇 군데에서 동시에 기관총과 소총이 발사되었다. 그 순간 클레어는 자신들이 딱할 만치 대비를 안 했다고 느꼈다. 〈계속해서 점점 더 많은 총알을 뿜어내고 있는 엄청나게 강한 참호 진지를 상대로 그냥 느슨하게 한 줄로 서서 진군하다니, 너무나 어처구니없어 보였다.〉[10]

클레어는 모든 보병이 짊어지고 다녀야 하는 보급품의 무게에 눌려서 엉거주춤한 자세로 조금씩 앞으로 나아갔다. 많으면 무게가 27킬로그램에 달하는 이 배낭에는 탄약과 수류탄부터 방독면, 고글, 삽, 물에 이르기까지 온갖 물품이 들어 있었다. 클레어는 머리 위로 날아가는 총알 세례를 피하려고 바짝 몸을 낮춘 채 뒤엉킨 철조망을 뚫고 나아갔다.

참호가 7백 미터쯤 남았을 때, 그는 갑자기 날카로운 무언가가 얼굴 옆쪽을 쾅 들이받는 느낌을 받았다. 총알 하나가 그의 양쪽 뺨을 뚫고 지나갔다. 입과 코로 피가 왈칵왈칵 솟구치면서 군복 앞쪽을 적셨다. 클레어는 입을 벌려 비명을 질렀지만 아무 소리도 나오지 않았다. 얼굴이 너무나 심하게 손상되는 바람에, 고통스러움에도 얼굴을 찡그릴 수조차 없었다.

서부 전선에서 첫 기관총이 발사되는 순간부터 분명해진 것이 하나 있었다. 유럽의 군사 기술이 의료 수준을 훨씬 넘어섰다는 것이다. 총알은 무시무시한 속도로 공기를 찢었다. 포탄과 박격포탄은 전쟁터에서 폭발하며 사람들을 봉제 인형처럼 날려 버렸다. 마그네슘 신관이 든 탄약은 살에 박혔을 때 타올랐다.[11] 그리고 포탄이 터져서 생기는 뜨거운 조각들은 때로 세균이 잔뜩 든 진흙으로 덮인 채 살을 파고들어 끔찍한 상처를 입혔다. 몸은 난타당하고 뚫리고 베이곤 했지만, 얼굴에 입은 부상은 특히 심한 심리적 충격을 안겨 줄 수 있었다. 코가 떨어져 나가고, 턱이 산산이 부서지고, 혀가 찢겨 나가고, 눈알이 빠져나왔다. 때로는 얼굴 전체가 사라지기도 했다. 전선의 한 간호사는 이렇게 표현했다. 〈치유의 과학은 파괴의 과학 앞에서 어찌할 줄 몰랐다.〉[12]

참호전의 특성 때문에 얼굴을 다치는 비율이 높았다. 많은 전투원은 어떤 일이 벌어질지 예상조차 못하다가 얼굴에 총탄을 맞았다. 한 외과 의사는 이렇게 썼다. 〈그들은 기관총 총알 세례를 피하면서 참호 위로 머리를 내민 채 빠르게 움직일 수 있다고 생각한 듯했다.〉[13] 클레어 같은 이들은 전쟁터에서 진군하다가 상처를 입었다. 병사들의 몸은 잘리고 불타며 내장을 쏟아 냈다. 말에 얼굴을 차인 이들도 있었다.[14] 전쟁이 끝나기 전에 프랑스, 독일, 영국에서만 얼굴 외상을 입은 사람들이 28만 명에 달했다.[15] 그 전쟁은 죽음과 팔다리 절단을 가져왔을 뿐 아니라 부상을 안고서 살아가야 하는 수백만 명을 낳은 효율적인 기계였다.

그 전쟁에서는 이전의 그 어떤 전쟁에서보다 많은 사람이 목숨을 잃었다. 산업 규모로 대량 살상을 가능하게 하는 신기술의 발전은 거기에 한몫했다. 자동 무기 덕분에 군인들은 1분에 수백만 발을 멀리 있는 표적을 향해 쏠 수 있었다. 포술이 고도로 발전하면서 장거리 무기를 쏠 때 곡률을 계산하며 정확한 탄착 지점을 산출하는 전문가까지 필요해졌다. 독일군의 가장 큰 공성포인 무시무시한 〈파리 포Paris Gun〉는 120킬로미터 떨어진 거리에서 90킬로그램짜리 포탄을 프랑스 수도로 잇달아 날렸다. 보병 무기도 제1차 세계 대전이 일어나기 전에 상당한 발전을 이룸으로써 이전의 전쟁 때 썼던 총보다 발사 속도가 여러 배 더 빨라졌다. 군역사학자 레오 판 베르헌은 총포 기술의 발전에 힘입어서 1914년, 겨우 3백 명으로 이루어진 중대가 〈워털루 전투에서 웰링턴 공작이 지휘한 6만 명의 강력한 군대와 맞먹는 수준의 화력을 쏟을〉 수 있었다고 했다.[16]

과학의 발전은 총, 탄환, 포탄이라는 전통적인 하드웨어의 발전뿐 아니라 두 가지 섬뜩한 혁신도 일으켰다. 하나는 화염 방사기Flammenwerfer였다. 처음 접하는 사람에게 끔찍한 충격을 안겨 준 무기였다. 독일군이 처음 썼는데, 1915년 벨기에 호헤에서 영국군을 상대로 쓴 사례가 가장 잘 알려져 있다. 이 휴대용 무기는 불타는 기름을 뿜어내어 불길이 닿는 곳의 모든 것을 파괴했다. 참호 속의 군인들을 불타는 건초 더미에 있던 생쥐처럼 갈팡질팡 뛰어다니게 만들었다. 이 액체 불길에 닿은 희생자들은 온몸에 심한 화상을 입었다. 한 병사는 동료가 화염에 휩싸이는 광경을 공포에 질려서 바라보았다. 〈얼굴이 새까맣게 타오르면서

숯처럼 되었고, 상체가 그을리면서 익어 갔다.〉[17]

또 하나는 화학 무기였다. 아마 이 무기야말로 심리적으로 더욱 사람을 황폐하게 했을 것이다. 치명적인 가스 공격이 대규모로 처음 일어난 것은 1915년 4월 22일이었다.[18] 독일군 특수부대가 벨기에 이프르의 전쟁터에서 염소 가스 160톤을 방출했다. 몇 분 사이에 프랑스와 알제리 군인 1천여 명이 사망했고, 4천여 명이 다쳤다. 생존자들은 대부분 허파가 불타는 듯한 고통을 안고서 전쟁터를 떠났고, 그 결과 참호 전선에 대규모 구멍이 생겼다. 한 병사는 멀리서 그 끔찍한 일이 벌어지는 광경을 지켜보았다. 〈우리 프랑스 군인들의 한가운데로 병사들이 눈이 멀고 기침을 하며 헉헉거리면서, 일그러지고 자주색으로 변한 얼굴에 극심한 고통으로 말조차 하지 못한 채 비틀거리며 걸어왔고, 그들 뒤쪽에 가스로 덮인 참호 속에서 수백 명의 전우가 죽었거나 죽어 가고 있음을 알게 되었다.〉[19] 서둘러 방독면이 전선으로 보급되어 많든 적든 간에 어느 정도 보호를 해주었지만, 이런 화학 무기는 그 즉시 제1차 세계 대전의 야만성과 동의어가 되었다.

탱크도 전장에 새로 추가된 무기였다. 탱크는 영국에서 처음 개발되었고, 진정한 목적을 적군에 숨기기 위해 그런 이름이 붙여졌다. 물탱크인 척 위장한 이 강철의 야수는 안에 탄 병사들을 보호하면서 대포와 군인을 거침없이 적군의 전선 쪽으로 운반할 목적으로 개발되었다. 그러나 현실에서는 포격에 취약했기에 포격을 받았을 때 연료 통에 불이 붙는 등 탑승자들은 온갖 상처를 입기도 했다.

퍼시 클레어처럼 조노 윌슨 대위도 캉브레에서 벌어진 전투 첫날에 싸웠다.[20] 그는 탱크 3대를 지휘했다. 윌슨이 탄 탱크는 나아가다가 그만 연료가 떨어졌다. 그는 멈춘 탱크에서 뛰쳐나와 앞쪽에 있는 탱크에 올라탔다. 그런데 그가 전서구의 다리에 상황을 보고할 서신을 묶고 있을 때 탱크에 포탄이 떨어졌다. 포탄이 폭발하면서 탱크는 옆으로 쓰러졌고 불이 붙었다. 병사들이 채 빠져나오기 전에 다시 포탄이 강타했다. 운전병은 즉사했고, 새하얗게 달아오른 파편이 윌슨의 얼굴에 들이박혔다. 코가 떨어져 나가고 패인 부위에서 피가 왈칵왈칵 쏟아지는 가운데, 그는 탱크 밖으로 기어 나와서 땅에 포탄으로 패인 구멍에 들어가 몸을 숨기고 수통에 든 럼주를 들이켜며 고통을 달랬다. 이윽고 그는 독일군 포로 4명이 운반하는 들것에 실려 전장에서 빠져나왔다.

한편 위쪽 하늘에서는 조종사들이 공중전을 벌이거나 대공포화를 피하면서 정찰 임무를 수행하고 있었다. 목재, 철사, 캔버스로 만들어진 항공기는 총알을 막지 못했고, 조종사는 대부분 땅에 있는 병사만큼이나 취약했다. 전쟁이 시작될 때 공중전도 유아기에 있었다. 라이트 형제가 최초로 동력 비행에 성공한 지 겨우 10년 남짓 지났을 뿐이었기에, 항공기는 아직 원시적인 기계였다. 낙하산도 없어서 조종사는 불붙은 항공기로 동체 착륙을 시도하거나 그냥 떨어져 사망했다. 한 조종사는 탈출했을 때 몸은 다치지 않았지만 얼굴이 심하게 불타는 바람에 누구인지 알아볼 수 있는 얼굴의 특징이 전혀 남아 있지 않았다.[21] 조종사 대다수는 권총이나 연발 권총을 갖고 탔다. 적에게 쏘기 위해서가 아니라 항공기에 불이 붙었을 때 자신의 목숨을 끊기 위해서였다. 당시에는 비행이 너무나 위험했기에 적군을 눈으로 볼 기회를 아예 얻지 못한 채 훈련 때 사망한 조종사도 많았다. 이 초기의 조종사들은 스스로 〈20분 클럽〉이라고 지칭하기도 했다.[22] 신참 조종사가 격추되는 데 걸리는 평균 시간이었다.

그러나 적군과 직접 접촉하지 않으면서 전투를 할 수 있게 해준다는 많은 기술을 포함하여 온갖 기술 발전이 이루어져 왔음에도, 전쟁은 수백 년 동안 해왔던 것과 똑같이 원초적이고 야만적이었다. 곳곳에서 백병전이 벌어졌고, 생존자들은 전쟁이 끝난 뒤로도 계속 그 끔찍한 기억에 시달리곤 했다. 맨체스터 대대의 존 커컴은 솜 전투 때 참호용 곤봉으로 독일 병사를 쳤던 순간을 떠올렸다. 제1차 세계 대전 때의 〈현대적인〉 살상 무기라기보다는 중세 전쟁을 더 떠올리게 하는 잔인한 무기였다. 대개 일종의 철퇴, 즉 납 심이 들어 있는 곤봉에 징을 다닥다닥 박은 것이 표준 형태로 보급되었지만 참호에서 이런저런 재료를 모아 즉석에서 만들기도 했다. 커컴은 당시 상황을 자세히 설명했다. 〈이마가 꺼지면서 깊숙이 박혔다. 격투를 벌이는 와중에 그의 헬멧이 날아갔고, 나는 그가 대머리 노땅임을 알아차렸다. 그 머리 벗겨진 불쌍한 놈의 모습이 도저히 잊히지 않으며, 아마 앞으로도 계속 그럴 듯하다.〉[23]

은밀한 습격 때는 뭉툭한 곤봉뿐 아니라 더 날카로운 총검도 쓰였다. 칼등에 톱니가 있는 독일의 총검이야말로 가장 무시무시했다. 〈도살자의 칼〉이라는 별명까지 붙었다. 병사들은 적을 칼로 찌른 뒤 이 칼등의 톱니로 창자를 끄집어냄으로써 적에게 서서히 고통스러운 죽음을 안겨 주었다. 너무나 혐오스러웠기에 프랑스군과 영국군은 그런 칼을 지닌 독일 군인에게 사로잡히면 고문당한 뒤 처형될 것이라고 경고했다. 결국 1917년 무렵에는 그 칼을 전투에서 쓰는 것이 대체로 금지되었다. 그러나 무기의 발명과 개량은 전쟁 내내 계속되었고, 때로는 섬뜩한 결과를 빚어내곤 했다.

전쟁 초기에는 버려진 잼 깡통도 병사들이 그 안에 폭약과 쇳조각을 채워 넣고 심지를 장착하여 즉석 폭탄으로 만들기 시작함에 따라서 치명적인 무기가 되었다.[24] 당시에 효율적으로 대량 살상하는 방식이 유례없이 증가했다는 점을 고려할 때, 전쟁터가 불모지로 변하는 것도 놀랄 일이 아니다. 이렇게 표현한 사람도 있다. 〈그 어떤 생명의 징후도 보이지 않았다……. 한밤중 달빛에 기이하게 보이는 죽은 그루터기 몇 개를 빼고는 나무 한 그루 없었다. 새도 전혀 없었다. 박쥐도, 풀잎 한 가닥도 보이지 않았다……. 어디에나 죽음이 널려 있었다.〉[25]

지금까지 말한 내용은 20세기를 정의할 두 차례의 세계 대전 중 첫 번째 전쟁에서 펼쳐진 공포 중 극소수 사례일 뿐이다. 전쟁은 수많은 사상자를 낳기 마련이었다. 전쟁터마다 사상자가 널렸고, 유럽 전역과 그 밖의 지역에서도 임시 병원마다 부상자들로 가득 찼다. 이 전쟁에서 죽은 군인은 8백만~1천만 명이었고, 부상자는 그 두 배에 달했다.[26] 중상을 입은 이들도 많았다. 많은 사람이 살아남았지만 낫자마자 다시 전쟁터로 보내졌다. 영구 장애를 입은 사람들은 집으로 돌아갔다. 퍼시 클레어처럼 얼굴을 다친 사람들은 의학의 최전선에 가장 큰 도전 과제를 안겨 주었다.

팔다리가 절단된 사람들과 달리, 얼굴 특징이 훼손된 이들은 영웅 대접을 받지 못할 때도 있었다. 한쪽 다리를 잃은 사람은 연민과 존경심을 불러일으킬지 모르지만, 얼굴이 훼손된 사람은 거부감과 혐오감을 불러일으키곤 했다.[27] 당시 신문 기사들은 외모 차이를 향한 오래된 편견을 고스란히 보여 주듯이 위턱 얼굴 손상, 즉 얼굴과 턱의 훼손이 최악 중의 최악이라고 묘사했다. 『맨체스터 이브닝 크로니클』은 외모가 손상된 병사가 〈애도하는 친척들이나 궁금해하는 낯선 이들에게 모습을 드러내면 예전의 멋지거나 호감을 일으키는 얼굴과 달리 다소 불쾌함을 일으키리라는 것을 안다〉고 썼다.[28] 역사학자 조앤 버크는 〈극심한 얼굴 손상〉이 팔다리의 중복 상실, 전신 마비, 〈정신 이상〉 — 포탄 충격, 즉 전쟁 때문에 심리적 외상에 시달리는 병사의 정신 장애 — 과 더불어 영국 전쟁부가 전액 연금을 받을 자격이 있다고 본 소수의 부상에 해당한다고 말했다.[29]

얼굴이 손상된 병사가 다른 유형의 부상자들과 다르게 비친 것도 놀랄 일이 아니다. 수백 년 동안 사람들은 얼굴에 난 눈에 띄는 특징이 도덕적 또는 지적 퇴행을 가리킨다고 해석했다.[30]

얼굴의 일그러짐을 한센병이나 매독 같은 병의 지독한 영향이나 신체적 처벌, 사악함, 죄악과 연관 짓기도 했다.[31] 사실 얼굴에 난 흠을 그런 표시라고 여겼기에 나폴레옹 전쟁 때 영구 흉터가 남은 프랑스 병사는 동료들에게 살해당하기도 했다. 그런 부상자가 앞으로 더욱 비참한 일을 겪지 않도록 구원해 주는 것이라고 합리화하면서였다. 얼굴 손상이 〈죽음보다 더 나쁜 운명〉을 가져올 것이라는 그 잘못된 믿음은 제1차 세계 대전이 터지기 직전까지도 계속 남아 있었다.

대개 우리는 먼저 얼굴을 통해서 상대가 누구인지를 알아차린다. 얼굴은 성별, 나이, 인종 등 신원을 알려 주는 모든 중요한 요소들을 나타낼 수 있다.[32] 성격도 드러낼 수 있고 서로 의사소통을 할 때도 도움을 준다. 사람의 한없이 다양하고 미묘한 표정은 그 자체가 감정의 언어이기도 하다. 그러니 얼굴이 지워진다면, 그런 주요 기표들도 사라질 수 있다.

감정이나 의도를 담는 그릇으로써 얼굴이 중요하다는 사실은 우리 언어에서도 알아볼 수 있다. 우리는 〈면목이 있다〉나 〈면목이 없다〉 같은 표현을 쓰기도 한다. 누군가가 믿음직하다면, 〈얼굴값〉을 한다고 말할 수도 있다. 거짓말쟁이는 〈철면피〉, 〈뻔뻔한 얼굴〉, 〈두 얼굴〉이라고 부르기도 한다. 누워서 침 뱉기의 영어 표현은 〈제 코를 잘라 자기 얼굴을 망가뜨리기cut off his nose to spite his face〉인데 현실과 비유, 양쪽 차원에서 걸맞은 말이다. 이 목록은 길게 이어진다.

얼굴이 손상된 병사는 전쟁이 끝나고 집으로 돌아온 후 스스로 사회와 등을 돌려야 할 때가 많았다. 〈평범한〉 얼굴에서 〈손상된〉 얼굴로의 갑작스러운 전환은 환자 자신뿐 아니라 친구와 가족에게도 충격을 주었다.[33] 약혼자는 파혼을 선언했고, 아이들은 아빠를 보고 달아났다. 한 남자는 의사가 자신을 보더니 부상이 너무나 심각하다며 진료를 거부했던 순간을 떠올렸다. 〈몇 시간 지나면 내가 죽을 거라고 짐작했던 것 같다.〉[34] 다른 이들의 이런 반응은 마음에 상처를 입힌다. 전쟁 때 영국 육군 의무대 부설 재활 병원의 감독관으로 일한 로버트 테이트 매켄지는 얼굴이 손상된 병사들이 〈약물에 의존하거나 우울증에 시달렸고, 자살하는 이들까지 나타났다〉라고 썼다.[35]

병사들의 삶은 얼굴처럼 부서진 채로 남겨지곤 했다. 정체성 자체를 빼앗긴 이런 사람들은 새로운 기계화된 전쟁에서 최악의 결과를 상징하게 되었다. 프랑스에서는 망가진 얼굴 Les gueules cassées, 독일에서는 흔히 뒤틀린 얼굴Gesichts entstellten 또는 얼굴 없는 남자Menschen ohne Gesicht라고 했다. 영국에서는 〈가장 외로운 병사Loneliest of Tommies〉라고 했다. 전쟁의 희생자 중에서 가장 비참한 이들, 전쟁 희생자들에게조차도 낯선 이들을 가리키는 명칭이었다.[36]

캉브레에서는 퍼시 클레어도 그 집단에 합류할 예정이었다.

총알에 얼굴이 뚫렸을 때, 클레어의 머릿속에는 이제 죽겠구나 하는 생각이 가장 먼저 떠올랐다. 잠시 다리가 후들거리다가 무릎이 꺾이면서 주저앉았고, 자신이 죽는다는 생각이 도저히 믿기지 않았다. 나중에 그는 일기에 이렇게 적었다. 〈위험한

많은 순간을 무사히 넘기다 보니 나 자신이 무적이라고 무의식적으로 생각하고 있었다.〉[37]

아내와 아이의 모습이 떠오르기 시작했을 때, 로슨이라는 장교가 그를 도우러 왔다.[38] 클레어의 망가진 얼굴에 흠칫 놀라면서도, 로슨은 자신의 웃옷 안쪽에 꿰매어 놓은 야전 응급 약품이 든 주머니를 뜯어냈다. 그 안에 둘둘 말아 놓은 방수 고무에는 아마천, 붕대, 작은 아이오딘 병이 들어 있었다. 로슨은 출혈이 어디에서 일어나는지 도무지 알 수 없어서 당황하다가 주머니 통째로 클레어의 입을 틀어막고는 서둘러 자기 소대원들이 있는 곳으로 돌아갔다. 그 순간 클레어는 얼굴과 목의 주요 동맥이 터져서 콸콸 쏟아지는 피에 사람이 쉽게 익사할 수 있다는 것을 깨달았다. 클레어는 나중에 회상했다. 〈아마 그는…… 출구를 막아서 피를 멈출 수 있을 것으로 생각한 모양이다……. 대신에 그 주머니는 나를 거의 질식시킬 뻔했고, 나는 다급하게 피를 게워낸 뒤에야 주머니를 다시 움켜쥘 수 있었다.〉

클레어는 피가 빠져나가면서 손가락이 얼얼해지기 시작하자 시간이 없다는 것을 알아차렸다. 그는 젖 먹던 힘까지 끌어모아서 멀리 있는 도로를 향해 전쟁터를 기어가기 시작했다. 거기로 가면 누군가에게 발견될 가능성이 커질 것이라고 느꼈다. 마치 〈무거운 쇠사슬에 묶여 있는 양〉 팔다리가 무거워졌고, 결국 그는 목적지에 다다르지 못하고 무너졌다.[39] 그는 엎어진 채로 그곳이 자신의 무덤이 되는 광경을 상상했다. 〈아마 오늘 밤이나 내일 장례 부대가 와서 나를 발견할 것이고, 내가 종종 매장했던 것처럼 낯선 이들이 꼴불견이 된 진흙투성이 몸뚱이를 내가 쓰러진 이곳 전장을 얕게 파고 묻겠구나.〉[40] 그는 주머니에서 작은 성서를 꺼내어 가슴팍에 놓고 움켜쥐었다. 시신을 발견한 누군가가 성서를 고향의 어머니에게 부쳐 주기를 바라면서였다.[41]

의식이 오락가락하는 가운데 그는 의무대가 급히 와서 도와주기를 기도했다. 그러나 클레어는 전쟁터에서 빨리 빠져나갈 가능성이 아주 낮다는 것을 잘 알았다. 많은 병사가 들것을 들고 올 사람들을 기다리다가 죽었다. 솜 전투 첫날 몇 분 만에 부상을 입은 어니스트 워즈워스라는 병사는 얼굴에서 피가 흘러나오는 가운데 전장에서 며칠 동안 기다린 끝에야 겨우 구조되었다.[42]

들것을 드는 이들도 전장으로 들어서는 순간 표적이 된다는 사실 때문이다. 1915년 가을, 루 전투 때 참호에서 겨우 20미터 떨어진 곳에서 총상을 입은 샘슨이라는 중대장을 구하려다가 병사 3명이 죽고 4명이 부상을 입었다.[43] 의무대가 마침내 그에게 다가갔지만, 샘슨은 자기를 이미 구할 가치가 없으니 그냥 돌아가라고 했다. 총성이 멎은 뒤 부대원들이 그를 찾았을 때, 그는 17곳에 총상을 입고 죽어 있었다. 자신을 구하겠다고 더 많은 사람이 목숨의 위험을 무릅쓸까 봐 그는 비명이 터지는 것을 막고자 주먹을 자신의 입에 쑤셔 넣은 채였다. 이런 비극적인 이야기는 드문 것이 아니었다.

많은 병사는 의학적 도움을 미처 받지 못한 채 전쟁터에서 사망했다. 구조대원의 주의를 끌기도 쉽지 않았다. 얼굴이 찢겨나간 부상자는 더욱 그러했다. 가장 전투에 단련된 전사조차도 그런 부상자의 끔찍한 모습 앞에서는 섬뜩한 기분이 들 수 있었다. 사회주의 활동가 루이 바르타스는 한 동료가 다쳤을 때를 떠올렸다. 〈우리는 섬뜩함에 사로잡힌 채 잠시 그대로 서 있었다. 그의 얼굴은 거의 남아 있지 않았다. 총알이 그의 입을 뚫고 들어와 폭발하면서 양쪽 뺨을 터뜨리고 턱을 산산조각 내며 혀를 찢어발겼다. 혀 조각 하나는 매달려 있었고, 이 끔찍한 부상을 입은 부위에서 피가 왈칵왈칵 솟구쳤다.〉[44] 병사는 아직 살아 있었지만 얼굴이 사라졌기에 분대원 중 누구도 그를 알아보지 못했다. 바르타스는 궁금증이 일었다. 〈그의 어머니는 이런 상태라도 아들을 알아볼 수 있을까?〉

이런 면에서 보면, 적어도 퍼시 클레어는 운이 좋았다. 부상이 심각했음에도 친구인 웨이먼이 지나가다가 그를 알아보았기 때문이다. 클레어는 위에서 나오는 목소리를 들었다. 「어이, 퍼시 불쌍한 친구야, 어떻게 된 거야?」[45] 클레어는 손짓으로 자신이 죽어 가고 있다고 알렸다. 웨이먼은 몸을 웅크려서 상황을 파악한 뒤 들것을 든 대원에게 알렸다. 그때쯤 클레어의 손과 얼굴에서 쏟아진 피는 엉겨 붙기 시작한 상태였다. 양쪽 뺨에 난 구멍에서는 여전히 조금씩 피가 흘러나오고 있었지만 말이다. 의무병은 고개를 젓더니 대원들에게 딴 데로 가라고 지시했다. 그러면서 중얼거렸다. 「이런 부상자는 예외 없이 금방 사망해요.」

그러나 웨이먼은 쉽게 포기하지 않았다. 그는 적진에서 포격이 심해지는 가운데에도 다른 들것 운반 대원들을 찾아 나섰다. 하지만 그들도 클레어가 죽을 것이라고 여기며 그를 전장 밖으로 옮기는 것을 거부했다. 시간이 갈수록 클레어는 약해져 갔고, 그들의 판단에 이의를 제기할 수조차 없었다. 〈내가 너무나 피에 절어 있고 비참해 보였기에 아마 그들이 오래 힘들게 들고 가도…… 헛수고라고 믿는 것은 당연했을 것이다.〉[46]

죽을 것이 확실해 보이는 클레어 같은 부상자를 옮기는 것은 생존할 기회가 더 높은 다른 부상자를 전쟁터에 놔둔다는 의미였기에 신중하게 결정해야 했다. 부상자를 운반하면서 돌아가는 길은 위험할 뿐 아니라 몸도 힘들었다. 구조 장비는 대체로 전투에는 쓸모가 없었다. 사상자를 찾는 훈련을 받은 개는 포화 속에서 미쳐 날뛰었다. 부상자를 운반하는 용도로 고안된 바퀴 달린 수레는 포격으로 무너지고 패인 땅에서는 무용지물일 때가 많았다. 그래서 대개 운반 대원들이 들것을 어깨에 짊어지고서 부상자를 안전한 곳으로 운반해야 했다. 때로는 한 명을 옮기는 데 8명까지도 달라붙어야 했다. 어떤 일도 쉽지 않았고, 신속하게 이루어질 수도 없었다. 파스샹달 전투에서 W. 러그 사병은 한 부상자를 구조했는데, 진창을 걸어서 도움받을 곳까지 가는 데 무려 10시간이 걸렸다.[47] 전쟁터에서 빠져나오는 데 성공했어도 도움을 못 받거나, 이미 너무 늦었을 때도 많았다. 영국 육군 의무대의 의무병 잭 브라운은 이렇게 회상했다. 〈그럴 때는 담뱃불을 붙여 입에 물려 주면서 죽기 전 집에 있는 가족에게 남길 말이 있는지 물어보는 것이 전부였다.〉[48]

상처의 위치를 고려할 때 퍼시 클레어는 다른 위험에도 처해 있었다. 얼굴을 다친 병사 중에는 들것에 눕혀진 뒤 질식사하는 이들도 많았다. 피와 점액이 숨길을 막거나, 혀가 목으로 말려 들어 가서 질식을 일으켰다. 한 병사는 〈타격〉을 느낀 뒤 총알이 얼굴을 부수고 지나가 어깨에 틀어박힐 때 둔탁하게 쿵 하는 느낌을 받았다. 〈나는 아무 말도 할 수 없었다……. 친구들은 공포에 질려서 나를 쳐다보았고 내가 오래 살지 못할 것이라고 예상했다.〉[49] 친구들은 재빨리 다친 부위를 붕대로 감았지만 〈내 입에서 흘러나오는 피를 멈출 수 없었고, 나는 피에 거의 질식당할 뻔했다〉. 그는 몇 시간 동안 참호에 앉아 쏟아지는 피를 계속 뱉으면서 버틴 끝에야 구조되었다.

전쟁 초기에 치과 의사 윌리엄 켈시 프라이는 야간 공습 때 턱이 날아간 젊은이를 도운 뒤에 얼굴 부상자가 어떤 문제에 처하는지를 알아차렸다.[50] 켈시 프라이는 숨길이 막히지 않도록 병사에게 고개를 앞으로 숙이라고 한 후 의무대에 병사를 넘기고 다시 전선으로 돌아가기 시작했다. 50미터쯤 지났을 때, 여러 사람을 거쳐서 그에게 메시지가 전달되었다. 병사가 들것에 눕혀진 뒤에 질식사했다는 것이다. 켈시 프라이는 여생 동안 그 일을 잊지 못했다. 〈그날 밤 그가 담요로 둘러싸여 묻히던 장면이 아주 생생하다. 그 일로 얻은 교훈을 남에게 가르칠 기회가 있다면 꼭 그렇게 하리라고 결심했다.〉[51] 전쟁이 계속되면서 켈시 프라이 같은 의무관들의 경험이 쌓인 뒤에야 비로소 안면 부상의 병사를 운반할 때는 질식사 예방을 위해 엎드린 자세에서 들것 끝 너머로 머리를 늘어뜨려야 한다는 공식 지침이 내려졌다.[52]

친구를 구조하기 위해 여러 장애물을 넘어서야 했던 웨이먼은 마침내 세 번째 들것 운반 대원들을 설득하여 친구를 전장에서 빼낼 수 있었다. 클레어는 엄청난 양의 피를 흘린 뒤에야 비로소 들것에 실렸다. 나중에 그는 일기에 그 부상을 〈귀국 부상 Blighty One〉, 즉 특별 치료를 받으러 영국으로 돌아올 필요가 있는 부상을 뜻하며 〈귀국 휴가〉라고도 적었다.[53]

그러나 클레어가 당시 느꼈을 법한 안도감은 오래가지 않았다. 그 뒤에 거울을 본 그는 충격을 받았다. 무거운 마음으로 그는 이렇게 결론지었다. 〈나는 사랑스럽지 않은 대상이었다.〉[54]

클레어의 관점에서 전쟁은 끝났을지 모르지만, 회복을 위한 전투는 이제 겨우 시작될 뿐이었다. 전시에 이루어진 교통의 발전 덕분에 전선에서 부상병을 빼내는 일은 더 수월해지고 원활해졌다. 여기에 부상 관리 기술도 발전함에 따라서 얼굴에 직격탄을 맞은 부상자를 포함하여 영구적인 상처를 입고도 살아남은 이들이 대규모로 늘어났다. 병원의 위생 개선도 이전의 전쟁보다 부상자를 위협할 질병을 줄였다.

부상병은 먼저 연대 구급대에서 치료받았다. 구급대는 전선 바로 뒤쪽의 상대적으로 안전한 곳이나 참호에 설치되었다. 그런 뒤 야전 구급대라는 이동하는 의무대를 거쳐 전선에서 더 멀리 떨어진 부상자 치료소로 보내졌다. 부상자 치료소는 학교, 수도원, 공장 같은 건물에 설치되기도 했고 면적이 1.3제곱킬로미터에 이르는 공간에 텐트나 목재 막사로 지은 곳도 많았다.

장비를 온전히 다 갖춘 병원 역할을 하는 이런 시설은 혼란에 빠질 수 있었다. 특히 전쟁 초기에 그랬다. 영국 기자 프리츠 아우구스트 포이히트는 한 끔찍한 장면을 기술했다.

> 수술실은 도살장처럼 보였다. 바닥에는 핏물이 커다란 웅덩이를 이루었고, 그 위로 피가 떨어져서 튀기고 있었다.[55] 살점과 피부와 뼈가 여기저기 널려 있었다. 간호병들의 가운은 피와 누런 피크르산(소독약)이 튀고 묻어서 얼룩져 있었다. 양동이마다 피에 젖은 수건, 부목, 붕대가 가득했고 잘린 손이나 발이나 무릎 관절이 가장자리에 걸쳐 있었다.

부상자들은 치료소에서 안정을 취하고 치료를 받은 뒤 구급 열차, 수송 차량, 운하 바지선을 타고 프랑스 해안에 있는 기지 병원으로 이송되었다. 기지 병원 중에는 2천5백 개의 병상이 있고 분야별 전문 의사와 간호사를 다 갖춘 곳도 있었다. 어느 교통수단을 택하느냐에 따라 가는 데 최대 2.5일이 걸릴 수도 있었다.

〈귀국 부상〉을 입은 병사들은 영국 해협을 오가는 거대한 병원선을 타고서 영국의 항구로 보내졌다. 이런 선박은 회색으로 칠하고 양쪽에 빨간 적십자를 그려 넣어 부상자를 수송한다는 것을 알렸다. 영국에 도착한 부상자들은 전시에 지어진 여러 군 병원 중 한곳으로 옮겨졌다. 이런 복잡한 체계는 지속적으로 개선이 이루어져 전쟁이 이어지는 사이에 사망률이 상당히 줄어들었다.[56]

전시 병원에서 의사와 간호사는 온갖 엄청난 문제에 대처해야 했지만, 얼굴을 심하게 다친 병사들이야말로 가장 큰 난관이었다. 그들은 살아남는 것이 다가 아니었다. 예전의 삶과 비슷하게라도 돌아갈 수 있으려면 의학적 조치가 더 필요했다. 보철 기구는 딱히 대체할 팔이나 다리와 비슷하게 보일 필요는 없으나 얼굴은 다르다. 병사의 얼굴을 재건하는 엄청난 일을 기꺼이 맡겠다는 외과 의사는 먹을 능력 상실의 기능 장애뿐 아니라 사회가 받아들일 만한 수준을 생각하여 외모를 복원하는 문제도 고려해야 했다.

클레어에게는 다행히도 해럴드 길리스라는 선견지명을 지닌 외과 의사가 얼마 전부터 영국 시드컵의 퀸스 병원에서 일하고 있었다. 얼굴 재건만을 전담하는 세계 최초의 외과 의사 중 한 명이었다. 전쟁이 벌어지는 동안 길리스는 기존의 초보적인 성형 수술 기법들을 개선하고 상황에 맞게 변형시킨 끝에 완전히 새로운 수술법을 개발하기에 이르렀다. 그는 오로지 지옥 같은 참호에서 망가진 얼굴과 정신을 복구하겠다는 사명감으로 흔들림 없이 일에 매달렸다. 이 엄청난 도전 과제를 해내기 위해서 그는 사람들을 모아 독특한 의료진을 조직했다. 그들은 찢겨 나간 부위를 복원하고 파괴된 것을 재창조하는 일을 맡았다. 외과 의사, 내과 의사, 치과 의사, 방사선 의학자, 화가, 조각가, 가면 제작자, 사진사 등 여러 분야의 전문가들로 구성된 집단이었다. 모두 처음부터 끝까지 재건 과정을 도왔다. 길리스의 주도하에 성형 수술 분야는 진화를 거듭했고 새로 개척된 방법들을 표준화하면서 이윽고 현대 의학의 한 분야로 적법하게 자리 잡기에 이른다. 그 뒤로 이 분야는 전 세계 성형외과 의사들의 재건과 미적 혁신을 통해 우리 자신과 자신의 정체성을 인식하는 방식에 도전하면서 점점 번창해 왔다.

1917년 11월 늦가을 아침, 퍼시 클레어는 간신히 살아남아 그에게 너무나도 절실히 필요한 의학적 도움을 받아야 했다.

1장

발레리나의 엉덩이

해럴드 델프트 길리스가 아내와 함께 코번트 가든을 걷고 있을 때는 아직 전쟁과 그로 인해 어떤 공포가 빚어질지 상상조차 할 수 없던 시기였다. 날씬하고 매부리코에 때로 장난기가 반짝이는 흑갈색 눈을 지닌 서른 살의 이 외과 의사는 구부정하게 걷는 습관이 있어서 175.3센티미터인 실제 키보다 더 작아 보이곤 했다. 부부는 오늘 장사를 마무리하려고 부산하게 움직이는 노점상과 행상인을 뚫으며 자갈길을 나아갔다. 1913년 봄, 런던은 월등한 격차로 세계에서 가장 위풍당당한 도시였고, 26년 뒤 제2차 세계 대전이 정점에 달했을 때와는 비교가 안 되는 수준이었다. 인구가 7백만 명을 넘는 이 부산한 거대 도시는 파리, 빈, 상트페테르부르크를 합친 것보다 더 컸고, 영국과 아일랜드의 다른 대도시 16개를 더한 것보다 인구가 많았다.[1]

런던은 크기만 한 것이 아니라 부유하기도 했다.[2] 전 세계에서 수출품과 수입품을 실은 배들이 템스강을 통해 북극해를 오갔다. 세계에서 가장 바쁘면서 가장 번창하는 항구 중 하나이자, 사치품의 중심지였다. 부두에서는 중국 차, 아프리카 상아, 인도 향신료, 자메이카 럼주를 실은 배들이 정기적으로 들어와 짐을 내렸다. 무수한 국가들로부터 상품과 함께 사람도 밀려들었고, 이 수도에 정착하는 이들도 늘어났다. 그 결과 런던은 그 어느 때보다도 더 세계적인 도시가 되었다.

런던 주민들은 열심히 일하고 더욱 열심히 놀았다. 주류 판매 허가를 받은 점포가 6,566개나 되었기에 주민들이 애호하는 여가 활동인 음주가 더욱 활기를 띠었고, 경찰은 그 뒷수습을 하느라 정신이 없었다. 런던에는 축구팀 5개, 연극 극장 53개, 음악당 51개, 영화 극장 약 1백 개가 있었다. 그 10년이 끝날 즈음에 주 단위로 따지면 영화 관객은 약 세 배로 늘어났다.

유달리 따뜻한 그 봄날 저녁에 왕립 오페라 하우스에서는 런던의 부유한 음악 애호가들을 위해 베르디의 「아이다」 초연이 예정되어 있었다. 길리스는 후두, 즉 성대의 질병과 상처를 치료하는 후두 전문의 상사인 밀섬 리스에게 표를 받았다. 리스는 왕립 오페라 하우스의 의학 자문가로서 유명 가수들의 목 상태를 살펴보는 일을 했다. 그런데 이번 공연에는 별로 가고 싶지 않아 젊은 후배를 대신 보낸 것이었다.

3년 전 길리스는 거의 우연한 계기로 메릴본의 중심가에 있는 리스의 병원에서 편한 보직을 얻었다. 구직 면접을 볼 당시에 그는 런던 세인트바살러뮤 병원에서 임상 실습을 막 마친 참이었다. 당시 그는 머리와 목의 증상들을 폭넓게 다루는 외과 하위 분야인 이비인후과학에 관심이 많다는 것을 보여 주었다. 그 분야에서 일하는 사람들은 자기 분야를 ENT(Ear, Nose, Throat)라고 부르곤 했다. 내과학과장인 월터 랭던브라운은 그를 자신의 강의를 들은 학생 중 가장 뛰어났다고 여겼다.[3] 그러나 길리스가 도시 맞은편에 자리한 리스의 병원으로 간 것은 수술 실력 덕분이 아니었다. 사실 그가 그 노령 의사의 관심을 끈 것은 골프를 잘 친다는 평판 덕분이었다.

면접 당시 길리스는 영국 아마추어 선수권 대회에서 막 5라운드에 진출한 참이었다. 그러자 면접을 보던 도중에 리스는 자신의 골프채를 꺼내더니 길리스에게 한번 봐달라고 했다. 길리스는 리스의 스윙 시범을 보면서 조바심이 났다. 〈지금 뭐 하자는 거야? 일자리 얘기는 언제 하려는 거지?〉[4] 심지어 고용 조건을 논의할 기회조차 사라지고 말았다. 면접을 시작한 지 얼마 지나지 않아 환자가 오는 바람에 리스는 서둘러 나갔고, 길리스는 황당해하며 사무실에 남아 있었다. 문을 닫기 전, 리스는 멈칫하더니 길리스를 돌아보며 말했다. 「아, 참! 의사 친구, 잠깐 잊고 있었네! 연봉 5백 파운드면 어때? 본인이 직접 데려오는 개인 환자의 진료비는 알아서 챙기도록 하고. 괜찮지?」[5] 원래 있던 병원에서 연봉이 50파운드였던 길리스는 리스의 개인 병원에서 ENT 전문가로 일하면 열 배나 더 많이 벌 수 있다는 생각에 흥분했다. 그가 운동 실력 덕분에 새로운 기회를 얻게 된 것은 그때만이 아니었다.

길리스는 어디에서든 탁월한 성과를 냈다. 그의 전기를 쓴 레지널드 파운드는 그가 운동에서든 예술에서든 학문에서든 간에 〈힘들게 노력해서 얻기보다는 수수께끼처럼 물려받은〉 재능을 지닌 인물이었다고 했다.[6] 1882년 6월 17일, 해럴드 길리스는 뉴질랜드 더니딘에서 팔 남매의 막내로 태어났다. 조부인 존은 장남인 로버트와 함께 1852년 스코틀랜드의 뷰트섬에서 뉴질랜드로 이민을 갔다. 나중에 로버트는 토지 감정 평가사로 일했고, 더니딘에서 에밀리 스트리트를 만났다. 두 사람은 사랑에 빠져 얼마 뒤 혼인했다.

길리스는 어린 시절 빅토리아 시대 교외 주택의 널찍한 방을 아장아장 걸어 다니면서 몇 년을 보냈다. 아마추어 천문학자이기도 했던 부친은 화려한 장식이 달린 석조 건물 지붕에 회전하는 돔을 갖춘 천문대 건축을 의뢰한 상태였다. 로버트 길리스는 그 집을 〈환승 하우스Transit House〉라고 불렀다. 1874년 금성의 태양면 통과transit를 관측한 뉴질랜드 천문학자들을 기리는 차원에서 붙인 이름이었다.

길리스는 5명의 형과 함께 집 주변의 넓은 시골을 돌아다니며 시간을 보내는 것을 좋아하는 조숙한 아이였다. 형들은 집에서 기르는 암말인 브로고에 동생을 태우고 사냥이나 낚시를 하러 다녔다. 길리스는 어릴 때 집의 긴 난간에서 미끄럼을 타다가 떨어져 팔꿈치에 골절이 일어났고, 결국 평생토록 오른팔의 움직이는 범위가 한정되었다.[7] 손을 움직이는 데 제약이 있었던 그는 나중에 수술실에서 쓰는 인체 공학적 주사기 고정 장치를 발명하기에 이르렀다.

1886년 6월, 네 번째 생일을 맞이하기 이틀 전 길리스의 목가적인 유년기는 끝이 났다.[8] 그날 아침 한 형이 전날 저녁에 몸이 좋지 않다고 말했던 아빠를 살피러 위층으로 향했다. 침실에 들어가니 아빠는 이미 일어나 있었고 건강해 보였다. 아빠는 곧 내려갈 테니 식당에서 모두 함께 아침을 먹자고 했다. 아이는 아래층으로 달려가서 식구들에게 기쁜 소식을 전했다.

찬장 높이 놓여 있던 그릇과 팬을 꺼내는 등 주방에는 활기가 돌았고, 천천히 물이 끓으면서 주전자는 휘파람 소리를 냈다. 그런데 시간이 흘러도 아빠가 내려오지 않자 형은 점점 걱정하기 시작했다. 30분쯤 지났을 때 다시 널찍한 계단을 올라가 침실에 들어선 형은 충격에 빠졌다. 아빠는 침대 위에 누운 채 꼼짝하지 않았다. 갑작스럽게 찾아온 동맥류로 그는 쉰 살에 사망했다.

이후 엄마는 여덟 아이를 데리고 외가와 더 가까운 오클랜드로 이사했다. 길리스는 여덟 살 때 영국으로 보내져 잉글랜드 한가운데에 있는 도시인 럭비 인근의 예비 학교 린들리 로지에 들어갔다. 4년 후 뉴질랜드의 집으로 돌아와 학업을 이어 갔지만 오래 머물지 않았다. 1900년 열여덟 살의 그는 케임브리지 대학교에서 의학을 공부하기 위해 다시 영국으로 갔다. 의사가 되겠다는 그의 결심에 모두가 놀랐다. 변호사였던 형들과는 전혀 다른 길을 가겠다는 의미였기 때문이다. 그는 이렇게 농담했다. 「집안에 다른 직업을 가진 사람도 있어야 한다고 생각했어.」

그는 케임브리지에서 받은 전액 장학금을 새 모터사이클을 사는 데 쓴 뒤로 괴짜라는 평판을 얻었다. 그는 교수들에게도 거리낌 없이 이의를 제기했고, 해부실에서는 해부 시연자와 종종 언쟁을 벌이기도 했다. 이렇게 권위자를 존경하는 태도가 부족했음에도 〈폭소를 터뜨리게 만드는 유쾌한 성격과 웃음〉으로 교수와 급우 모두에게 호감과 찬탄을 자아냈다.[9] 그는 높은 인기에 힘입어서 〈자일스Giles〉라는 별명을 얻었고, 이 별명은 그를 평생 따라다녔다.

반항적인 정신의 소유자이긴 했지만, 길리스는 준법정신도 투철해서 규칙과 한계를 잘 지켰다.[10] 자신이 정한 규칙에는 더욱더 그랬다. 그는 대학에 다닐 때 다른 젊은이 5명과 함께 빅토리아 시대에 지어진 연립 주택에 살았다. 학생들이 으레 그렇듯이 그들은 내키는 대로 드나들었다. 길리스는 식사 때 모두가 모이는 일이 없다는 점을 파악하고 비용을 추적하는 체계를 고안했다. 각자가 식사 때 참석 여부를 표시하고 한 끼 식사의 비용과 함께 먹은 횟수를 적도록 했다. 동거인 중 한 명은 모두가 평등하게 내고 지출을 줄이도록 돕는 〈가장 독창적이면서 창의적인 체계〉라고 감탄했다. 그러나 그가 집안에 진 빚을 갚고 난 뒤 동거인들에게 빌려준 돈에 이자를 걷겠다고 하자 못마땅해했다. 길리스에게는 그것이 공정한 일이었다.

그는 대학에 다니면서 골프에 푹 빠지게 되었고, 펜을 드라이버 삼아 휘두르곤 했다.[11] 또 몇몇 급우와 파티에 참석하러 샌드위치에 갔다 온 후 일시적인 기분에 휩싸여서 대학 골프팀에 들어가려고 시도했다. 샌드위치에 갈 때 그는 유명한 골프 코스를 경험하고 싶어 자신의 골프채를 가져갔다. 며칠 뒤 케임브리지와 옥스퍼드의 대항전이 열릴 곳이었다. 길리스는 파티가 끝난 후 골프장에 가지 않고 돌아오는 열차를 탔다가 막판에 마음을 바꾸었다. 그는 기관차가 증기를 내뿜으며 역에서 움직이기 시작할 때 골프채를 쥐고 객차에서 뛰어내렸다. 얼마 뒤 그는 환영받으며 케임브리지 대학 골프팀에 들어갔다.

길리스는 화장실에 들어가면 문을 잠근 채 유달리 오래 머물렀다. 이런 모습은 동거인들의 짜증을 불러일으키곤 했다. 그는 자신의 작은 방에서 매일 두 깔개에 양발을 딛고 거울 앞에서 스윙 연습을 했다. 나중에 유명한 건축가가 된 친구 노먼 주슨은 길리스의 〈엄청난 집중력과 의지〉에 깊은 인상을 받았다.[12] 길리스를 아는 이들은 그의 골프 재능을 〈초자연적인〉 수준이라고 묘사했다.[13] 훗날 그의 환자들도 성형외과 의사로서의 그의 실력을 비슷한 시각으로 보게 된다.

시간이 흐르고 학업을 계속하면서 길리스가 수술에 소질이 있다는 것이 드러나기 시작했다. 세세한 것에 강박적으로 몰두한다는 점을 생각하면 놀랄 일도 아니었다. 그는 같은 사회 계층에 속한 많은 젊은이가 사교 활동에 힘쓰는 동안 종종 도서관에 홀로 처박혀 있는 등 다른 모습을 보였다. 한 친구는 이렇게 평했다. 〈뭐든지 간에 자기가 하겠다고 결심한 일은 해냈다.〉[14] 그런 단호한 태도는 그의 삶에 많은 도움이 되었다.

사랑의 문제야말로 그렇다는 사실을 가장 잘 보여 준 사례다. 길리스는 절대로 간호사와 결혼하지 않겠다고 맹세했지만, 임상 실습 때 일한 세인트바살러뮤 병원의 간호사 캐슬린 마거릿 잭슨에게 갑자기 사랑에 빠져서 정신을 못 차릴 지경에 이르렀다. 그런데 문제가 하나 있었다. 또 다른 의사도 그녀에게 구애하고 있었던 것이다.

경쟁을 절대 두려워하지 않는 성격인 그는 두 배로 더 노력했다. 어느 날 저녁, 그는 멋진 승합 마차를 예약해서 캐슬린에게 드라이브하자고 했다. 길리스는 그녀가 청혼을 받아들일 때까지 마부에게 계속 말을 몰라고 했다. 당시 간호사는 미혼 상태로 병원 구내에서 거주하는 것이 불문율이었기에 캐슬린은 약혼 직후 사직했다.[15] 두 사람은 6개월 후인 1911년 11월 9일에 행복한 결혼식을 올렸다. 그때쯤 길리스는 높은 연봉을 받고 리스의 개인 병원에 들어간 상태였다.

상쾌한 봄날 밤, 코번트 가든의 오페라 극장에서 부부는 함께 「아이다」 초연을 관람했다. 첫 아이 — 존이라는 이 남자아이는 훗날 제2차 세계 대전 때 타고 있던 전투기 스핏파이어가 프랑스 상공에서 격추되는 바람에 전쟁 포로가 된다 — 는 식구들에게 맡겼다. 첫 막이 끝나고 커튼이 내려졌을 때 하얀 장갑을 낀 안내원이 길리스에게 오더니 무대 뒤쪽으로 와달라고 정중하게 요청했다. 길리스는 자신의 상관이 이런 상황에서 으레 가벼운 처치를 했다는 점을 떠올리며 가수의 과로한 목에 진정제를 뿌려 주는 정도만 하면 끝날 것으로 예상했다. 그런데 댄서 한 명이 부상을 입어서 옷을 벗고 있었다. 벨기에 프리마 돈나 펠린어 페르비스트가 실수로 가위를 깔고 앉는 바람에 그녀의 맵시 있는 엉덩이에 깊은 구멍이 뚫린 것이다. 길리스는 그 부위에 붕대를 감았다.

자리로 돌아왔을 때 그는 아내에게 오래 자리를 비운 이유 — 그리고 원래 〈목〉을 살펴보는 일을 하기로 했다는 것 — 를 어떻게 설명해야 할지 고심했다. 공연이 펼쳐지는 내내 그는 〈내가 붕대를 엉성하게 감는 바람에 아름다운 댄서의 의상에서 그 부위가 살짝 불룩해져 있다는 점〉에 계속 신경이 쓰여 공연에 집중할 수가 없었다.[16]

길리스는 이후에 그 일을 수없이 언급하곤 했다. 마치 발레리나의 엉덩이에 박힌 뾰족한 가위를 빼낸 일이 자신의 의사 경력에서 가장 영광스러운 순간이었다는 양 말이다.

펠린어 페르비스트는 1년 후인 1914년 7월 28일, 오스트리아·헝가리 제국이 세르비아에 제1차 세계 대전의 시작을 알리는 선전 포고를 할 때도 「아이다」 공연을 하고 있었다. 일주일 뒤 여름이 공식적으로 끝나기 전 마지막 공휴일에 영국인들이 해변에 모여 휴일을 즐기고 있을 때 영국은 독일에 선전 포고를 함으로써 역사상 가장 치명적인 전쟁 중 하나에 뛰어들었다. 후덥지근한 여름날에 그 재앙이 국가 전체를 집어삼킬 것이라고 예측할 수 있었던 사람은 거의 없었다.

분쟁은 한 달 전에 이미 시작되었다. 가브릴로 프린치프라는 세르비아 민족주의자가 사라예보를 방문한 오스트리아의 프란츠 페르디난트 대공과 부인인 호엔베르크의 조피 공작부인을 암살했다. 부부는 1908년 오스트리아·헝가리 제국이 합병한 보스니아와 헤르체고비나 지역의 제국군을 시찰하러 다니던 중이었다. 프린치프는 그곳이 세르비아 땅이라고 믿으며 제국 황위를 물려받을 것이라고 예상되는 이들을 암살함으로써 그 병합에 보복할 기회를 노렸다. 블랙 핸드라는 세르비아 테러 조직으로부터 무기를 지원받은 프린치프와 공모자 5명은 대공을 암살하기 위해 사라예보에서 만났다.

페르디난트가 위험을 알아차리지 못했던 것은 아니었다. 3년 전 블랙 핸드는 그의 삼촌인 프란츠 요제프 황제를 암살하려 시도했다. 대공은 사망 직전에 가문의 한 사람에게 자신이 살해당할 것이라는 말을 들었다고 했다. 그런데도 페르디난트는 그 여행에서 자신의 안전을 그다지 우려하지 않았던 것이 틀림없다. 그는 사라예보를 방문하겠다는 계획을 두 달 전에 미리 발표했다. 암살자들에게 계획을 세울 시간을 충분히 준 셈이었다.

돌이켜 보면 관련된 모든 사람에게 운명적인 날이었던 것처럼 보이기도 한다.

6월 28일, 대공 부부는 열차로 도착했다. 때마침 결혼기념일이었기에 부부는 몹시 기분이 좋았다. 사실 부인이 이 공식 방문 때 남편과 함께 가겠다고 고집한 데는 그 이유도 한몫했다. 그들의 개인 운전사인 볼이 통통하고 산뜻하게 다듬은 콧수염을 기른 레오폴트 로이카도 동행했다. 로이카는 대공 부부를 그레프&스티프트 더블 페이튼 컨버터블로 안내했다. 번호판이 A111 118이었는데, 나중에 우연의 일치로 휴전 일이 11-11-18이었기에 왠지 으스스한 느낌을 준다.[17]

이 고급차를 중심으로 앞쪽에 한 대, 뒤쪽에 네 대가 늘어선 자동차 행렬은 시청으로 향했다.[18] 밀랴츠카강을 낀 아펠 강둑길이라고 알려진, 나무들이 늘어선 길을 따라 달렸다. 전날은 춥고 비가 내렸지만 이날은 구름 사이로 해가 비치면서 대공 부부의 방문을 환영했다. 날씨가 좋아서 컨버터블의 지붕 천을 걷었기에 사람들은 지나가는 대공 부부를 볼 수 있었다. 테러 공격이 벌어질 가능성이 크다는 경고가 있었음에도 안전을 위한 공식 경계 조치는 거의 없었다.

암살단원들은 반자동 소총과 허리에 두른 폭발물로 무장한 채 아침 일찍부터 자동차 행렬이 지나가는 길에 흩어져 대공 부부를 공격할 기회를 노리고 있었다. 한 명이 실패할 때를 대비해서 예비 인력까지 대기했다. 그들은 무기뿐 아니라 계획이 잘못될 때를 대비해 청산가리가 든 종이봉투도 지니고 있었다. 목숨을 끊는 데 오래 걸리지 않을 터였다.

첫 번째 공격은 스물여덟 살 무하메드 메흐메드바시치가 시도했다. 그러나 자동차 행렬이 일정한 속도로 앞을 지나치자 그는 겁을 먹었다. 그는 나중에 가까이에 경찰관이 있어서 겁이 났고 표적을 맞히는 데 실패하면 암살 임무 전체가 위험에 빠질까 봐 두려웠다고 실토했다. 몇 분 뒤 행렬은 네델코 차브리노비치가 숨어 있는 곳까지 왔다. 열아홉 살의 이 암살단원은 자신의 행동이 장기적으로 어떤 결과를 가져올지 두려워하지 않았다. 왜냐하면 그는 결핵으로 죽어 가고 있었기 때문이다. 1914년 당시에 결핵은 치유 불가능한 병이었다.

차브리노비치는 수류탄의 신관을 가로등 기둥에 부딪쳐서 깬 다음 대공의 차를 향해 던졌다. 로이카는 수류탄이 날아와서 가속기를 밟고 있는 자신의 발을 때렸다고 생각했다. 폭탄이 컨버터블의 접힌 지붕에 부딪혀서 튕겨 나갔는지, 대공이 직접 쳐서 떨어뜨렸는지는 불분명하다. 결국 그 수류탄은 행렬의 세 번째 차량 밑에서 폭발했다. 수행원 몇 명이 다치고 날아간 파편에 길옆에서 구경하고 있던 사람들도 다쳤다.

주변은 대혼란에 빠졌고 차브리노비치는 군중을 헤치고 달아났다.[19] 도중에 그는 청산가리를 삼켰고 더 빨리 목숨을 끊기 위해 난간을 넘어 밀랴츠카강으로 뛰어들었다. 유감스럽게도 그 청산가리는 순도가 낮아 그의 목과 위벽만 태웠을 뿐 죽이지 못했다. 게다가 여름의 열기에 강물이 거의 말라붙은 바람에 차브리노비치는 강둑의 모래밭에서 구토하는 수치스러운 꼴을 겪게 되었다. 실패한 암살범은 추격한 인근 상점 주인과 두 경찰관에게 곧바로 붙잡혔다.

화난 군중이 차브리노비치에게 몰려들 때 대공은 친구들을 살펴보겠다며 행진을 멈추라고 지시했다. 다행히 폭발로 그들이 입은 부상은 경미했다. 잠시 지체한 뒤 대공은 행진을 계속하자고 재촉했다. 「저 녀석은 미친 게 분명해. 자 예정대로 진행하자고.」[20] 컨버터블은 사라예보 거리를 계속 나아갔고 길옆에 흩어져 있던 다른 암살단원들은 다시 시도할 엄두를 내지 못했다. 행렬은 몇 분 뒤 안전하게 시청에 도착할 수 있었다.

파편에 조피의 뺨이 살짝 베이긴 했지만 대공 부부는 무사했다. 시장은 너무 긴장한 나머지 횡설수설하며 상황에 맞지 않는 연설을 했다. 그는 대공 부부에게 이렇게 말했다. 「수도 사라예보의 모든 시민은 행복해 마지않을 겁니다. 그리고 전하의 눈부신 방문을 가장 열렬하게 진심으로 환영합니다…….」[21] 그 말에 대공은 분노가 폭발했고 환영 나온 관리들에게 호통을 쳤다. 「손님으로 왔더니 폭탄으로 맞이하더구나!」[22] 잠시 후 대공은 마음을 가라앉히고 준비한 연설 원고를 꺼내 읽었다. 원고에는 세 번째 차량에 탔던 수행원들의 피가 묻어 있었다.

환영 행사를 마친 뒤 대공은 관리들과 일정을 논의했다. 대공은 오후 일정을 취소하고 폭탄 테러로 상처를 입은 사람들이 입원한 병원으로 곧장 가기로 했다. 그때 한 수행원이 위험할 수 있다고 우려하자 보스니아 헤르체고비나의 총독인 오스카르 포티오레크가 호통쳤다. 「사라예보가 암살범으로 득실거린다고 생각하는 거요?」[23] 모두의 인내심이 바닥나고 있었다.

대공 부부는 총독과 함께 컨버터블로 돌아갔다. 로이카는 열쇠를 돌려 시동을 걸었다. 그 혼란의 와중에 자동차 행렬의 운전자들에게 병원으로 갈 것이라고 알려 준 사람이 아무도 없었기에 차들은 왔던 길로 다시 돌아가기 시작했다. 선두 차량은 프란츠 요제프 길로 향했다. 대공이 원래 오후에 들르기로 한 국립박물관으로 향하는 길이었다. 로이카는 그 뒤를 따랐다. 그때 포티오레크가 실수를 알아차리고 소리쳤다. 「이 길이 아니야. 아펠 강둑길로 가야 해.」[24] 로이카는 변속하기 위해서 차를 멈췄다.[25] 그 순간 그는 자신도 모르게 대공을 한 자리에 고정된 표적으로 만든 셈이다. 군중 속에는 대공을 암살하려는 계획을 아직 포기하지 않은 사람이 있었다.

차브리노비치와 마찬가지로 결핵에 걸려 잃을 것이 거의 없다고 느낀 가브릴로 프린치프는 눈앞에 펼쳐진 광경을 거의 믿을 수가 없었다.[26] 그는 브라우닝 모델 1910 반자동 소총을 꺼내 겨냥했다. 사격 솜씨가 뛰어났든지, 그냥 운이 좋았든지 간에 대공 부부는 치명상을 입었다. 첫 총알은 자동차의 문을 뚫고 대공 부인의 배에 박히면서 위장 동맥을 파열시켰다. 두 번째 총알은 대공의 목을 뚫고 목정맥을 끊었다. 자동차가 속도를 높이자 부인은 남편의 무릎으로 쓰러졌다. 포티오레크는 대공의 속삭임을 들을 수 있었다. 「조피, 조피, 죽지 마. 아이들을 위해서 살아야 해.」 그도 의식을 잃었다. 사라예보에 도착한 지 몇 시간도 지나지 않은 11시경에 부부는 사망했다.

그가 자신의 관자놀이로 총구를 향할 때 성난 군중이 프린치프에게 달려들면서 총을 떨어뜨렸다. 군중은 그를 때리고 할퀴며 난리가 아니었다. 경찰관들이 그를 끌어내지 않았다면 아마 그 자리에서 맞아 죽었을 것이다. 나중에 프린치프는 재판을 받고 투옥되었으며, 결핵 증세가 심해져 몸무게가 41킬로그램까지 줄어들었다. 그는 자신이 기여한 세계 대전이 끝나기 몇 주 전에 죽었다.

그 암살은 전쟁의 촉매가 되었다. 일련의 사건들이 빠르게 일어나면서 국가들을 결속시켰던 동맹의 그물이 찢겨 나가며 유럽 전체가 불안정해졌다. 이런 동맹은 한 나라가 공격을 받으면 동맹국들이 함께 방어할 의무를 지녔다. 대공이 암살당한 지 한 달 뒤인 7월 28일, 오스트리아·헝가리 제국은 세르비아에 선전 포고를 했다. 그다음 날 제국군은 세르비아의 수도 베오그라드를 포격하기 시작했다. 전쟁이 벌어지자 러시아는 군대를 이동시킬 수밖에 없었다. 세르비아와 상호 방위 조약을 맺었기 때문이다. 그러자 1882년 오스트리아·헝가리 제국과 삼국 동맹을 맺었던 독일은 러시아에 선전 포고를 하기에 이르렀다. 유럽의 강대국들을 묶고 있던 허약한 평화의 유대는 하나둘 느슨해지기 시작했고, 각국은 거역할 수 없이 제1차 세계 대전의 공포 속으로 빠져들었다.

유럽 대륙에서는 긴장이 점점 심해지고 있었지만, 영국 언론에는 그저 짤막하게 다루어질 뿐이었다. 기사도 신문 안쪽의 눈에 띄지 않는 구석에 실렸다. 권투가 여성이 보기에 적합한 운동 경기인지를 둘러싼 논쟁이 훨씬 더 대중의 관심을 끌었다. 1914년 7월에만 영국 신문에 〈권투 경기장의 여성들. 그들이 보기 흉한가?〉와 같은 기사가 2천 편 넘게 실렸다.[27, 28] 미국의 래그타임 음악이 영국 젊은이들에게 끼치는 영향을 둘러싼 논쟁도 비슷한 수준으로 관심을 끌었다.

영국 정치인들은 대륙에서 벌어지는 사건들을 폄하하는 태도를 보였다.[29] 의회에서는 세르비아와 그 동맹인 독재적인 차르가 지배하는 러시아를 지지하자는 안건이 제시되었지만 호응을 얻지 못했다. 영국이 참전하기 겨우 11일 전에 허버트 애스퀴스 총리는 가까운 친구 베니셔 스탠리에게 〈다행히도 우리가 그냥 구경꾼으로 남아 있으면 안 되는 이유가 전혀 없어 보여〉라고 안심시켰다. 애스퀴스는 〈평화, 긴축, 개혁〉이라는 표어를 내세움으로써 정권을 잡은 정당에 소속되었기에 아일랜드에서 어른거리고 있는 내전 위협에 더 신경을 썼다. 아일랜드에서는 자치법을 놓고 민족주의자와 연방주의자가 분열되어 있었다. 그에 비해 유럽에서 점점 거세지고 있는 폭풍은 멀리 있는 듯했다. 하지만 8월 초가 되자 그 충돌이 그저 발칸반도에서 벌어지는 한 차례의 갈등으로 그치지 않으리라는 점이 명백해졌다.

독일은 러시아에 선전 포고를 한 지 이틀 뒤인 8월 3일에 러시아의 동맹국인 프랑스에도 전쟁을 선포했다. 굼뜬 러시아 군대가 움직이기 전에 프랑스를 상대로 빨리 승리를 거두고 싶어서였다. 독일은 곧바로 벨기에 국경으로 군대를 이동시키기 시작했다. 벨기에는 조약에 따라 1839년 이래 중립국 지위를 유지하고 있었다. 그러나 독일 총리는 그 조약이 〈종이 쪼가리〉에 불과하다고 치부했다.

독일은 군대를 이동시키면서 중립국인 벨기에를 통해 프랑스를 침공할 계획이니 길을 열어 주면 비용을 내겠다고 했다. 독일은 자국 군대를 벨기에가 순순히 통과시킬 것이라고 확신했지만, 벨기에는 독일이 조약을 위반했다며 분개했다. 한편 독일이 프랑스를 정복하면 대륙에서 힘의 균형이 깨질 것이라고 우려한 영국은 다음 날 독일에 벨기에에서 군대를 철수하라고 최후통첩했다. 아무런 응답이 없자 영국은 선전 포고를 했다.

그날 저녁, 런던 몰에 모인 수천 명은 버킹엄 궁전으로 행진했다. 그들은 깃발을 흔들면서 국가를 불렀다. 『데일리 미러』는 국왕 조지 5세와 가족들이 〈지난 밤 8시경 버킹엄 궁전의 발코니에 나타나자 유례없는 수준으로 모여 있던 군중은 열광적으로 환호하면서 만세를 불렀다〉라고 썼다.[30] 무척 흥겨운 분위기였다. 앞으로 펼쳐질 전쟁의 실상을 그 누구도 상상하지 못했다. 다음 날 영국에 폭우가 내렸다. 앞으로 4년 동안 영국이 어떤 일을 겪을지 알려 주는 전조였다.

이제 신문마다 젊은이들에게 〈국왕과 국가〉를 위해 나서서 의무를 수행하라고 촉구하는 기사들이 실리기 시작했다. 런던 주민인 올리브 핀치는 이렇게 기억했다. 〈마치 세상의 종말이 찾아온 듯했다……. 갑작스럽게 남자들이 입대하겠다고 우르르 몰려갔고 줄을 맞추어 거리를 행군하며 전차 지붕에 올라탔다.〉[31] 영국 전역에서 아들, 형제, 아버지, 남편이 여름휴가를 포기하고 신병 모집소로 몰려갔다. 눈물을 짓는 사랑하는 이들에게 전쟁이 금방 끝날 것이라고 약속하면서였다.

애국심과 모험심에 사로잡혀 지원한 미성년 청소년도 수만 명에 달했다.[32] 열여섯 살인 에이브럼 〈에이비〉 베비스틴은 나이와 이름을 거짓으로 적어서 입대했다. 그러나 독일 지뢰가 바로 옆에서 터지자 그는 극심한 충격을 받았고 즉시 흥분은 가라앉았다. 겁에 질린 에이비는 정신적 충격에 탈영했다가 얼마 뒤 체포되었다. 나중에 탈영 죄로 처형된 영국 병사 306명에 속하게 되었다. 영국군은 공격에 나서기 전 그들의 이름을 쭉 읊곤 했다.

같은 필사적인 수단을 생각하는 병사들에게 경고하기 위함이다. 제임스 스미스 사병도 처형된 탈영병이었다.[33]

그는 총살대가 어설프게 쏘는 바람에 피를 흘리고 쓰러졌지만 죽지 않았다. 그때 그의 친구인 리처드 블런델 사병은 처형을 끝내면 열흘의 휴가를 주겠다는 약속을 받고 그에게 가까이 다가가서 머리에 총을 쏘았다. 72년 뒤 블런델은 임종을 맞이하며 이렇게 중얼거렸다.「그런 휴가는 받지 말아야 했어. 그런 휴가는…….」[34]

영국에서 새로 지명된 전쟁부 장관인 허버트 키치너는 정부에 신병을 모집하는 데 더욱 매진할 것을 촉구했다.[35] 20세기에 들어설 무렵, 보어 전쟁에서 〈초토화 정책〉을 펼쳐 악명을 떨쳤던 인물인 키치너는 전쟁이 몇 달이 아니라 몇 년 동안 길고 지루하게 이어질 것이라고 내다보았다. 그는 의회에서의 엄숙한 연설에서 전쟁이 3년 동안 이어진다면 신병이 1백만 명 이상 필요하다고 계산했다. 외무부 장관 에드워드 그레이는 경악했다. 그는 키치너의 예측이 〈설령 못 믿을 수준은 아니라고 해도 가능성이 낮다〉고 생각하며 1백만 명이 훈련을 받기 전에 전쟁이 끝날 것이라는 생각을 버리지 않았다. 그러나 키치너는 단념하지 않았다. 그는 일찍부터 정규군을 늘리기 위해 공격적인 신병 모집 운동을 펼쳤다. 〈《키치너 경은》 당신을 원한다!〉라는 표어와 함께 장관이 엄숙한 모습으로 손가락을 뻗은 포스터를 대량 제작하여 런던 전역에 붙였다.

일부 젊은이들은 애국심이 넘쳐서가 아니라 하얀 깃털 —

겁쟁이의 상징 — 을 받을까 봐 두려워서 자원했다. 당시 열여섯 살이였던 노먼 데무스는 어느 날 학교 수업을 마친 뒤 누군가와 마주쳤던 일을 기억한다. 〈한 상점 진열장을 들여다보고 있는데 갑자기 누군가가 내 손에 무언가를 대고 꾹 눌렀다. 돌아보니 한 여자가 하얀 깃털을 내게 쥐여 주었다. 너무 놀란 나는 어찌할 줄 모른 채 가만히 있었다.〉[36]

데무스는 자신이 열아홉 살이라고 주장하며 군대를 속이려고 몇 차례 시도한 바 있었는데, 다시 열의에 불타서 신병 모집소로 달려갔다.[37] 이번에는 성공했다. 하지만 데무스는 결국 부상을 입고 퇴역했다. 전쟁이 끝나기 전에 버스에 타고 있던 그의 손바닥에 또 다른 여자가 깃털을 갖다 대고 눌렀다. 〈맙소사, 또 그러네.〉 그는 속으로 생각했다. 그는 깃털로 자신의 담배 파이프를 깨끗이 청소한 후 여자에게 돌려주며 말했다. 「고마워요. 참호에는 이런 게 없었거든요.」

결국 키치너의 모병 운동은 대성공을 거두었다. 참전 2개월 사이에 입대한 사람이 50만 명을 넘었고, 1915년 말에는 영국군 병사가 3백만 명을 넘었다.[38] 전쟁부 장관은 영국군 역사상 가장 많은 자원자를 모집하는 데 성공했다.

신병이 늘어남에 따라 병들고 다친 병사를 치료할 의료진의 필요성도 커졌다. 왕립 육군 의무대는 각 부대에 의무대를 운영했고 영국 적십자사, 세인트존 의료 봉사단, 프렌즈 의료 봉사단 같은 자선 단체의 도움을 받았다. 의무병으로 복무하고 싶은 이들이 지원할 수 있는 조직이 많았다.

민간인 여성 중에서도 간호사로 자원한 사람들이 수천 명에 달했다. 중산층과 상류층 출신으로 병원에 들어가 본 적조차 없던 이들도 많았다. 병동에서 그들은 거의 해보지 않은 집 안의 허드렛일 같은 업무를 해야 했다. 한 여성은 이렇게 회상했다. 〈먼지떨이를 들고서 그걸로 대체 뭘 하라는 것인지 몰라 멍하니 계단에 앉아 있던 소녀도 있었다.〉[39] 환자용 변기, 토사물, 피 등의 냉혹한 현실 앞에서 간호라는 낭만적인 개념은 곧 산산이 부서졌다. 속옷 차림의 남자도 본 적이 없던 젊은 여성들은 준비도 안 된 상태에서 곧장 참호에 실려 온 팔다리가 잘려 나간 몸을 간호해야 했다.

전쟁 초기에 자원봉사를 했던 영국 극작가 이니드 배그널드는 수술실 문밖에 잘린 다리가 잔뜩 쌓여 있는 양동이들이 늘어선 광경을 떠올렸다. 〈부상자들이 피에 흠뻑 젖은 붕대를 칭칭 감은 모습으로 들어왔다……. 수술이 쉴 새 없이 이어졌다.〉[40] 영국 전역에서 온 여성들이 갑자기 비슷하게 심리적 외상을 입는 상황에 놓였다. 어느 날 밤, 런던에서 간호사로 일한 자원봉사자 클레어 엘리스 티스들은 병사가 들것에 실려 지나가는 모습을 보았다.[41] 조명이 흐릿했기에 그녀는 병사 얼굴의 아래쪽 절반이 검은 천으로 덮여 있었다고 생각했다. 나중에야 완전히 사라졌다는 것을 알게 되었다.

물론 자원한 여성 중에는 정식 교육을 받은 이들도 있었다. 전쟁이 일어나자 자격을 갖춘 간호사들은 전문 기술을 사용할 기회가 왔음을 알아차렸다. 한 사람은 이렇게 회상했다. 〈이런 시기야말로 노련한 간호사가 자신의 가치를 증명할 때다. 외과 의사가 들어오는 환자를 전부 다 살필 수 없기에 간호사가 최선을 다해서 돌봐야 한다.〉[42] 때론 경험이 거의 또는 전혀 없는 간호사와 정식 자격을 갖춘 간호사 사이에 긴장감이 일기도 했다. 한 직업 간호사는 정식 교육을 통해 습득한 실력을 〈겨우 몇 번의 붕대 감기 수업이나 응급 처치 지침을 통해 전달한다〉는 것은 불가능하다고 비판했다.[43] 그런 갈등이 있긴 했지만 경험이 있든 없든 간에 간호사들은 환자를 돌보는 일에 매진했다.

그러나 여성 의사들은 힘들게 터득한 기술을 베풀고자 할 때 더욱 완고한 장애물과 맞닥뜨렸다. 헬레나 라이트는 군 병원에 자리를 얻고자 했으나 계속해서 성차별적인 반발에 직면했다. 존경받는 의사이자 여성 참정권론자인 엘시 잉글리스도 비슷한 편견에 부딪혔다. 여성 간호 부대도 전선에서 복무하게 해달라고 전쟁부에 청원했을 때 그녀는 이런 답변을 받았다. 〈우리 귀한 숙녀께서는 집에 가서 그냥 편히 계세요.〉[44] 하지만 잉글리스는 굴하지 않았고, 결국 그녀는 프랑스군에 들어가서 복무했다. 이후 프랑스뿐 아니라 세르비아, 코르시카, 그리스, 몰타, 러시아의 군대에 여성 간호 부대를 설치하기에 이르렀다.

전쟁 초기에 왕립 육군 의무대는 여러 자선 의료 단체와 돕겠다고 오는 사람들로 발 디딜 틈이 없었다. 서른두 살의 해럴드 길리스도 그중 한 명이었다. 그는 영국이 참전한 직후 적십자사에 돕겠다고 서명했다. 1915년 1월, 드디어 그에게 도와 달라는 요청이 왔다.[45] 길리스는 리스의 병원을 떠나 짐을 싸 들고 프랑스로 향했다.

자원봉사를 하겠다고 결정 내리기는 쉽지 않았다.[46] 임신한 아내를 두고 떠나야 했기 때문이다. 그가 떠나고 몇 주 뒤에 캐슬린은 둘째 아이 마거릿을 출산하게 된다. 늘어나는 가족과 이별하는 일은 힘들었다. 곧 길리스는 서부 전선의 의료 상황이 코번트 가든에서 발레리나 엉덩이에 박힌 가위를 빼내는 것과는 비교도 안 되는 끔찍한 수준임을 알아차리게 된다.

2장
은빛 유령

롤스로이스 한 대가 좁은 길을 천천히 나아갔다. 엔진이 유령처럼 조용하기 때문에 〈은빛 유령〉이라는 별명이 붙었다. 크림색 외관에 적갈색 가죽 시트를 갖춘 지붕 없는 이 차는 프랑스 북부 해안 도시 불로뉴의 군인들에게 친숙했다. 차를 모는 사람은 옅은 갈색 머리에 얼굴이 통통한 오귀스트 샤를 발라디에였다. 프랑스계 미국인 치과 의사인 그는 자신의 고급차를 치과 의자, 드릴, 갖가지 장비를 갖춘 이동 수술실로 개조한 인물로 군에서 유명했다. 모두 자비를 들여서 한 일이었다. 게다가 반질반질한 승마 부츠와 반짝이는 박차까지 갖춘 모습으로 다니던 이 괴짜야말로 전선 가까이에서 일하는 해럴드 길리스 같은 재건 외과 의사에게 절실히 필요한 인물이었다.

발라디에는 1873년 11월 26일 파리에서 샤를 장바티스트와 마리 앙투아네트 발라디에 사이에서 태어났다. 어릴 때 약사인 부친을 따라 두 남동생과 함께 미국으로 왔다. 배가 천천히 뉴욕의 항구에 들어설 때 그는 베들로섬에서 곧 자유의 여신상이 놓일 받침대가 건설되고 있는 광경을 언뜻 보았을 수도 있다. 자신의 조국이 자신이 귀화할 나라에 보내는 놀라운 선물이었다.

배가 항구에 닿자 의사들이 올라와서 천연두, 황열병, 콜레라 같은 감염병에 걸린 승객이 있는지 검사했다. 감염병에 걸렸다고 여겨지는 이들은 다른 사람들과 분리되어 언제 풀려날지 모른 채 격리되어야 했다. 발라디에 가족은 건강하다는 증명서를 받은 후 맨해튼 끝에 있는 캐슬 클린턴이라는 사암으로 지은 원통형 요새로 안내되었다. 1890년 엘리스섬에 입국 시설이 지어지기 전에는 캐슬 클린턴에서 뉴욕을 통해 미국으로 들어오는 외국인들의 입국 절차가 진행되었다. 입국 절차는 발라디에 가족이 가져온 서류와는 아무 상관 없었다. 그저 이름과 출생 국가가 맞는지 구두로 확인하는 것이 전부였다.

발라디에는 유년기 대부분을 미국에서 보낸 후 결국 부친처럼 시민권을 얻었다.[1] 직업을 택할 때가 된 그는 치과학에 흥미를 느껴 필라델피아 치과 대학에 들어갔다. 미국에서 두 번째로 오래된 치과 대학이었다. 부친이 사망한 뒤 발라디에는 뉴욕시로 이주하여 웨스트 36번가 39번지에 치과 의원을 열었다. 수십 년 후에 세워질 엠파이어 스테이트 빌딩에서 멀지 않은 곳이었다. 아마 동생이 갑작스럽게 사망하는 일이 벌어지지 않았다면 발라디에는 평생 뉴욕에서 살았을지도 모르나 그 충격에 그는 1910년에 파리로 돌아왔다. 게다가 모친이 저명한 신문 출판인 제임스 고든 베닛 주니어의 애인이 되었다는 소문도 그를 돌아오게 만드는 데 한몫했다. 자금이 풍부했던 그녀는 멋진 방돔 광장에 있는 5층 고급 아파트를 사주겠다고 약속하며 아들을 파리로 불러들였다.

돌아온 발라디에는 프랑스에서 치과 면허를 따기 위해 파리 치과 대학에서 공부했다. 그 후 에펠탑에서 가까운 샹젤리제 인근의 부유한 동네인 호슈 거리에 의원을 개업했다. 그곳에서 스페인 국왕을 비롯한 몇몇 저명인사도 진료했다. 발라디에는 언제나 자기 분야의 최전선에 서 있었다. 그는 파스퇴르 연구소에서 H. 스펜서 브라운이라는 의사와 공동으로 특정 백신이 심한 잇몸 질환을 예방하는 데 도움이 될 수 있는지를 연구하며 많은 시간을 보냈다. 그는 치료뿐 아니라 예방에도 관심이 많았다.

발라디에는 남들의 화를 돋우기도 했다. 전쟁이 터지기 1년 전인 1913년, 그는 앨리스 라이트와 재혼했다. 브라질 주재 미국 대사를 지낸 사람의 손녀였다. 결혼식이 반쯤 진행되었을 때 한 교회 관리자가 식을 주재하던 사제의 귀에 뭔가 속삭였고, 이후 식의 진행이 눈에 띄게 느려졌다. 나중에 발라디에는 제의실에서 고함이 터져 나오는 것을 들었다. 「이 자식! 2만 5천 프랑이나 받았단 말이야!」[2] 사제는 발라디에가 이혼남이라는 사실을 나중에야 들었다. 로마 가톨릭교회에서 혼례를 올릴 수 없는 사람이었던 것이다.

발라디에는 곧 가정생활에 집중했고 의원과 가까운 호슈 거리 47번지의 더 큰 아파트로 이사했다. 1914년 8월 1일, 그가 파리에서 열린 유럽 미국 치과 학회의 연례 모임에 참석하고 있을 때 프랑스는 독일에 선전 포고를 했다. 세계는 갑작스럽게 혼란에 빠져들었다.

의학적 배경과 활동 지역을 생각하면 발라디에가 프랑스군에서 복무하는 것이 명백해 보였다. 그러나 그는 미국 시민권자였기에 법령상 사병으로 복무하거나 외인부대에 자원해야 했다.[3] 생애의 많은 시간을 사회 상류층과 어울리면서 보낸 성공한 마흔 살의 전문가에게는 어느 쪽도 만족스럽지 못한 방안이었다. 게다가 프랑스군은 당시에 치과 부대가 없었고, 치과 치료는 그냥 되는 대로 이루어졌다. 발라디에라면 혐오했을 가능성이 컸다.

불행히도 영국은 프랑스처럼 치과 의사의 능력에 별 관심을 보이지 않았다. 19세기 중반에 연발총이 발명된 뒤로 군대에서 치아 보존 문제는 우선순위에서 내려갔다. 보병이 더는 종이 화약 카트리지를 이로 물어뜯어서 장전할 필요성이 없어졌기 때문이다. 〈물어뜯을 수 없는 군대는 싸울 수 없다〉라는 격언에 귀를 기울이지 않은 군대는 대가를 치러야 했던 때도 있었다. 보어 전쟁 때 치아 문제로 입원한 병사가 6,942명이었는데, 그중 3분의 1은 퇴역 대상자로 분류되어 영국으로 돌아왔다. 나머지도 병역을 제대로 수행할 수 없었다.[4] 이처럼 힘들게 교훈을 얻었음에도 군대의 대응은 여전히 지지부진했다.[5]

제1차 세계 대전이 시작되었을 때 병사들의 치아 문제는 육군 의무감이 맡을 것이라고 여겨졌다. 그래서 1914년 8월, 영국 원정군이 프랑스로 향했을 때 따라간 치과 의사는 한 명도 없었다. 나중에 성형 수술의 발전에 중요한 역할을 할 치과 의사 헨리 퍼시 피커릴은 처음에 의무감이 군인의 구강 건강을 담당했다는 사실을 한탄했다. 전쟁이 시작된 직후에 그는 이렇게 물었다. 「의무병이 입속을 한 번 쓱 훑어본 뒤 정확히 뭘 말하겠으며, 치과 전문 지식이 없는데 치아 상태가 좋은지 나쁜지를 어떻게 알겠어요?」[6]

당시 노동 계층의 치아 상태가 열악했다는 점을 생각하면, 영국 원정군에 치과 의사를 딸려 보내지 않겠다고 결정을 내린 것이 이상해 보인다. 한 장교는 자기 부대의 병사 몇 명을 면담한 뒤 이렇게 적었다. 〈평생 한 번도 칫솔질을 해본 적이 없다고 솔직히 털어놓은 병사들이 많았다.〉[7] 게다가 군대의 기본 식량도 이미 약해진 치아에 좋지 않았다. 정부와 계약한 헌틀리&파머스가 공급하는 고열량 비스킷은 악명 높을 만치 딱딱했기에 차나 물에 적셔서 먹지 않으면 앞니가 부러질 수도 있었다.

단조로운 식단과 구강 위생 미비는 흔히 〈참호 입〉이라고 부르는 급성 괴사를 일으키는 궤양 잇몸염이라는 고통스러운 증상을 일으키기도 했다. 세균이 입안에서 증식하면서 출혈, 궤양, 악취를 일으키는 병이다. 상태가 더 악화하면 잇몸 막이 벗겨지기도 하고, 치료하지 않으면 먹고 삼키기가 어려워질 수 있다. 전쟁 때 많은 병사의 건강에 끔찍한 위협을 가한 악순환이었다.

결함 있는 치아는 병사가 참호에 들어갔을 때만 문제를 일으킨 것이 아니었다. 입대가 거부당하는 주된 이유이기도 했다. 국민의 치아 상태에 관한 농담이 영국의 풍자 주간지인 『펀치』

에 실리기도 했다. 전쟁이 시작된 지 얼마 안 되었을 때 해당 잡지는 신병 모집소에서 이가 썩었으니 집에 돌아가라고 하는 모집 담당관의 결정에 믿을 수 없다는 태도로 항의하는 남자의 모습을 담은 시사만화를 실었다. 〈큰 실수하시는 겁니다. 난 독일군을 물어뜯을 생각이 없어요. 총으로 쏠 거라고요.〉[8] 이 만화 내용은 허구가 아님이 드러났다. 사람들의 실제 경험을 반영했다. 영국 기자이자 작가인 로버트 로버츠는 회고록에 자신의 모친과 보어 전쟁 참전 용사인 비컴 씨와의 대화를 적었다. 그는 치아가 나쁘다는 이유로 입대가 거부되었다. 「독일 놈들을 물어뜯을 녀석들을 원하는 게 분명해.」[9] 그는 절망하며 모집 담당관을 향해 소리쳤다. 그는 밖으로 나가다가 어깨너머로 다시 소리쳤다. 「이 일이 끝나기 전에…… 나를 부르게 될 거야!」

전쟁이 시작되자 치과 의사들은 해외로 파견될 병사들에게 무료 치아 검진을 제공하며 비공식적으로 전쟁에 기여했다. 그들의 도움 덕분에 가장 많은 신병이 전선으로 갈 수 있었다. 뉴캐슬어폰타인 치과 병원의 의대생 C. V. 워커의 기억에 따르면, 한 달 동안 뺀 치아가 9백 개를 넘었다. 병원을 찾는 환자가 너무나 많았기에 워커가 쓸 〈코카인 용액 주사기가 1인당 2개〉로 제한되었다.[10] 당시에는 치아 치료 때 코카인을 마취제로 쓰곤 했다. 한 병사는 윗니를 모두 빼내자 아랫니도 다 빼달라고 워커에게 요청했다. 워커가 마취제 없이 해야 한다고 설명하자 병사는 열의를 보이면서 답했다. 「전선으로 가고 싶으니까 마취 안 해도 할래요.」

충치가 만연해 있었음에도 군대에 치과 의사가 없다는 사실이 마침내 논제로 떠오른 것은 1914년 10월, 엔 전투가 정점에 달할 무렵에 더글러스 헤이그 장군이 극심한 치통을 앓으면서였다. 그러자 명성이 높았던 발라디에를 파리에서 호출했다. 110킬로미터 남짓 떨어진 엔까지 가다가 독일군의 포격에 차가 망가지는 바람에 그는 차를 버리고 걸어가야 했다. 전해지는 이야기에 따르면, 그는 지휘 본부의 장군에게 가서 〈총알이 빗발치는 가운데〉 썩은 치아를 뽑았다고 한다.[11] (헤이그는 나중에 〈발라디에가 계급을 가리지 않고 모든 영국 군인을 위해 관대하게 턱에 수행한 가장 귀중하면서 탁월한 수술〉을 한 공로가 있으므로 훈장을 수여해 달라고 추천했다.)[12]

그리하여 발라디에는 왕립 육군 의무대에 임시로 임관되었다. 헤이그의 썩은 이를 빼내는 데 성공한 직후 발라디에는 임관되어 영국군의 〈지역 중위〉라는 명예 계급장을 받았다. 그는 제1차 세계 대전 때 프랑스에 주둔한 영국군을 치료한 최초의 치과 의사 중 한 명이었다. 1914년 말에 공식 자격을 얻은 치과 의사는 20명이었다.[13] 인원은 그 뒤로 계속 늘어나서 1918년 휴전 협정이 이루어질 무렵에는 831명이 복무했다.[14] 그리고 전쟁이 끝난 후인 1921년에 마침내 전쟁부 장관인 윈스턴 처칠이 육군 치과대를 창설했다.

그러나 제1차 세계 대전 때 썩은 어금니를 빼내는 차원을 넘어 훨씬 더 많은 치과 기술이 필요하다는 것이 명확해졌다. 발라디에도 곧 알아차리게 된다. 1914년 10월, 그는 13번 상설 병원에 배정되었다. 몇 주 전 불로뉴의 보트 터미널인 가르 마리팀에 있는 버려진 설탕 창고를 개조한 시설이었다. 발라디에는 딱 맞는 시점에 도착했다. 첫 이프르 전투가 막 시작되었기 때문이다. 그는 곧 쉴 새 없이 일하게 된다.

전쟁 초기에 서부 전선에서 사상자가 많이 나오면서 환자와 부상자를 분류하고 이송할 기지 병원들이 세워져야 했다. 이런 병원은 끊임없이 밀려드는 부상자들을 받아들이기 쉽도록 철도와 항구 근처에 세웠고, 장기 치료를 필요로 하는 환자들을 영국으로 후송할 중계소로도 쓰였다. 기지 병원은 종합 병원과 상설 병원으로 나뉘었다. 종합 병원은 크고 1천 명 이상의 환자를 수용할 수 있는 반면, 상설 병원은 작고 특화되어 있었다. 발라디에가 배정된 13번 상설 병원은 그중 가장 먼저 세워진 축에 속한다. 머지않아 의료진이 감당할 수 없을 만큼의 환자들이 밀려들기 시작했다.

1914년 10월, 13번 상설 병원은 1차 이프르 전투 때 부상을 입은 이들의 진정한 수용 시설이 되었다. 전투는 옛 플랑드르 도시인 이프르를 중심으로 이루어졌고, 영국군은 영국 해협과 그 너머 북극해로 향하는 길목을 철저히 방어했다. 전투는 꼬박 한 달 동안 격렬하게 벌어졌고 양쪽에서 계속 엄청난 수의 사상자가 발생했다. 발라디에의 동료 중 한 명은 병원에 도착했을 때 마주친 혼란스러운 상황을 기억했다. 〈창고가 병동으로 개조되고 있었다. 부상자들이 밀짚이나 들것에 누워 있는 동안 목제 칸막이가 세워지고 침대가 들어오고 있었다.〉[15] 설탕 창고에서 13번 상설 병원으로 개조한 곳으로 수천 명의 부상병이 밀려듦에 따라 발라디에는 흔한 충치보다 훨씬 더 심각한 문제들이 전선에서 자신을 기다리고 있음을 알았다.

참호전에서는 많은 병사가 목과 머리에 생존 가능한 부상을 입지만 물에 잠기고 똥거름이 잔뜩 섞인 흙이 있는 지역에서는 감염률이 아주 높았다. 피부와 그 아래 조직에 심각한 열상을 일으키고 세균을 몸속 깊숙이 집어넣는 고폭약 포탄에 맞은 병사들은 특히 그랬다. 일부 기지 병원에서는 상처 감염에 따른 사망률이 28퍼센트에 달하기도 했다.[16] 이는 전선에서 사망하거나 후송 도중에 사망한 병사를 제외한 수치다.

역설적이게도 19세기 수술실에 소독 기법을 도입함으로써 수만 명의 목숨을 구한 외과 의사 조지프 리스터는 제1차 세계대전 초기에 유럽에서 패혈증의 발병률을 높이는 데 간접적으로 기여했다.[17] 그의 성공 이후에 신세대 외과 의사들은 교육받을 때부터 세균론과 무균 원리를 토대로 삼았기에 감염된 상처를 식별하고 치료하는 데 익숙하지 않았다. 진료나 수술을 할 때 감염된 상처를 거의 접한 적이 없었기 때문이다. 그러나 프랑스와 벨기에의 기름진 농경지 흙에는 파상풍, 가스 괴저, 패혈증을 일으키는 치명적인 미생물들이 살았다. 전쟁터는 병원균의 온상이었고, 호주 의무관 아서 그레이엄 버틀러는 이를 〈대변 감염 — 포도상 구균과 혐기성 균 — 의 전쟁〉이라고 부를 정도였다.[18] 외과 의사는 세균이 우글거리는 상처를 봉합할 때, 말 그대로 병사의 운명을 봉인했다. 이후 소독한 붕대로 감싼다고 해도 몸속 깊숙이 들어간 감염에는 전혀 소용이 없었다.[19]

다행히도 발라디에는 제대로 소독하기 전에 얼굴 부상을 성급히 봉합하면 안 좋은 상황이 더 악화할 것임을 인식했다.[20] 몸에서 얼굴 부위는 열악한 치아 위생 때문에 이미 세균이 우글거리고 있었기에 더욱 그랬다. 그는 일찍부터 얼굴의 부상 부위를 먼저 철저히 씻은 뒤에 치료하기 시작했다. 이를 위해 그는 휴대용 기구를 고안했는데, 이를 〈소방차fire engine〉라고 불렀다. 끓인 물이 담긴 커다란 통에 고무관을 연결한 장치였다. 자전거 펌프를 연결하여 압력을 가해 물을 뿜어냈다.

발라디에는 불로뉴에 온 지 얼마 되지 않았을 때 병원의 일반 참모를 설득하여 전선에서 오는 수많은 위턱 얼굴 손상 환자들을 치료할 임시 턱 전문 진료과를 인근 위메뢰에 설치했다. 그는 의료 장비의 대부분을 파리에서 개업의로 일하면서 번 돈과 최근에 모친이 사망하면서 물려준 유산으로 직접 구입했다. (그는 또 전쟁이 끝나기 한 달 전인 1918년 10월까지 완전히 무료로 봉사했다.[21] 보병 소령으로서 월급을 받은 것은 마지막 한 달뿐이었다.)

해럴드 길리스가 치과 의사를 처음 만난 곳이 바로 이 전문 진료과였고, 그 만남으로 그의 삶은 예기치 않은 방향으로 바뀌었다.[22] 그는 발라디에의 업무를 감독하는 일을 맡았다. 프랑스인의 치과 면허로는 외과 의사의 감독을 받아야 수술할 수 있었기 때문이다. 머리와 목의 해부 구조를 깊이 이해하고 있는 이비인후과 전문가였기에 길리스는 그 일에 아주 적합한 인물이었다. 그러나 이 초기 협력 관계에서 가장 큰 혜택을 본 사람은 길리스 자신이라고 말할 수 있을 것이다. 얼굴 재건에 치과학이 얼마나 중요한지를 배웠을 뿐 아니라 성형 수술을 변모시키는 힘도 직접 접했다.

〈성형외과plastic surgery〉라는 말은 1798년에 프랑스 외과 의사인 피에르조제프 드소가 창안했다.[23] 오늘날 플라스틱이라고 부르는 합성 물질이 등장하기 전에 그 단어는 성형하거나 조각할 수 있는 대상을 가리키곤 했다. 이 사례에서는 사람의 피부나 부드러운 조직이 그러했다.

1915년, 길리스가 발라디에를 만났을 때 성형외과는 아직 유아기에 있는 의학 분야였다. 외과 의사 대다수는 얼굴의 부드러운 조직이 폭넓게 손상되는 사례를 접한 적이 없었고, 있었다고 해도 드물었다. 그전까지 얼굴의 외모를 재건하거나 수선, 변형하는 시도는 대개 코나 귀처럼 작은 부위에만 국한되어 이루어졌다. 19세기 후반에 마취제가 개발되면서 수술의 고통이 줄어들었다고 해도, 가장 기초적인 수술조차 아직 그다지 이루어지지 않던 시대였다. 제1차 세계 대전 이전까지 재건과 미용 수술은 여전히 드물었다. 시험 삼아 수술을 한다고 해도 감염으로 심각한 위험에 빠질 수 있고, 수술이 제대로 이루어지지 않는다면 오히려 외모가 더욱 손상될 수 있었다.

얼굴의 넓은 부위를 재건하려는 체계적인 시도가 이루어진 것은 미국 남북 전쟁 때였다. 새로운 유형의 탄약인 원뿔형 총알이 등장하면서 끔찍한 손상을 일으켰기 때문이기도 하다. 〈미니에 탄minié ball〉이라는 이 총알은 충돌 때 납작하게 변형되면서 파괴 범위를 최대로 늘렸다.[24]

거든 벅은 남북 전쟁의 전장에서 두각을 나타낸 가장 실력이 뛰어나면서 상상력이 풍부한 외과 의사라고 할 수 있다. 그는 뉴욕 과학 아카데미의 설립자 중 한 명이자, 출판물에 수술 전후의 사진을 실은 최초의 의사 중 한 명이기도 했다. 그중 폭발물에 얼굴을 맞은 윌리엄 시먼스라는 병사의 아래턱을 재건한 사례가 두드러진다.[25] 그의 부상이 심각했음에도 벅은 손상된 부위의 일부 기능을 복구하는 데 성공했다. 시먼스는 다쳤을 당시에는 먹지도, 말하지도 못했지만 수술 후에는 대화하는 자리도 꺼리지 않게 되었다.

벅이 치료한 가장 복합적인 문제에 시달린 환자 중 한 명은 남북 전쟁의 무기에 다친 병사가 아니라 장티푸스에 걸려 처방받은 약물로 심각한 부작용을 겪는 사람이었다.[26] 칼턴 부르간 사병은 감홍(염화 수은)을 먹은 직후 혀끝에 궤양이 생겼다. 궤양은 곧 썩기 시작하면서 얼굴의 다른 부위로 퍼져 나갔다. 몇 주 사이에 입천장, 오른쪽 뺨, 오른쪽 눈까지 괴저가 일어났다.

벅은 치과 의사 토머스 B. 거닝에게 도움을 청했다.[27] 거닝은 사라진 입천장을 대신할 딱딱한 고무판을 만들었고, 그 위에 사라진 코의 오른쪽 뺨을 대체할 고무판을 덧댔다. 이후 벅은 초보적인 피부 이식을 비롯한 여러 차례의 수술을 통해 부르간의 외모를 어느 정도 복구했다.[28] 병사는 여생을 인공 입천장을 달고 살았다. 그는 결혼하여 자녀 8명을 낳았고, 일흔두 살에 사망했다.

남북 전쟁 때 훼손된 얼굴의 기능을 복구하려고 시도한 외과 의사들이 있긴 했지만 심미적인 측면까지 관심을 가진 이들은 거의 없었다. 조지프 하비 사병은 챈슬러스빌 전투에서 포탄 파편에 맞아 오른쪽 뺨이 찢겨 나가고 아래턱 일부가 깊이 파이며 오른쪽 눈이 망가졌다.[29] 그는 알렉산드리아의 맨션 하우스 병원에 입원했는데, 외과 의사는 뼈에서 울퉁불퉁해진 부위를 떼어 냈다. 하비는 뺨에 커다란 구멍이 나 있는 그대로 퇴원했고, 그 구멍으로 침을 비롯한 액체가 줄줄 새어 나왔다. 그는 야간 경비원으로 취직했다가 몇 년 뒤 사망했다. 아마 부상의 합병증으로 죽었을 가능성이 크다. 당시에 하비처럼 영구적인 머리 부상을 입은 병사들은 대부분 얼굴에 끔찍한 상처와 구멍을 그대로 안고 살아가야 했다.

성형 수술은 남북 전쟁 동안 예외적으로 드물게 이루어졌으며, 거든 벅은 그런 위험한 수술을 기꺼이 시도하려고 한 소수의 외과 의사에 속했다. 때문에 남부와 북부 양쪽에서 〈성형 수술〉이 보고된 사례는 40회 미만이었다.[30] 물론 1860년대에 얼굴 부상 환자가 아무리 많았어도 제1차 세계 대전에 비하면 아무것도 아니었다. 그 때문에 지난 세기의 외과 기술이 미흡하다는 사실이 마침내 드러남으로써 성형외과가 새로운 시대로 진입할 길이 열렸다. 여태껏 상상하지 못한 규모로 새로운 방법들을 시도하고 검증할 수 있었기 때문이다.

불로뉴의 턱 전문 진료과에서 길리스는 곧 발라디에가 주변 사람들이 아주 좋아하거나, 아주 싫어하는 분열을 일으킬 인물임을 알아차렸다. 한 동료는 그를 〈매력적이고 멋 부리는 카우보이〉라고 했다.[31] 한 손에 담배를 돌리면서 다른 한 손으로 말 고삐를 쥐고 달릴 수 있는 사람이라고 했다. 전시에 발라디에와 함께 일한 미국 외과 의사 퍼디낸드 브리검은 견해가 좀 달랐다. 그를 〈공연 단장, 허세꾼, 엉터리〉라고 불렀다.[32] 발라디에가 브리검에게 자신의 시들을 모은 작은 시집을 선물하자 그 미국 의사는 시를 대신 써준 사람이 대체 누구냐고 의아해했다.[33]

비록 일부 동료로부터 비난을 받았을지도 모르지만, 발라디에는 봉급을 받지 않은 채 봉사를 했기에 군인들로부터 존경을 받았다. 한편으로는 그 때문에 부자일 거라는 소문이 널리 퍼졌다. 웨일스 출신의 보병인 엘리스 윌리엄스는 마메츠 우드 전투에서 다친 뒤 발라디에에게 치료를 받았다. 그는 특이한 키 큰 프랑스인을 둘러싼 소문을 떠올렸다. 〈그가 백만장자라는 소문이 있었다. 그의 옷차림을 보면 정말로 그런 것도 같았다. 그는 최고의 옷을 사곤 했다……. 정말로 말끔해 보이는 사람이었다.〉[34]

길리스는 발라디에의 옷차림보다 일에 더 관심이 많았기에 그의 초기 뼈 이식 실험을 지켜보았다. 뼛조각을 탁월하게 이식했다. 뼈 이식 자체는 의학의 역사에서 새로운 것이 아니었다. 1668년에 네덜란드 외과 의사 요프 판 메이커런은 한 러시아 외과 의사가 병사의 머리뼈가 깨진 부위에 개의 뼈를 이식해서 수선한 일을 언급했는데, 아마 그것이 이식을 기술한 최초의 문헌일 것이다.[35] 교회는 그 수술이 〈기독교 정신에 반한다〉며 병사를 파문했다. 그는 이식한 뼈를 다시 빼달라고 요청했지만, 외과 의사가 살펴보니 이미 이식편 주위로 병사 자신의 뼈가 자라서 붙어 있었다. 그렇기에 제거가 불가능했다.

이런 초기 성형 수술 중에 성공을 거둔 사례도 있긴 했으나 17~18세기의 외과 의사 대부분은 그런 침습적인 수술을 하는 것을 꺼렸다. 19세기에 마취제가 발명되고 소독법이 발전한 후에야 비로소 뼈 이식도 널리 이루어지게 되었다. 외과 의사들이 환자의 몸에서 뼈를 떼어 내 다른 부위에 이식하는 자가 이식을 시험하기 시작한 것도 이 무렵이었다.

발라디에와 함께 일하면서 길리스는 얼굴을 신뢰할 수 있는 수준으로 재건할 방법을 찾아내지 못한다면 자신의 수술 실력은 아무 소용이 없으리라는 사실을 깨달았다. 뼈 이식을 하지 않고 손상된 얼굴 부위를 봉합하려는 시도는 외모를 심하게 일그러뜨리는 결과를 초래했다. 그러면 얼굴이 추하다고 여겨질 뿐 아니라 환자의 먹거나 말하는 능력에도 지장을 줄 수 있었다. 발라디에는 한 병사의 산산이 부서진 턱에 6.35센티미터 길이의 뼈를 이식했다.[36] 또 한 환자의 갈비뼈를 일부 떼어 내어 이마의 살 아래로 삽입해 코를 재건하기도 했다. 일단 이식편이 자리를 잡으면 발라디에는 그 주위의 피부를 모아서 모양을 만들었다. 전쟁이 진행되는 동안 길리스는 이런 수술을 따라 하며 개선해 나갔다.

발라디에는 더 끔찍한 부상을 입은 환자들도 치료했다. 턱이 완전히 날아가서 〈식도〉가 그대로 노출된 환자의 턱을 재건하려고 시도한 일도 있었다. 발라디에의 나무랄 데 없이 완벽한 옷차림을 언급한 웨일스 출신의 엘리스 윌리엄스 사병은 친구인 조크가 몇 차례 극도로 고통스러운 수술을 받는 모습을 지켜보았다.

> 처음에 그는 은으로 턱뼈의 모양을 만든 뒤 턱 앞쪽에 갖다 대고서 잘 움직이도록 맞추었다.[37] 그런 후 조크의 가슴팍에서 피부를 잘라 낸 뒤 위아래를 뒤집어서 꿰매어 붙이고, 밀고 당기고 하면서 알맞은 모양으로 만들었다. 이후 가짜 치아를 박았다. 수술이 다 끝나자 조크는 모든 것을 먹을 수 있었고, 언뜻 보면 아주 멀쩡해 보였다.

발라디에는 혁신적이면서 다재다능한 의사임을 계속해서 보여 주었다. 그는 턱이 부러진 두 환자에게 현재 골 신장술distraction osteogenesis이라고 부르는 방법을 수행했다. 이는 이식할 필요 없이 기존 뼈를 늘리는 기법이다. 이 기법의 역사는 16세기에 튜턴 기사들이 다리 보조기와 나사를 써서 다리를 교정했을 때로 거슬러 올라가지만, 얼굴에 적용된 것은 포탄에 맞아 아랫입술과 아래턱의 상당 부분이 날아간 킹스 리버풀 연대의 필립 소프 사병이 처음이었다.

발라디에는 소프의 턱 양쪽 끝을 철사로 묶은 뒤 고무판을 붙이고 확장 나사를 박은 뒤 부러진 양쪽 끝을 서서히 벌렸다.[38] 그러자 그 사이에 새로 뼈가 자라나면서 부러진 틈새를 메웠다. 소프는 발라디에가 뭔가 진척이 이루어졌는지 알아보기 위해 자신의 턱 엑스선 사진을 살펴보던 때를 떠올렸다. 〈그는 갑자기 사진 건판을 탁 내려놓더니 옆에 있던 간호사의 허리를 감싸고는 깡충깡충 뛰면서 소리쳤다. 「우리 해냈어, 우리가 해냈다고.」〉[39] 골 신장술은 1990년대 초에야 위턱 얼굴 손상 수술에 널리 쓰이게 되었다. 그러니 발라디에가 얼마나 시대를 앞서간 인물이었는지 잘 드러난다.[40]

길리스는 프랑스에서 몇 달을 보내는 동안 발라디에에게 많은 영향과 자극을 받았다. 훗날 그는 얼굴 재건에 선구적인 역할을 한 그 치과 의사에게 찬사를 보냈다. 〈더 뒤의 성형외과 발전을 촉진하는 데 크게 이바지한 최초의 성형 및 턱 외과를 설립한 영예는 그에게 돌아가야 한다. 매끄러우면서 다정한 놀라운 말솜씨를 자랑하는 인물이다.〉[41] 자신의 치과 의자에 묶인 장군들에게 전문 진료과가 필요하다고 설득한 사람은 수술실로 개조한 롤스로이스를 몰던 바로 이 괴짜 치과 의사였다.[42]

여기서 치의학과 의학은 학제 간 쌍방향 통로가 되었다. 발라디에 같은 치과 의사들도 전시에 외과 의사 동료들에게 많은 것을 배웠다. 길리스는 훗날 이렇게 썼다. 〈따라서 외과에서 협업의 시대가 시작되는 것은 필연적이었다. 치의학과 성형외과의 의료진이 한 팀이 되어 힘을 모았다.〉 전선을 떠난 뒤로도 오랫동안 길리스와 발라디에는 서신을 주고받았다. 발라디에는 자신의 실력으로는 안 되겠다고 느낀 더 심한 환자들에게 길리스를 소개하기도 했다.

발라디에와 일하는 동안 길리스는 머리와 목을 심각하게 다친 환자들을 계속 접했다. 곧 그는 영국에 항구적인 전문 진료과를 설립해서 이런 부상자들을 전담하는 것이 최선임을 확신하게 되었다. 얼굴 재건이 필요한 환자들을 모두 그쪽으로 후송하여 치료하는 것이다. 훗날 그는 이렇게 회상했다. 〈내가 부상자들을 돕는 데 미흡했기에 최선을 다해야 한다고 느꼈다.〉 그의 마음에 씨앗이 하나 심어졌다. 그리고 다음 배속지로 갔을 때 최전선 수술이라는 야만적인 온실에서 그 씨앗은 싹트게 된다.[43]

3장

특수 임무

1915년 봄, 해럴드 길리스가 도착할 즈음에 벨기에 야전 병원과 그 직원들은 이미 혼란스러운 상황을 겪어 왔다.[1] 전쟁이 시작된 이래로 병원은 두 번이나 자리를 옮겼다.[2] 처음에는 안트베르펜에 세워졌는데, 1914년 10월에 독일군이 그 도시를 포위 공격했다. 의사와 간호사는 어둠을 틈타서 그릇, 담요, 의료 기기가 이미 잔뜩 실려 있는 버스에 환자들을 재빨리 태워 가까스로 탈출했다. 빗발치는 포격 속에서 버스들은 서로 헤어졌지만 의료진은 됭케르크에서 약 24킬로미터 떨어진 뵈르너에 다시 모여 한 학교를 병원으로 개조했다. 그러나 이 조용한 벨기에의 소도시도 독일의 시선을 오래 피해 가지 못했다.

안트베르펜 포위 공격에서·탈출한 지 3개월 뒤인 1915년 1월, 뵈르너는 집중 포격을 받았다.[3] 병원 직원들이 다시 짐을 싸는 가운데 로자 베흐트라는 서른세 살의 간호사가 동료들에게 작별 인사를 하다가 유산탄에 다리를 맞았다. 다리가 너무 심하게 손상되어 결국 엉덩 관절 쪽을 절단해야 했다. 그러나 베흐트는 수술 중에 피를 너무 많이 흘려 숨을 거두었다. 그녀는 제1차 세계 대전 때 목숨을 잃은 유일한 네덜란드 간호사였다.

벨기에 야전 병원이 세 번째로 터를 잡은 곳은 두 번째 장소에서 겨우 2.4킬로미터 떨어진 호흐스타더 마을이었다. 좁고 미끄러운 길을 통해서만 접근할 수 있는 곳이었다. 직원들은 낡은 2층짜리 구빈원 건물을 병상 80개의 병원으로 개조했다. 병원 뒤쪽으로 저 멀리 졸졸 흐르는 개울까지 비탈을 따라 밭들이 펼쳐져 있고 군데군데 농가들이 흩어져 있었다.[4] 간호사, 잡역부, 세탁부는 다락방에서 잤다.[5] 서까래에 붕대를 묶고 거기에 시트를 고정하여 칸막이를 만들었다. 아래층에는 주방이 있었는데, 독일 포로로 잡혔다가 탈출한 요리사가 음식을 맡았다. 그는 독일군들을 위해 큰 연회를 준비하면서 요리마다 술을 잔뜩 뿌리고 참석자들에게 포도주를 부지런히 건넸다. 적들이 알딸딸하게 취하자 그는 모자와 외투를 집어 들고 천천히 걸어서 빠져나왔다.

이전의 병원들처럼 호흐스타더도 불안할 만큼 전선에 가까웠다. 『타임스』는 이곳을 〈전선에서 가장 가까운 병원〉이라며 유지비를 기부함으로써 부상자들의 목숨과 팔다리를 구하는 데 도움을 주자고 독자들에게 촉구했다.[6] 그러나 병원 주변은 목가적인 분위기와 전쟁 분위기가 기묘하게 뒤섞여 있었다. 한 간호사는 이렇게 회상했다.

한가로이 돌아다니는 소들 사이로 구급차와 회색 바탕에 커다랗게 적십자가 그려진 차들이 오갔다.[7] 부상당하거나 죽은 병사들이 들것에 실려 운반되었고, 수녀들은 앉아서 젖소의 젖을 짜고 있었다. 구빈원에 있던 허약한 할머니들은 커다란 모자를 쓰고 여기저기 돌아다녔고, 군 간호사들은 바쁘게 돌아다니면서 여러 가지 일을 했다. 정비공은 차를 고쳤고, 거친 농부는 같은 헛간에서 전통적인 도리깨로 곡식을 타작했다.

시골 풍경은 매혹적이었을 수도 있지만 도시가 제공할 수 있는 현대적인 온갖 편의 시설이 부족했다. 병원은 농경지뿐만 아니라 진흙과 거름으로 둘러싸여 있었다. 그 간호사는 일기에 이렇게 썼다. 〈커다란 시궁창이 우물과 아주 가까운 농장 마당의 넓은 구역 아래로 흘렀다. 우물의 펌프 손잡이는 밤낮으로 삐걱거리며 움직였고, 우리의 음용수는 모두 거기에서 길어 먹었다.〉[8] 집을 떠나 이 전초 기지에 새로 온 사람들에게 이곳은 집처럼 느껴지지 않았다.

독일의 U보트가 쏜 어뢰에 맞아 미국인 128명을 비롯한 민간인 1,201명이 수장된 루시타니아호 사건이 벌어지기 일주일 전인 5월 1일, 길리스는 됭케르크에 발을 디뎠다. 벨기에 야전 병원의 병원장으로 새로 임명된 허버트 W. 모리슨과 함께였다.[9] 병원 직원들은 그들이 언제 오는지 통보받지 못했기에 길리스와 모리슨이 부두에 내렸을 때 마중 나온 사람이 아무도 없었다.[10] 두 사람이 몇 시간을 기다린 끝에야 내트 배튼이라는 운전사가 마침내 그들을 태우러 왔다. 그때쯤 모리슨은 잔뜩 화가 나 있었다. 그는 병원의 조직 체계가 엉망인 것 같다고 투덜거리면서 배튼에게도 제대로 감독하라며 한소리했다. 배튼은 이 분노를 가볍게 받아들이지 않았고, 모리슨에게 그런 태도로는 병원장 자리를 오래 유지하지 못할 것이라고 경고했다. 나중에 모리슨은 배튼을 해고했고, 이 졸렬한 조치 이후에 잇달아 사직하는 직원들이 줄을 이었다.

그해 봄에 새로 온 이들이 길리스와 모리슨만은 아니었다. 저명한 과학자 마리 퀴리도 병원을 방문했다. 퀴리는 라듐을 발견한 유명 인사였다. 1903년에 여성 최초로 노벨상을 받았고, 1911년에 또 한 번 받았다. 전쟁이 터졌을 때 퀴리는 연구를 중단하고서 자신이 연구하던 방사성 원소를 모두 납으로 코팅된 용기에 담아 보르도의 안전 금고로 옮겨 독일군의 손에 들어가지 않도록 조치했다. 그런 뒤 자신의 재능을 전쟁 쪽으로 돌려 병상, 발전기, 엑스선 기계, 사진 현상 암실 설비를 갖춘 차량을 고안했다. 〈꼬마 퀴리petite Curie〉라는 별명이 붙은 이 차량은 전쟁터를 돌아다닐 수 있었다. 이 세계적인 물리학자이자 화학자는 전시에 엑스선 기계를 갖춘 진료소 2백 곳을 세우고, 여성 방사선학 전문가 150명을 훈련하여 운영을 돕도록 했다.

퀴리는 자신이 고안한 특수 장비를 갖춘 구급차를 몰고서 딸 이렌과 함께 벨기에 야전 병원으로 향했다. 당시의 한 간호사는 매일 아침 업무 시작 전인 5시 정각에 그 과학자가 일어났다고 회상했다. 그녀는 일기에 이렇게 적었다. 〈2~3주 동안 그녀는 우리와 있으면서 일상생활을 공유했고 함께 식사도 했다. 가장 소탈하면서 가장 친절한 여성이었다.〉[11] 엄마로부터 엑스선 기계 작동법을 배운 이렌은 퀴리가 떠난 후에도 오랫동안 병원에 남아 일했다.

전쟁은 퀴리 같은 저명인사들에게 나름의 역할을 하도록 자극했지만 길리스는 아직 자신이 택한 분야에서 두각을 나타내지 못하고 있었다. 1915년 5월 초, 2차 이프르 전투가 정점으로 치닫고 있을 때 길리스는 야전 병원의 임시 수술실로 첫걸음을 내디뎠다. 건물은 멀리서 끊임없이 들리는 총소리에 흔들거렸다. 길리스가 살펴봐야 할 부상자들이 거의 매시간 병원으로 실려 왔다. 밤낮으로 수술이 이루어졌고, 두 개의 수술대는 항상 사용 중이었다. 바닥은 피로 질퍽거렸다. 한 간호사는 새 부상자를 싣고 온 구급차 운전자조차도 〈걸레와 양동이를 들고서 질척거리는 바닥의 피를 얼마간 쓸어 담거나 잘린 팔이나 다리를 들고 있었다〉고 회상했다.[12] 냉혹한 일은 끝없이 이어졌다.

새로 외과장이 된 길리스에게 2차 이프르 전투는 포화의 세례를 퍼부었다. 열네 살의 존 콘던 — 오랫동안 그 전쟁에서 사망한 가장 어린 병사라고 여겨진 — 을 포함하여 수만 명이 목숨을 잃었을 뿐 아니라 독일군이 방출한 염소 가스가 화학 무기로 처음 성공을 거둔 전투이기도 했다.[13]

염소는 이원자 기체로서 공기보다 약 2.5배 무거우며, 허파의 물과 반응해서 염산을 생성한다. 이 염산은 조직에 영구 손상을 일으킴으로써 단기간에 사망에 이르게 할 수 있다. 영국의 렌던 페인 사병은 길리스가 벨기에에 도착하기 직전에 있었던 가스 공격의 충격적인 영향을 회상했다. 〈둑을 훑어볼 때 도저히 믿지 못할 광경이 눈앞에 펼쳐졌다. 사방이 온통 가스로 죽은 사람들의 시신으로 뒤덮여 있었다. 1천 명이 넘는 듯했다. 그리고 운하 둑을 따라 하류 쪽으로 좀 더 내려간 곳에서는 물속에도 시신들이 잔뜩 쌓여 있었다.〉[14]

염소의 유용성은 색깔과 냄새로 쉽게 검출할 수 있었기에 오래 가지 않았다. 이윽고 포스겐, 브롬, 흔히 머스터드 가스라고 불린 비스(2-클로로에틸) 설파이드 등 염소보다 더 치명적이고 효과적인 화학 물질들이 등장했다. 화학 무기의 이용은 결국 제1차 세계 대전의 상징이 된 섬뜩한 방독면의 개발을 촉진했다. 그러나 1915년 봄에는 보호 장비도 없었을 뿐 아니라 벨기에 야전 병원의 그 누구도 독가스의 끔찍한 효과를 목격한 적이 없었다. 한 간호사는 화학전의 부상자들이 후송되었을 때 느낀 무기력감을 적었다. 〈그들은 누운 채 기침하고 헐떡거리며 끔찍한 고통을 고스란히 느끼면서 죽어 가고 있었다. 우리는 할 수 있는 조치를 다 했지만 그런 환자들을 치료할 제일 좋은 방법은 아직 나오지 않았기에 우리는 거의 무력감에 빠졌다.〉[15] 가스에 당한 이들은 구급차에 실려서 도로로 나왔지만 근처 농경지가 그들의 최종 안식처가 되었다.

길리스는 벨기에 야전 병원에서 일하면서 정신적, 육체적으로 심한 스트레스를 받았을 것이 분명하다. 전투가 시작된 한 달

사이에 사상자가 수만 명에 달했다. 병원을 떠날 무렵에 그는 무기가 인체에 미치는 영향에 대처하는 상당수의 경험을 쌓았다. 그러나 그가 출혈을 멈추고 안정시킬 수 있었던 환자도 많았지만 전선에서 입은 장기적인 손상을 어떻게 치료해야 할지는 아직 알아내지 못한 상태였다.

독일군이 상당히 많이 진격하는 데 성공한 2차 이프르 전투가 끝난 지 얼마 지나지 않은 1915년 6월, 길리스는 소령으로 진급해서 프랑스 에타플의 연합군 기지 병원에 배속되었다.[16] 새 배속지로 가기 전에 그는 휴가를 받아 런던으로 돌아왔다. 자신이 떠나 있을 때 둘째 마거릿을 출산한 캐슬린을 만날 기회였다.[17] 두 아이와 지내느라 바쁜 와중에도 길리스는 참지 못하고 짬을 내어 골프도 몇 번 쳤다. 스포츠 기자 헨리 리치는 〈R.A.M.C. 소령 군복 차림의 길리스를 최근에 보았다고 맹세할 사람이 많다〉고 썼다.[18] 리치는 더 나아가 이렇게까지 썼다. 〈이 소령은 런던의 한 좋은 골프장에도 한두 번 나타나서 그 골프장 역사상 가장 현저하게 낮은 점수를 기록했다.〉

길리스가 휴가 시간 전체를 사소한 활동으로 채운 것은 아니었다. 그는 발라디에와 일하는 동안 자신의 관심을 끈 외과 분야를 돌아다니면서 남들이 어떻게 일하는지 살펴보았다. 한 동료는 그에게 턱 수술 내용이 든 독일 책을 빌려주었다. 독일 의학계는 1913년의 발칸 전쟁처럼 최근에 전쟁을 겪으면서 다른 국가들보다 더 발전한 상태였다. 규모가 훨씬 적긴 했지만 발칸 전쟁에서도 제1차 세계 대전 때와 비슷한 얼굴 부상 환자들이 많이 발생했다. 독일인들은 곧 외과 의사뿐 아니라 치과 의사, 치과 기공사를 포함하는 학제 간 접근법을 확립하여 재건의 다양한 측면을 다루었다.[19] 그들이 한 수술은 대부분 성공하지 못했지만 다양한 지식을 제공했다. 그 책은 길리스에게 깊은 인상을 남겼다. 〈가장 내 관심을 끄는 외과 분야를 만났다.〉[20]

흥미를 끄는 새로운 분야를 접하자 그는 더 깊이 조사했다. 6월에 프랑스로 돌아가는 길에 길리스는 중요한 인물을 만나고자 잠시 파리에 들렀다. 이폴리트 모레스탱이었다. 이 외과 의사는 빅토리앵 사르두의 「라 토스카」 마지막 장에서 산탄젤로성의 흉벽에서 뛰어내리는 장면을 공연하다가 무릎을 다친 배우 사라 베르나르를 치료하여 유명해졌다. 길리스는 모레스탱이 발드그라스 병원에서 기적 같은 치료를 하고 있다는 말을 들었다. 얼굴 부상을 입은 프랑스 병사들이 치료받는 곳이었다. 그는 유럽 최고의 얼굴 외과 의사가 치료하는 모습을 직접 보고 싶었다.

앞에 나서지 않으려는 성격에 예리한 눈과 뾰족한 염소수염을 기른 모레스탱은 기분이 극도로 오락가락하는 인물이었다. 전쟁 이전과 전시에 모레스탱 밑에서 수술 훈련을 받은 프랑스 작가 조르주 뒤아멜은 그 사려 깊은 외과 의사가 순식간에 〈빠르고 사나운 야수〉로 변신한다고 했다.[21] 그는 모레스탱이 한 환자의 암에 걸린 혀를 빠르게 잘라 내자 환자가 반쯤 무의식 상태에서 〈컥컥거리며 우리 얼굴로 피를 뱉어 내던〉 장면을 떠올렸다. 또 그는 죽은 소녀에게 비난을 쏟아 낸 일도 있었다. 자신에게 수술할 기회도 주지 않은 채 죽었다면서 〈소녀의 시신에 대고 마구 꾸짖었다〉.[22] 나중에 그의 부고 기사에도 그가 변덕스럽게 오락가락하는 성격이었다고 적혔다. 조용히 있다가 미친 듯이 활동하기도 했다. 〈허약한 몸, 여윈 얼굴, 강렬한 눈을 지닌 이 사람만큼 왕성한 활력을 뿜어낸 외과 의사는 거의 없다.〉[23]

모레스탱의 지난날을 보면 그의 불같은 성격이 어쩌면 수긍할 만하다. 그 자신도 정신적 외상을 입은 바 있었다. 1902년, 그가 파리에서 의학을 공부하고 있을 때 마르티니크섬의 수십 년 동안 휴면 상태로 있던 화산이 갑자기 분출하면서 그의 고향인 생피에르에 뜨거운 재와 먼지를 쏟아 냈다.[24] 60초가 지나기도 전에 전 지역이 섭씨 1천 도에 달하는 화산 쇄설물에 뒤덮였다. 3만 명에 달하던 생피에르 주민들은 단 2명만 빼고 모두 사망했다. 모레스탱의 가족 22명도 포함되었다. 외과 의사로서 아들에게 의사의 길을 택하라고 북돋아 주었던 사랑하는 부친도 사망했다. 부친이 그 재난의 현장에서 멀리 떨어진 곳으로 아들을 보낸 덕분에 그는 살아남을 수 있었던 것이다. 모레스탱은 깊은 슬픔에 빠졌다.

개인적으로 비극을 겪었지만, 그는 좌절하지 않고 학업에 열중했다. 그는 해부 구조를 놀라울 만큼 잘 이해하고 있었기에 그 지식은 환자의 뺨과 입에서 암을 제거하는 분야를 택한 경력 초기에 많은 도움이 되었다. 머지않아 그는 재건 기술 쪽으로 관심을 돌려서 자신의 수술칼이 남긴 흉터를 살피기 시작했다.

동시대의 많은 외과 의사와 달리 모레스탱은 미학적인 문제에 특별한 관심을 기울였고, 작게 타원형으로 절제하는 방법을 써서 피부를 팽팽하게 하는 얼굴 주름 제거 성형술을 소규모로 시도하기까지 했다. 제1차 세계 대전 때 그가 위턱 얼굴 손상에 초점을 맞추게 된 것은 자연스러운 일이었다. 그러나 오만하게도 모레스탱은 얼굴을 고칠 수 있는 외과 의사가 자신뿐이라고 믿었다. 그는 치과 의사를 거의 고용하지 않았고, 손을 빌릴 때도 생색내는 태도를 보였다. 그런데도 타의 추종을 불허하는 수술 실력 덕분에 그를 원하는 곳이 아주 많았다. 프랑스 부상병들이 갑자기 늘어나면서 그는 480개의 병상을 맡기도 했다.

전선에서 첫 부상자들이 실려 오기 오래전부터 발드그라스는 군인을 치료해 왔다. 현재 파리 5구의 중심가인 혼잡한 거리에서 우뚝 솟아오른 잘 꾸며진 이 돔형 건물은 동화 속에서 튀어나온 것처럼 보였고, 그럴 만한 이유도 있었다. 원래 17세기에 오스트리아의 앤 왕비가 23년 동안 아이가 없다가 기적처럼 루이 14세를 낳은 일을 축하하기 위해 성당으로 지어진 곳이었다. 프랑스 혁명 때 그곳의 베네딕토회 수녀들은 혁명의 부상자들을 치료했고, 노트르담 등 파리의 여러 성당이 약탈당하고 훼손될 때도 발드그라스는 무사했다. 그 직후에 이 건물은 군 병원으로 개조되었다. 1915년 여름에 길리스가 도착했을 때 그곳은 바쁘게 돌아가고 있었다. 길리스는 이폴리트 모레스탱을 보는 순간, 〈칼날 같은 예리함…… 뾰족한 콧수염과 세심하게 다듬은 턱수염〉이 가장 먼저 눈에 들어왔다.[25]

이 나이 많은 외과 의사는 길리스를 환영하면서 수술실로 안내했다. 길리스는 모레스탱이 환자의 얼굴에 난 암을 세심하게 제거한 후 목에서 떼어 낸 커다란 피부 조각을 써서 상처 부위를 덮는 모습을 지켜보았다. 훗날 길리스는 바로 그 순간이 자기 인생의 전환점이었다고 회상했다. 〈나는 그가 끔찍한 암으로 일그러진 얼굴 반쪽을 제거한 뒤 목 피부를 능숙하게 덮어서 뺨뿐 아니라 코의 옆면과 입술을 한꺼번에 복원하는 광경을 넋을 잃고 바라보았다.〉[26] 세월이 흘러 얼굴 재건 분야를 이끄는 권위자가 되었을 때 연륜이 쌓이고 더 현명해진 길리스는 그 수술이 아마도 성공하지 못했을 것이라고 했다. 하지만 그는 이렇게 덧붙였다. 〈내가 본 가장 짜릿한 장면이었다. 그 순간 나는 그 일과 사랑에 빠졌다.〉[27]

길리스는 배속받은 곳에서 영감을 주는 인물들을 만날 수 있었다는 점에서 운이 좋았다. 얼마 후 그는 발드그라스를 떠나 에타플의 연합군 기지 병원으로 향했다.[28] 이 시기에 길리스는 카미에르에 있는 22번 종합 병원에서 일하는 아르메니아계 미국인 치과 의사 바라즈타드 카잔지안과 처음 접촉했다. 카잔지안은 영국군을 돕기 위해 파견된 하버드 대학교의 의료 자원봉사단을 따라 1915년 6월에 프랑스로 왔다. 카잔지안이 도착한 후 얼마 지나지 않아서 위턱 얼굴 손상을 입은 병사들을 치료할 전문 진료과가 설치되었다. 발라디에처럼 그도 턱이 부서지고, 코가 뭉개지고, 얼굴에 열상을 입은 병사들을 분류하느라 밤낮으로 일했다. 카잔지안은 얼굴 재건에 치과술이 대단히 중요하다는 점을 여실히 보여 주었다. 길리스는 그에게 탄복하며 경이로움을 느꼈다. 〈무거운 의치를 써서 그렇게 부드러운 입술과 넉넉한 턱을 만들다니.〉[29] 두 사람은 전쟁 내내 서로 긴밀하게 소통했다.[30]

길리스는 새로 얻은 지식과 성형 수술을 향한 열정을 활용하기로 결심했다. 카잔지안, 발라디에, 모레스탱은 점점 늘어나는 얼굴 손상 병사들을 치료하느라 불철주야 애쓰고 있었다. 그러나 길리스는 이 병사들이 치료받고 있는 현행 체계 자체가 단편적이고 비효율적임을 느꼈다. 운 좋게 이런 전문가들의 치료를 받는 병사들도 있었지만, 대다수는 일반 외과 의사에게로 보내져 서둘러 치료받은 뒤 다시 참호로 보내졌다.

성형외과가 아직 정식 분야가 아니었고, 영국에서 이 분야의 임상 경험을 지닌 외과 의사가 거의 없다는 점도 상황을 더 복잡하게 만들었다. 길리스는 부상자들을 특별한 시설로 따로 보내어 치료한다면 그곳에서 일하는 의사들이 업무를 더 빨리 배우고, 쏟아져 들어오는 환자들을 더 효율적으로 치료할 수 있을 것으로 믿었다.[31] 그는 다양한 분야의 전문가들이 모여 서부 전선에서 쏟아지는 엄청난 수의 얼굴 부상자를 치료할 전담 시설이 필요하다고 생각했다. 그래야 수술 방법을 시험하고 검사하며 표준화할 수 있다고 여겼다.

1915년 말, 길리스는 케임브리지 군 병원의 책임자인 외과 의사 윌리엄 아버스넛 레인을 만났다. 이 병원은 케임브리지 공작 중 한 명의 이름을 땄지만 사실 케임브리지가 아니라 햄프셔의 올더숏에 있었다. 수술실에서 멸균 모자, 마스크, 장갑을 써야 한다고 일찍부터 주장한 선견지명을 지닌 레인이야말로 그가 만나야 할 사람이었다. 레인은 최근에 팔다리 절단 환자들이 전담 치료를 받을 수 있도록 로햄튼의 퀸 메리 병원에 병동을 설치하는 데 도움을 주었다. 그랬기에 그는 올더숏에 얼굴과 턱의 부상만을 전담하는 진료과를 설치하자는 길리스의 제안에 호의적이었고, 프랑스에서 비슷한 환자들을 치료한 경험을 고려할 때 길리스가 그 진료과를 맡기에 적합한 인물임을 알았다. 그는 길리스의 착상을 절친인 육군 의무 사령부의 사령관 앨프레드 키오에게 전했다. 머지않아 그 요청은 받아들여졌다.

1916년 1월 11일, 길리스는 전쟁부로부터 케임브리지 군 병원에 성형 수술과 관련된 특수 임무를 보고하라는 명령을 받았다. 이제 자신이 그 일을 맡을 능력이 되는지 증명하기만 하면 된다.

4장
낯선 신기술

1916년 1월의 추운 어느 날, 해럴드 길리스는 올더숏의 케임브리지 군 병원에 설치된 병동에 처음으로 발을 디뎠다. 그는 주인처럼 주위를 둘러본 후 아일랜드 출신 간호사인 캐서린 블랙을 쳐다보았다. 「여기에는 턱 환자들이 들어올 거예요……. 여기 있는 딱한 환자들은 다른 병동으로 옮길 수 있을 거예요.」[1] 쉴 새 없이 돌아가는 상황에 이제 겨우 적응했던 블랙은 그가 냉정한 태도로 지시하자 깜짝 놀랐다. 마치 이미 과밀 상태인 병원에서 몇 분이면 중상자들이 누울 새 병상을 찾아낼 수 있다는 양 말했기 때문이다.

곧 블랙은 길리스의 사전에 〈불가능〉이란 단어가 없다는 사실을 알아차리게 됐다. 그와 언쟁을 벌여 봤자 헛수고였다. 그는 해야 할 일이 있으면 그냥 하면 된다는 식이었다. 〈그는 패배를 받아들이려 하지 않았다.〉[2] 그리고 그가 부상자들의 얼굴을 재건하는 영웅적인 일을 시작했을 때, 이 태도는 환자들에게 도움이 되었다.

30대 후반인 블랙은 제1차 세계 대전이 시작됐을 당시 왕립 런던 병원에서 일하고 있었다. 간호사로 복무하겠다고 자원했을 때 그녀는 사실 자신이 호출될 것이라고는 믿지 않았다. 사람들 대다수처럼 그녀도 전쟁이 크리스마스 이전에 끝나서 자신의 능력이 필요할 일이 없을 것이라 생각했다. 그러나 시간이 흐르고 부상자가 늘어남에 따라 경험 많은 의사와 간호사의 수요도 늘어났다. 블랙은 어느새 수녀복과 비슷한 간호병 군복을 입고 있었다. 단순한 회색 드레스, 주홍색 테가 둘린 짧은 망토, 모슬린 모자로 이루어졌다. 1916년, 길리스가 그녀의 병동에 들어설 무렵에 그녀는 전쟁이 과연 끝날 수 있을까 하는 생각이 들기 시작했다.[3]

케임브리지 군 병원에는 거의 시선이 닿는 끝까지 쭉 뻗어 있는 긴 중앙 통로가 있었다. 이 통로는 19세기 플로렌스 나이팅게일의 위생 개혁이 이루어지던 시기에 건설되어 통로 양편으로 널찍한 병실들이 있었고 맞통풍이 이루어지도록 높은 창문이 마주 보고 있었다. 신고전주의 양식에 중앙 시계탑이 특징인 이 건물은 언덕 위에 서 있었다. 높은 지대여야 바람이 감염을 〈쓸어 낼〉 수 있을 것이라 믿은 건축가들이 신중하게 생각해서 잡은 터였다. 그러나 블랙이 도착했을 때 이 드넓은 병원은 엉망진창이었다.

정규군에 속한 간호사들은 거의 다 1년 전에 프랑스로 떠났고, 가장 좋은 의료 장비도 가져갔다. 병원의 외과 의사들도 대부분 전선 가까운 시설로 파견되었다. 군에서 일하기에는 너무 나이가 많거나 의대를 갓 졸업한 미숙련 의사들만 남아 있었다. 게다가 이 초보자들도 조만간 해외로 파견될 것이었다. 미국 간호사 엘런 라 모트는 자신이 목격한 황량한 상황을 이렇게 요약했다. 〈아는 것이 별로 없는 모든 젊은이와 아는 것도 거의 없을 뿐 아니라 배운 것도 대부분 다 까먹은 모든 늙은이는 여기서…… 배우고 있었다. 좋은 의사가 부족했기 때문에 이렇게 할 수밖에 없었다……. 미숙련자와 노쇠한 이들을 단련시켜야 했다.〉[4] 대륙의 의료진이 너무나 부족해진 바람에 적어도 한 번은 일하다가 사망한 연대 의사 자리를 수의사가 대신한 사례도 있었다.[5]

올더숏에서는 늙은 의사와 초보 의사로 이루어진 〈어중이떠중이 무리(블랙의 표현)〉가 케임브리지 군 병원으로 오는 부상자들의 마지막 희망이었다. 실려 온 부상자 중에는 참호에서 생활하여 이미 완전히 쇠약해진 이들이 많았다. 부상자마다 이름, 군번, 소속 연대, 부상 종류, 항파상풍 주사를 맞았는지가 적힌 인식표를 달도록 했지만 인식표에 단순히 〈GOK(God only knows, 신만이 아실 것)〉라고만 적힌 환자도 많았다.[6]

머리와 목이 손상된 병사들의 모습은 가장 경험이 많은 간호사들에게도 충격이었다.

전시에 독일의 한 병원에서 일하던 스위스 간호사 헨리에트 레미는 〈얼굴 대신에 훼손된 잔해만 남은〉 부상자들을 보았다고 했다.[7] 훗날 정신 질환에 시달린 간호사 메리 보든은 병사의 머리를 감싼 붕대를 풀자 뇌의 절반이 흘러나온 일을 기억했다.[8]

전선의 처참한 현장에서 멀리 떨어진 병원의 의료진까지 그런 끔찍한 부상자들을 접했다. 훗날 캐서린 블랙은 이렇게 회고했다. 〈우리가 겪은 끔찍한 일들, 우리가 본 것들을 접한다면 예전의 상태로 결코 돌아갈 수 없을 것이다. 우리는 젊은 모습과 가벼운 마음으로 들어갔다가 세월이 아무리 흐른다고 해도 결코 따라오지 못할 수준으로 폭삭 늙어서 나왔다.〉[9]

해럴드 길리스가 병동을 비우라는 지시를 한 후 블랙은 자신이 맡고 있던 환자들을 다른 병동으로 옮기는 악몽 같은 작업을 시작했다. 그 사이에 겨우 식구들과 재회한 길리스는 다시 아내와 두 아이를 두고 대륙으로 향했다. 재건 수술 경험을 더 쌓고 싶어서였다. 결국 그는 파리까지 갔고, 그곳에서 발드그라스의 이폴리트 모레스탱을 다시 찾아가기로 했다.

그 프랑스 외과 의사가 환자들에게 연골을 성공적으로 이식하고 있다는 소문이 돌고 있었다. 길리스는 이렇게 썼다. 〈그의 수술을 지켜봄으로써 얻고 싶은 지식을 향한 갈증에 말 그대로 혀를 내밀고 허덕이고 있었다.〉[10] 하지만 그가 찾아가자 뜻밖에도 모레스탱은 열정적인 학생이 될 그를 수술실에 들어오지 못하게 했다. 다급한 마음에 그는 공식 허가서를 모레스탱의 손에 쥐여 주었지만 그 나이 든 외과 의사가 어깨를 으쓱하며 떠나는 모습을 낙심한 채 지켜봐야 했다. 사실 길리스는 전시에 그 프랑스인의 조언을 구하기 위해 병원을 찾은 무수히 많은 외국인 외과 의사 중 한 명일 뿐이었다. 그렇게 생각하면 모레스탱이 쌀쌀

맞은 반응을 보인 이유에 대한 설명이 가능하다. 모레스탱의 학생인 조르주 뒤아멜은 나중에 이렇게 썼다. 〈우리는 이런 방문객들을 손님으로 대접했어야 했다……. 통상적인 대우는 분명히 아니었다.〉[11]

프랑스에서 돌아온 길리스는 곧바로 런던의 전쟁부로 향했다. 포틀랜드산 석재로 지은 신바로크 양식 건물은 도심 지역인 화이트홀의 호스가즈가에 있었다. 지붕에는 정교한 4개의 돔과 함께 진리와 정의, 승리와 명성, 그리고 건물의 기능을 생각하면 당연하겠지만 전쟁과 평화를 의인화한 조각상이 있다. 7층으로 지어진 건물에는 1천 개의 방이 있고, 길리스가 도착했을 때 사무실과 통로는 긴장된 분위기에서 바쁘게 돌아가고 있었다.

그곳에서 그는 얼굴 손상을 입은 병사들을 케임브리지 군병원에 설치한 새 병동으로 후송하라는 인식표를 붙여 달라고 제안했다. 그러나 아무도 그의 제안에 귀를 기울이지 않았다. 어쨌거나 사무실에 틀어박혀 있는 공무원들로서는 전선의 병사들이 어떤 부상에 시달리는지 직접 목격한 적이 없었기에 그 문제를 시급하다고 여기지 않았을 수도 있다. 길리스는 상관들이 경멸하는 태도를 보였다고 회고했다. 〈전쟁부는 내게 이렇게 말했다. 「꺼져, 꼬마야. 너무 바쁘니까 그따위 문제로 우리를 귀찮게 하지 마.」〉[12]

길리스는 그 일이 필요하다면 자신이 해야 한다는 것을 알면서도 물러서지 않았다.[13] 그는 스트랜드가를 돌아다니면서 문구점을 찾아 자기 돈 10파운드로 인식표를 사서 올더숏의 자신에게 오라는 메세지와 주소를 적었다. 그런 다음 전쟁부로 돌아와서 그 인식표를 얼굴 손상을 입은 전선의 병사들에게 보내 달라고 요청했다. 이 별난 요청을 한 뒤 그는 인식표가 알맞은 환자들에게 가기를 바라며 건물을 나왔다. 이제 일할 준비가 된 셈이다.

올더숏으로 돌아가자마자 길리스는 수술진을 모집하기 시작했다. 모레스탱과 달리, 그는 협력할 수 있는 다양한 전문가들을 모으고자 했다. 오귀스트 샤를 발라디에는 그에게 턱 재건에서 치과 기술의 중요함을 가르쳤고, 길리스는 얼굴 하부 구조의 복원이 부드러운 조직을 복원하는 것 못지않게 중요함을 일찍부터 결론지었다. 그는 올더숏에서 일하기 시작한 직후 『랜싯』에 부서진 턱을 재건할 때만큼 〈치과 의사와 외과 의사의 협력이 가장 절실히 필요한 분야는 또 없다〉고 썼다.[14] 〈자연이 건축에 준 교훈을 외면하고 표면 조직의 복원에만 몰두하는 사람은 실망하게 될 것이다.〉[15]

얼굴 재건에서 치과 의사가 맡은 주된 역할은 환자가 비교적 쉽게 먹고 말할 수 있도록 복원하는 것이었고, 그런 점에서 치과 의사는 재건 작업의 전반적인 성공에 꼭 필요했다. 항생제 이전 시대에는 감염 위험이 컸기에 지금의 치과 의사가 하듯이 부러진 뼈를 입 내부에서 금속으로 된 판, 막대, 철사, 나사 등으로 안전하게 고정할 방법이 전혀 없었다. 대신 의사가 손상된 다른 부위를 치료하는 동안 턱을 고정하려면 얼굴 외부에서 틀과 핀을 써야 했다.

이런 문제들을 고려할 즈음, 길리스가 치과 의사를 한 명이 아닌 두 명을 요구하고, 마취 의사와 수술 조수도 한 명씩 요구한 것은 놀랄 일이 아니었다. 곧 그의 의료진은 점점 늘어나면서 다른 외과 의사들, 방사선과 의사, 화가, 조각가, 사진가까지 포함되기에 이르렀다. 얼굴 재건에 여러 분야의 도움이 필요하다는 길리스의 믿음이 반영된 결과였다.

한편 길리스가 문구점에서 시도한 단순한 방식이 실제로 나타나면서 사소하지만 감동적인 기적이 일어났다. 전쟁부 방문 후 몇 주 지나지 않아 그가 쓴 인식표를 너덜거리는 군복에 꽂은 부상병들이 도착하기 시작했다. 머지않아 병동은 절실하게 치료가 필요한 부상병들로 넘쳐났다. 길리스는 이렇게 기록했다. 〈부주의한 병사가…… 참호 밖으로 고개를 내밀고 한 줄기 달빛이 하얀 얼굴에 닿을 때마다 우리에게는 환자가 한 명 늘었다.〉[16]

전선에서는 상황이 매우 급하고 쉴 새 없이 부상자가 쏟아지므로 외과 의사 대다수는 부상으로 벌어진 부위의 가장자리들을 꿰매어 붙이고 알아서 낫기를 바랄 뿐이었다. 그런 조치는 그들을 맡은 길리스에게 여러 문제를 안겨 주었다. 그는 살이 한 뭉텅이로 떨어져 나간 얼굴을 봉합해야 하는 다급한 상황에서는 그 방법을 쓸 수밖에 없음을 본능적으로 이해했다. 〈가장 먼저 해야 할 중요한 조치는 구멍을 덮는 것인 듯했다. 따라서 주변 조직들을 잡아당겨 구멍을 메우고 싶은 마음이 들 것이다.〉[17] 불행히도 이런 성급한 조치들은 부상 부위의 세포 파괴, 즉 괴사를 일으켰다. 치료하지 않으면 주변의 건강한 조직까지도 죽을 수 있었다.

얼굴의 조직 상실 문제에 대처할 쉬운 해결책 같은 것은 전혀 없었다. 전쟁 전에 외과 의사들은 감염 위험을 무릅쓰고 금속이나 셀룰로이드 판 같은 인공물을 시험 삼아 이식하곤 했다.[18] 심지어 일부 의사는 환자의 외모를 성형하거나 복원, 다듬기 위해서 얼굴에 뜨거운 파라핀 왁스를 주입하기도 했다. 1900년대 초, 말버러 공작부인 글래디스 디컨은 고대 그리스인의 완벽한 옆모습을 만들고 싶어 의사에게 자신의 콧등에 왁스를 주사하도록 했다. 그런데 나이를 먹음에 따라 왁스가 흘러내리면서 결국 턱에 고여 덩어리를 형성했다. 그녀는 변한 외모에 큰 충격을 받은 나머지 자기 시대의 미모 기준에 부합되지 않는다며 은둔자가 되어 세상과 단절했다. 얼굴에 외래 물질을 이식했을 때 생길 수 있는 온갖 합병증 — 특히 거부 반응이 일어날 가능성 — 을 생각하여 길리스는 사라진 뼈에는 뼈, 연골에는 연골, 피부에는 피부를 이식하는 쪽을 선호했다.

전쟁터에서 손상 부위를 계획 없이 서둘러 봉합했을 때 어떤 결과가 빚어지는지를 가장 잘 드러낸 것은 아마 총알에 윗입술과 턱의 중간 부분이 잘려 나간 병사의 사례일 것이다.[19] 부상이 심했던 그는 다급히 야전 병원으로 후송되었고, 그곳 의료진은 부서진 턱의 조각들을 서둘러 꿰매어 붙였다. 그 결과 심한 흉터가 난 입술이 아래로 끌어당겨져 〈흉측하게 외모가 훼손〉되었다. 결국 그 병사는 올더숏으로 왔다. 길리스는 원래의 상처를 다시 째서 벌리고 턱 아래쪽 조직을 떼어 내어 피부판(피판, 판)을 만든 후 뒤집어서 상처 부위를 덮었다.

〈피부판flap〉이라는 용어는 16세기에 나온 것으로, 한쪽만 붙은 채 느슨하고 넓적하게 매달려 있는 것을 가리키는 네덜란드 단어 플라퍼flappe에서 나왔다. 외과에서 피부판은 원래의 부위에서 떼어 내어 상처를 덮는 데 쓰는 건강한 조직을 가리킨다. 피부판은 몸에 그대로 연결된 부위를 통해서 하나의 커다란 동맥이나 더 작은 여러 개의 혈관으로 혈액이 계속 공급된다. 피부판은 두 종류가 있다. 국소local 피판과 원거리distant 피판이다. 국소 피판은 상처 부위의 인접한 곳에 있는 온전한 조직을 도려내어 만든 피부판을 줄기 — 피부판에서 몸에 그대로 붙어 있는 부위 — 를 중심으로 뒤집어서 손상 부위를 덮는 것이다. 원래 피부판을 떼어 낸 부위는 봉합한다. 피부판을 직선으로 당겨서 덮을 수도 있다. 즉 온전한 피부를 잡아당겨 손상 부위를 덮은 뒤 꿰맨다.

대조적으로 원거리 피판은 몸의 멀리 있는 부위에서 조직을 떼어 이식하는 것이다. 하지만 국소 피판과 마찬가지로 혈액이 계속 공급되도록 피부판의 한쪽은 원래 부위와 연결되어 있어야 한다. 일종의 긴 피부 〈밧줄〉 — 밑면에 맨살이 그대로 드러난 — 을 만들어 연결을 유지할 수도 있다. 하지만 이럴 때는 피부판이 감염에 취약해지면서 목숨을 잃을 수도 있다는 것이 드러났다. 머지않아 길리스는 감염 위험을 대폭 줄일 새로운 유형의 피부판을 발명함으로써 이 문제를 해결하게 된다. 그러나 올더숏에서의 초창기에는 자신이 할 수 있는 최선을 다해 간신히 대처하는 상황이었다.

예기치 않은 도전 과제를 제기하는 환자들도 많았다.[20] 한 병사는 유산탄에 맞아 턱이 으스러졌다. 그 결과 피가 숨길로 계속 흘러내리다가 코와 입가로 흘러넘쳤다. 놀랍게도 계속 똑바로 앉은 자세로 질식을 피하면서 열흘 동안의 여정 끝에 영국에 도착했다. 그는 부상의 특성상 먹거나 마실 수가 없었다. 그 결과 케임브리지 군 병원에 도착했을 때는 심한 영양실조와 탈수 증세가 나타났고, 얼굴은 〈고름, 악취…… 괴저로 뒤덮였다〉.

길리스의 첫 번째 과제는 감염된 상처를 씻는 것이었다. 발라디에가 불로뉴의 전담 진료과에서 수없이 하던 행동을 본 그대로 했다. 환자가 고름을 받는 그릇을 턱 밑에 받친 채 똑바로 앉아 있는 동안 간호사가 주기적으로 상처를 씻어 냈다. 며칠, 몇 주에 걸쳐 씻어 냄으로써 길리스 의료진은 감염을 멈추고 손상된 조직이 치유되도록 촉진할 수 있었다. 그런 다음 필요한 재건 작업 쪽으로 주의를 돌렸다.

길리스가 올더숏에서 직면한 문제는 감염만이 아니었다. 모퉁이를 돌 때마다 계속 새로운 문제가 출현했다. 1914년, 파리의 머제스틱 호텔에 들어선 야전 병원에서 일한 에드워드 D. 톨랜드는 부상의 특성상 고형 음식을 먹을 수 없는 환자를 돌보는 의료진이 처한 어려움을 아주 상세히 묘사했다.

> 환자는 엎드려 있어야 하고 물론 액체 음식 말고는 아무것도 먹지 못한다.[21] 우리는 그의 앞에 대야를 갖다 놓고 목에

고무 천을 둘렀다. 그런 뒤 목에 고무관을 밀어 넣고 깔때기를 통해 곰국이나 우유를 부었다. 거의 두 번에 한 번은 고무관이 잘못된 방향으로 들어가서 그는 2분 동안 숨이 막히곤 했다. 그런 뒤 다시 준비되었다는 양 고개를 끄덕였다.

길리스는 일련의 고통스러운 수술을 견딜 수 있으려면 환자들의 체력을 유지하는 것이 아주 중요하다는 점을 이해했다. 그래서 올더숏에서는 식단에 특히 주의를 기울였다. 식단은 주로 수프, 우유, 소화가 잘되도록 가공한 식품으로 구성했다.[22] 액상식은 깔때기 달린 고무관을 통해 환자에게 먹였고, 그런 뒤에는 감염을 막기 위해 물로 입과 목을 씻겼다. 씹을 수 있는 이들에게는 달걀도 주었다. 그것도 아주 많이. 블랙은 자신과 동료들이 환자들에게 많으면 하루에 3백 개까지도 먹였다고 했다. 일이 끝없이 이어졌다. 환자들을 먹이는 일을 다 끝내자마자 다음 식사를 준비하는 일을 시작해야 했다.

올더숏에 턱 전문 진료과를 설치하는 과정은 이처럼 처음에 우여곡절을 겪었지만 서서히 자리 잡아 갔다.

겨울이 길게 이어지는 동안, 군 의료진은 세계 최초의 대규모 산업화 전쟁에 따른 병력 부족에 대처하기 위해 부상병들을 다시 전선으로 돌려보내느라 밤낮으로 일했다.[23] 『타임스』의 기자는 부상병이 〈신병을 충분히 확보하기가 어려워졌을 때 가치 있는 대안이 되기 시작했다〉라고 평했다.[24]

부상병들을 전선으로 돌려보내라는 사기 저하의 압력은 길리스도 완전히 피할 수 없었다. 그는 〈치유가 되자마자 병사를 예전 자아의 모방품 같은 모습으로 대대나 중대로 돌려보낸다〉는 사실을 한탄했다.[25] 환자들은 야전 장비의 무게를 짊어질 수 있을 정도로 회복되면 다시 전장으로 보내졌고, 또다시 부상을 입을 뿐이었다. 한 간호사는 이렇게 물었다. 「간호해서 건강을 회복시킨 뒤 다시 참호로 돌려보내는 일을 끝없이 되풀이하는, 탈출구가 없는 직업이 아니었을까?」[26]

런던 의학 협회에서의 연설에서 길리스는 이 딜레마를 인정했다.[27] 「내 첫 번째 임무는 군에 봉사하는 것이고, 거기에 가능한 한 많은 병사를 최대한 신속하게 복귀시키는 것도 포함된다는 사실을 인정합니다……. 두 번째 임무는 환자들에게 봉사하고 대성공을 거둔 사람이든 단지 가난하고 추레한 연금 생활자든 간에 내 능력껏 최선을 다해 치료하는 것입니다. 그리고 세 번째 임무는 과학과 외과 지식에 가능한 한 아낌없이 기여하는 것입니다.」 물론 세 가지 임무는 자주 충돌했고, 길리스는 전선에서 오는 압력이 환자와 자신의 직업에 대한 임무에 심한 지장을 초래한다고 인정했다.

역설적이게도 전쟁의 공포를 전달하는 부상병들에게 빚진 의학 발전은 전쟁을 지속시키는 역할도 했다. 한 병사는 이렇게 말했다. 「부상자는 공포의 대상이 아니라 대체의 문제였어요.」[28] 의사들은 서둘러 부상병들을 깁고 꿰매면서도, 의도치 않게 그들이 회복되면 더 강력해질 전쟁 기계에 인력을 공급하고 있었다. 군의관 프레드 H. 알비는 이렇게 간파했다. 〈이 통탄할 결과에서 그나마 긍정적인 점이 하나 있다면, 장기적으로 볼 때 전시에 의사들이 획득한 지식으로부터 인류가 혜택을 보게 되리라는 것이다.〉[29] 그러나 전쟁이 격렬해질 시기에는 오로지 한 가지에만 초점이 맞추어졌다. 가능한 한 빨리 치료하여 최대한 많은 병사를 전선으로 돌려보내는 일이었다.

길리스가 올더숏에서 환자들을 치료하는 일에 매진하는 동안, 영국군은 보병을 머리 손상으로부터 보호할 수단을 개발하기 시작했다. 전쟁 첫해에 병사들은 머리를 보호할 목적으로 개발된 특수 장비가 전혀 없어 그냥 천으로 된 모자를 쓰고 전투에 나섰다. 이 모자는 총알과 유산탄을 전혀 막지 못했을 뿐 아니라 전선의 오락가락하는 날씨로부터도 군대를 보호하지 못했다. 『타임스』에는 이렇게 한탄하는 기사가 실렸다.[30] 〈지금의 군모는 전투할 때 아무짝에도 쓸모가 없는 최악의 장비다……. 적의 눈에 쉽게 뜨일 뿐 아니라…… 햇빛이나 비도 전혀 막지 못한다.〉 동맹국인 프랑스와 벨기에도 같은 문제에 시달렸다. 정수리에 청동 꼬챙이가 달린 독일군의 가죽 투구인 피켈하우베도 고속으로 날아드는 포탄 파편을 거의 막지 못했다.

1915년에 프랑스군은 첫 금속 군모를 내놓았다. 연강으로 그릇처럼 만든 것인데 병사의 천 모자 안쪽에 끼워서 썼다. 그러나 포탄 파편이 이 철모를 뚫고 들어오면 더러운 천 조각이 부상 부위에 박힘으로써 감염 위험이 오히려 커졌다. 게다가 이 약한 철모는 유산탄이 부딪칠 때 산산이 부서지면서 착용자와 그 주변 사람에게 더욱 부상을 입혔다. 프랑스군은 군모를 새로 설계하는 작업에 착수했고 아드리안 헬멧을 내놓았다. 좁은 테가 달린 돔 모양의 철모로, 그 위에 천 모자를 덧쓸 수 있다. 개발 책임자인 오귀스트 루이 아드리앙이 고안했다. 이런 개선이 이루어지고 있음에도 영국 전쟁부는 시답지 않게 여겼고, 빨리 만들어서 군대에 보급할 수 있는 더 나은 해결책을 찾고 있었다.

그해 영국군은 존 브로디가 특허를 낸 설계안을 채택했다. 나중에 브로디 헬멧이라고 불리게 된 이 철모는 충격에 잘 견딘다고 알려진 하드필드 강철판 하나를 잘라서 만들었다. 자른 강철판을 눌러 〈수프 그릇〉 모양으로 만들고 약 5센티미터의 테를 둘러서 보호 효과를 높였다. 브로디 헬멧은 튼튼했을 뿐 아니라 프랑스 헬멧보다 단순하여 빨리 제작할 수 있었다. 서부 전선에서 머리 손상을 입은 부상병이 점점 늘어나고 있었기에 신속한 생산이 필수적이었다. 1916년 여름에 브로디 헬멧은 1백만 개가 제작되어 전선의 군인들에게 보급된 상태였고, 곧 그 전쟁의 또 다른 상징이 되었다. 영국과 그 연방 국가들의 모든 군인에게 지위에 상관없이 보급된 최초의 헬멧이다.

브로디 헬멧의 성공에 자극을 받아 머리 외에 다른 부위도 강철 장비로 보호하면 어떨까 하는 생각을 떠올린 이들도 있었다. 『타임스』에는 이런 기사도 실렸다. 참호에서 싸우는 병사들의 〈가슴과 몸통을 보호할 장비뿐 아니라 무릎과 팔꿈치 덮개도 있어야 한다〉.[31] 그러나 이 생각은 진지하게 고려된 적이 없었다. 아마 실행에 드는 비용과 그런 무거운 갑옷을 입으면 전쟁터와 참호에서 움직이기 힘들다는 점 때문이었을 것이다.

헬멧을 개선하려는 노력도 이루어졌다. 사슬로 엮은 베일을 덧대어 3백 미터 떨어진 곳에서 폭발한 85그램의 유산탄을 막을 수 있는지를 시험한 사례가 있었다.[32] 탱크 안에 탄 병사들은 그 베일이 탱크의 강철판에 총알이 충돌했을 때 생기는 튀어나오는 금속 파편을 잘 막아 준다고 평했다. 그러나 보병 대다수는 베일이 너무 정신을 산만하게 만든다며 헬멧에서 떼어 버렸기에 본래의 목적을 달성하지 못했다. 사수가 몸을 숨긴 채 쏠 수 있도록 소총에 망원경을 다는 것을 비롯해서 더 실용적인 발명들이 뒤따랐다.

그러나 머리 손상을 막으려는 이런 노력에도 불구하고 얼굴은 대체로 취약한 상태로 노출되었다. 올더숏에서 첫 문을 열고 몇 달 동안 해럴드 길리스의 병동에는 수백 명의 부상자가 계속 밀려들었다.

처음부터 길리스는 병사의 얼굴 손상을 꿰뚫어 보는 탁월한 능력을 드러냈다. 그를 아는 이들은 그가 환자들을 그저 군번 숫자로만 보지 않는 〈훌륭한 마음씨와 강철 같은 신경을 지닌 사람〉이라고 평했다.[33] 올더숏에서 길리스의 치료를 받은 병사의 형제인 D. M. 콜더컷 스미스는 그 의사가 〈친절한 인간적인 면모로 가득하다〉고 기억했다.[34] 레지널드 에번스 중사도 〈평범한 병사가 장교 못지않게 간호를 받았다〉고 놀라워했다.[35] 그는 길리스가 〈내 상처에 직접 붕대를 감았고, 눈코 뜰 새 없이 바쁜 와중에도 내가 괜찮은지 밤에 보러 왔다〉고 썼다. 에번스는 훗날 자신이 비교적 정상적인 삶을 살게 된 것은 길리스의 재건 치료가 성공한 덕분이라고 했다. 〈내 행복의 많은 부분은 그 덕분이다.〉

놀라운 일도 아니지만 얼굴 손상은 병사에게 극도의 정서적 충격을 미칠 수 있다. 외과 의사 프레드 알비는 이렇게 표현했다. 〈정신적 충격은 평생 이어질 것이 분명하며 자신뿐 아니라 남들에게 형언할 수 없는 공포의 대상이 된다.〉[36] 그는 얼굴이 일그러진 병사가 〈자기 세계의 이방인〉이 된 것처럼 느끼기도 하며, 〈자기 자신이 낯선 사람인 듯 느껴지는 것이 세월이 흘러도 약해지지 않는 지옥 같은 상황〉임이 틀림없을 것이라고 덧붙였다.

그의 환자들은 길리스가 옆에 있는 것만으로 몸이 나아지는 듯한 느낌을 받았다. 그는 안심시키는 특유의 어조로 부상병을 위로했다. 「얘, 걱정하지 마……. 다 괜찮을 거고 여기서 나갈 때가 되면 다른 사람들처럼 멋진 얼굴을 갖게 될 거야.」 길리스는 스스럼없는 태도와 유머 감각으로 언제나 병동의 분위기를 되살렸다. 그는 이렇게 말했다. 「일상적인 것들을 비틀어서 기분을 환기하는 타고난 능력을 지녔다는 점에서 나는 하늘에 감사합니다.」[37] 그가 올더숏에서 시간을 보낼수록 환자들은 그런 이유로 그를 사랑하게 되었다.

모든 사람이 길리스처럼 얼굴이 변형된 이들을 편하게 대한 것은 아니었다. 경험 많은 의료진조차도 얼굴 손상을 입은 사람을 접할 때 충격받을 수 있으며, 그들의 반응은 환자에게 더 큰 스트레스를 줄 수 있다. 원즈워스의 제3 런던 종합 병원에서 일하던 워드 뮤어는 그의 반응에 놀랐다. 훗날 그는 이렇게 고백했다. 「지금까지 정말로 애처로운 환자나, 치욕스러움을 느낄 만큼 내 도움을 받아야 하는 환자를 돌볼 때 내가 겪은 당혹감은 얼굴에 손상을 입은 부상자들을 접했을 때 느낀 것에 비하면 아무것도 아니었습니다.」[38] 뮤어는 아마 각 병사의 전쟁 이전의 모습을 〈건강하면서 유쾌한 전형적인 영국 젊은이〉로 상상했을 것이 틀림없다.[39] 그래서 〈부서진 가고일〉 앞에 섰을 때 더욱 그렇게 느꼈다. 그는 자신이 뜻하지 않게 〈그 가여운 희생자에게 나의 감정을 느끼게 만든 것은 아닌지, 즉 그가 끔찍한 모습임을 알아차리게 한 것은 아닌지〉 두려웠다.

길리스는 가장 절망적인 상황에서도 환자들과 직원들에게 자신감을 불어넣었다. 블랙은 이렇게 떠올렸다. 〈그는 말 그대로 얼굴 절반이 날아가고 피부만이 남아 너덜거리며 턱뼈가 바스러져 손가락으로 만지면 모래처럼 느껴지는 환자를 치료하는 일에 망설임 없이 매달렸다.〉[40] 그곳에서 일하는 동안 그녀는 점점 길리스에게 탄복하게 되었다. 비록 일은 섬뜩했지만, 블랙은 곧 그와 의료진이 하는 일이 획기적인 중요성을 지닌다는 것을 알아차렸다. 그녀는 매우 예리하게 간파했다. 〈수백만 명의 목숨을 앗아간 세계 대전은 간접적으로 수백만 명의 목숨을 구하기도 했다.〉[41]

그러나 초창기에는 진척이 느렸고 캐서린 블랙과 달리 길리스는 자신의 실력에 확신을 갖지 못할 때도 많았다. 훗날 그는 이렇게 회고했다. 〈이것은 낯선 신기술이었고, 작은 흉터를 남기는 절제술로 시작해서 서서히 나아가 입술갈림증 수술을 한 차례 한 뒤에 졸업하는 오늘날의 학생들과 달리 우리는 갑작스럽게 얼굴 반쪽을 치료하라는 요구를 받았다.〉[42] 자신을 인도할 교과서도, 자문할 교사도 전혀 없기에 길리스는 상상력을 발휘하여 눈앞에 놓인 문제의 해결책을 떠올리려 애써야 했다. 그런데 재앙의 엄청난 규모 자체는 성형외과가 진화하고 최고의 수술법을 표준화할 독특한 기회를 제공했다. 훗날 길리스는 올더숏에서 일할 때를 떠올리며 의아해했다. 〈이 기간 내내 우리는 설파제, 혈장, 페니실린의 혜택 없이 새로운 방법과 새로운 결과를 향해 더듬거리며 나아가고 있었다.〉

길리스는 승리한 것만큼 많은 패배도 겪었고, 새로 입는 패배의 충격은 이전의 충격 못지않게 쓰라렸다. 윌리엄 헨리 영이라는 사병의 죽음은 그에게 견디기 힘든 아픔을 안겨 주었다.[43] 그가 올더숏에 도착할 당시 가슴 뭉클한 상황을 생각하면 더욱 그러했다.

영은 마흔 살이지만 풍채 좋고 카이저수염과 통통한 뺨 덕분에 훨씬 더 어려 보였다.[44] 전쟁 초기에 그는 저격수의 총에 허벅지를 맞았다. 그는 오랜 시간이 걸려 회복한 후 다시 전선으로 향했는데 1915년 봄, 염소 가스 공격에 당했다. 당시 길리스가 일하던 벨기에 야전 병원에서 멀지 않은 곳이었다. 그 일로 그는 시력이 손상되었다. 그해 겨울, 영은 다시 프랑스 북부의 퐁케빌러 동쪽 지역 전선으로 돌아갔다. 그곳에서 그는 다시금 재앙을 맞이했다.[45]

크리스마스를 며칠 앞둔 춥고 습한 12월 아침, 참호 위로 새벽이 다가올 때쯤 영은 150미터 떨어진 곳에 한 부사관이 다쳐서 누워 있는 모습을 보았다.[46] 적의 포화가 빗발치는 가운데 그는 명령 없이 월터 앨런 중사가 피를 흘리며 누워 있는 곳을 향해 철조망을 뚫고 기어갔다. 중사는 영에게 위험하니 돌아가라고 명령했지만, 영은 포기하지 않고 중사를 끌어안고서 참호로 돌아가기 시작했다. 안전한 곳까지 거의 다 왔을 때 총알 하나가 영의 턱을 박살 냈고, 또 하나가 가슴을 정통으로 꿰뚫었다. 다른 병사가 돕기 위해 달려왔고, 그들은 함께 중사를 참호로 끌어내려 목숨을 구했다.

그 후 영은 심각한 부상임에도 약 8백 미터를 걸어서 연대 의무대로 치료를 받으러 갔다.[47] 결국 그는 영국으로 후송되었고 엑서터의 한 병원에서 부서진 턱을 고치는 수술을 몇 차례 받았다. 당시 그의 소대장은 영의 아내인 메리에게 편지를 썼다. 〈그가 다친 동료를 구하다가 부상을 입었음을 알려 드리면서 깊은 위로의 말씀을 드립니다. 우리 모두 그가 당국으로부터 받아 마땅한 영예를 인정받기를 바라고 있습니다. 그는 언제까지나 우리의 영웅으로 남아 있을 겁니다.〉[48] 편지를 보내고 얼마 지나지 않아 영국군은 영에게 빅토리아 훈장을 수여했다. 최고 등급의 무공 훈장이었다. 영은 병실에서 아내에게 편지를 썼다. 〈이런 영예를 받으니 정말로 뿌듯해. 나 자신뿐 아니라 당신과 아이들에게도 자랑스러워.〉[49]

회복기에 있는 동안 영과 가족을 위한 기금이 모금되었다.[50]

국민의 기부로 5백 파운드 넘게 모였다. 영은 허가를 받아 프레스턴의 집으로 향했고 지역에서 영웅 대접을 받았다. 기차역에서는 시장이 보낸 마차가 그를 맞이하며 시청으로 데려갔다. 그곳에서 다시 환영 행사가 열렸다. 동부 랭커셔 연대에서 자원한 사람들이 마차에서 말을 떼어 낸 후 직접 마차를 끌며 환호하는 군중 사이로 나아갔다. 「보아라 용사 돌아온다」가 울려 퍼졌다.

환영의 열기가 잦아들자 영은 얼마나 회복이 될지 걱정되었다. 가슴의 상처는 그다지 개의치 않는다고 해도, 얼굴이 손상되었다는 것은 관을 꽂지 않으면 음식물을 먹을 수 없다는 의미였다. 결국 그는 올더숏에 설립된 새 병동으로 보내졌다.

길리스는 영의 턱을 고칠 수 있다고 자신했지만, 수술에는 위험이 따르기 마련이다. 그의 연구진이 직면한 가장 큰 도전 과제 중 하나는 마취제 처방이었다. 얼굴이 손상되면 때로 혀와 목이 부어오르거나 후두를 제어하는 근육이 상실됨으로써 숨길이 막히곤 했다. 들것 운반자들도 알고 있듯이 환자가 마취된 상태에서 누워 있을 때면 특히 위험했다.

영이 올더숏에 올 무렵, 길리스는 이 문제에 아주 익숙해진 상태였다. 한번은 환자가 산소 부족으로 새파랗게 변하자 마취 의사에게 환자의 혀를 잡아당겨 숨길을 열게 했다. 〈내가 기증된 뼈 이식편을 계속 다듬고 씻는 사이 환자의 상태가 다시 나빠지는 바람에 마취 의사는 환자가 살아 있도록 도와야 했다.〉[51]

환자를 앉혀 놓는 것이 한 가지 해결책이지만 거기에도 문제가 있었다. 혈압이 떨어질 수 있기 때문이다. 더욱 심각한 문제는 수술 도중에 환자가 깨어날 위험이다. 길리스는 모리슨이라는 환자에게 바로 그런 일이 벌어졌다고 기억했다. 〈수술이 끝나갈 때 그가 프랑스어와 독일어로 내게 말하기 시작하여 몹시 우려가 되었다. 나는 그에게 대답하면서도 한편으로 그를 꽉 붙잡고 이식편을 제 위치에 고정하며 상처를 봉합했다.〉[52] 매일같이 예기치 않은 새로운 문제가 등장했다.

영은 케임브리지 군 병원에 도착해서 수술을 앞두고 불안해했다. 그는 길리스에게 전에 수술받을 때 클로로폼을 썼는데 후유증이 심했다고 알렸다.[53] 실제로 군의관들은 전쟁 초기에 당시 흔히 쓰이던 클로로폼이 치명적인 심장 부정맥의 하나인 심실잔떨림을 일으킬 수 있다는 것을 알아차렸다. 이미 건강이 나빠진 영 같은 사람들에게는 특히 더 위험했다.[54] 하지만 길리스는 늘 그랬듯이 가장 나은 결과가 나오기를 기대하며 수술을 진행했다. 수술할 때 그는 가능한 한 마취제를 적게 썼다. 그런데도 영은 혼수상태에 빠졌다. 길리스는 영을 소생시키려고 계속 시도했지만 끝내 의식을 회복하지 못했다. 몇 차례의 총상과 독가스에도 살아남았던 윌리엄 헨리 영은 갑작스러운 심장 마비로 사망했다.[55] 그는 아내와 9명의 자녀를 두고 떠났다.[56]

길리스는 망연자실했다. 그는 수술의 불행한 결과 때문에 〈몹시 비참하다〉며 영의 아내에게 편지를 썼다.[57] 〈그는 끔찍이도 잔혹한 온갖 상황을 헤쳐 나왔건만 최악의 불운 앞에 목숨을 잃었습니다.〉 그는 모든 예방 조치를 했다고 그녀에게 전했다. 〈그를 위해 할 수 있는 모든 일을 했습니다. 그리고 의사 5명이 그를 살피면서 필요한 조치를 다 했습니다.〉[58] 하지만 그 실패는 그의 마음속 깊이 새겨졌다. 얼굴 손상을 입은 환자에게 마취제를 안전하게 투여할 방법을 찾아내는 일이 길리스 의료진의 최우선 과제가 되었다.

영의 시신은 320킬로미터 떨어진 프레스턴으로 옮겨져 매장되었다. 그의 관이 거리를 지나 동네 묘지로 운구되는 모습을 지켜보기 위해 영웅의 집 앞에는 애도하는 사람들이 모여들었다. 올더숏 출신 2명을 비롯한 50명의 부상자가 장례식에 참석하기 위해 북부로 향했다.

길리스는 영의 죽음을 깊이 애도하고 있음에도 그의 도움이 필요한 병사들이 너무 많았기에 추도 분위기에 빠져 있을 수가 없었다. 얼마 지나지 않아 올더숏은 밀려드는 환자들로 감당할 수 없을 지경이 되었다.

5장

공포실

1916년 봄, 꽃봉오리가 피기 시작할 때였다.[1] 길리스는 창밖으로 〈턱이 흔들거리고 얼굴이 반쪽인 환자들〉이 산책하러 병원 밖으로 쏟아져 나오는 광경을 지켜보았다. 그는 환자들이 잠시라도 갑갑한 병실 밖으로 나와서 신선한 공기를 마실 기회를 얻어 몹시 들떠 있다는 것을 알았다. 그러나 가까이에서 짙은 회색 구름이 몰려드는 것을 보고 걱정이 들었다. 빗방울이 떨어지는 기미가 조금이라도 보이면 담당 중사가 더 가지 말라고 사람들을 불러모아서 〈붕대를 감은 슬픈 군중은 들어가기 싫은 병동으로〉 다시 돌아가리라는 것도 알았다.

회진을 재개했을 때 길리스의 귀에 밖에서 사람들이 부르는 익숙한 노래가 들렸다. 「티퍼러리까지는 길이 머네, 먼 길을 가야 하네!」 상황이 달랐다면 동네 사람들은 흥겹게 떠드는 병사들을 보며 흐뭇해했을 것이다. 하지만 그들의 다친 모습은 전선이 얼마나 섬뜩한 일이 벌어지는 곳인지를 극명하게 상기시키는 역할을 할 뿐이었다. 전쟁의 참화를 보여 주는 그들의 모습이 보일 때면 엄마들은 불안해져 놀던 아이들을 불렀다. 멀리 전선에 가 있는 자신의 형제, 아들, 아버지를 위해 말없이 기도를 올리는 이들도 있었다.

멀리서 검은 구름이 더욱더 불길하게 커지고 있었다.

이 무렵에 길리스는 올더숏에서 치료를 시작한 이래로 자신이 배운 것들을 되짚어 보고 있었다. 몇 개월 간의 시행착오를 거치면서 재건 수술은 천천히 단계적으로 해야 한다는 것을 알아차렸다. 그는 〈성형 수술이 대부분 어찌할 수 없이 오래 걸린다〉는 사실을 한탄했다.[2] 〈봉합실을 삽입하는 것만 해도 노련한 외과 의사의 시간을 30분 이상 잡아먹는다.〉 게다가 환자 한 명에게 15번까지도 수술을 해야 할 때가 있었고, 오랜 기간에 걸쳐 수술을 반복해야 했다. 〈수술을 서두르다가는 조직이 돌이킬 수 없이 훼손되기 마련이다.〉[3] 곧 그의 좌우명은 〈내일로 미룰 수 있는 것을 결코 오늘 하지 말라〉가 되었다.

머지않아 길리스의 연구는 전국지의 시선을 끌기 시작했다. 『데일리 메일』의 기자는 올더숏을 방문해서 정신이 바짝 드는 경험을 했다고 썼다. 〈이 병동만큼 현대전의 섬뜩한 공포와 야만성을 생생하게 온 정신과 감각으로 체험하게 하는 곳은 또 없다.〉[4] 그 기자는 〈영국의 다른 곳에 있는 병원에서처럼 부서진 팔은 우리의 동정을 자아내고, 사라진 다리는 우리의 연민을 불러일으키지만 유산탄에 찢겨 나간 얼굴은…… 어느 정도 혐오감을 일으킬 수밖에 없다〉라고 예리하게 관찰했다. 자신들의 부상을 이렇게 비인간적으로 묘사한 신문 기사를 읽을 때 환자들은 어떤 생각을 했을지 궁금하다.

그래도 그 기자는 밝은 어조로 〈이 병원에서 인간 정신 승리의 탁월한 사례를 발견할 수 있다〉고 함으로써 병사의 손상된 얼굴을 복구하려는 길리스 의료진의 끊임없는 노력에 찬사를 보냈다. 이는 올더숏에서 이루어지고 있는 일이 언론에 실린 첫 사례였다. 길리스는 초창기에 언론에 널리 알려지면서 혜택을 받았다고 인정했다. 〈아주 많은 도움이 되었다. 새로운 외과 분야에서 무엇을 할 수 있는지를 대중과 의사들에게 설명함으로써 비로소 환자들은 그로부터 혜택을 볼 수 있었다.〉[5]

자신의 외과 분야가 자리를 잡아 가자 길리스는 앞으로 의사들이 재현할 수 있도록 자신의 선구적인 연구를 기록하는 일이 중요함을 인식했다. 혁신적인 기법을 말로 설명하기 어렵다는 사실에 좌절한 그는 환자를 그리는 법을 배우기 위해 런던에 있는 프레스 아트 스쿨의 통신 강좌에 등록했다. 교사는 〈길리스는 과묵하고 효율성을 강조하는 분위기를 풍겼으며 자신이 하고자 하는 일에 확신을 가졌다〉고 말했다.[6] 길리스는 곧 자신이 운동뿐 아니라 그림에도 소질이 있다는 것을 알아차렸다. 하지만 스케치 실력이 아무리 뛰어났다고 해도 올더숏에서는 더욱 큰 도전 과제가 늘 그를 기다리고 있었다. 매번 새로운 수술과 도전 과제에 대처하는 데 온 정신을 쏟아야 했기에 스케치할 시간이 거의 없었다.

때마침 『타임스』 기자이자 친구인 버나드 다윈이 〈위대한 헨리 통크스〉를 소개했다.[7] 케임브리지 군 병원의 행정직이었다. 운 좋게도 통크스는 런던의 슬레이드 미술 대학 교수이기도 했다. 그리고 길리스가 점점 커지는 의료진에 넣고 싶은 바로 그 재능을 지닌 사람이기도 했다.

헨리 통크스는 가공할 인물이었다. 키가 193센티미터인 그는 학생들 위에서 물음표처럼 몸을 굽힌 채로 〈차갑고 기를 꺾는 어조〉로 말하곤 했다.[8] 헬렌 레서는 자신의 교수를 이렇게 묘사했다. 〈마르고 금욕주의적인 모습에 커다란 귀, 움푹 들어간 눈, 매부리처럼 콧등에서부터 거의 수직으로 뻗은 코, 낙타처럼 우물거리는 입.〉[9] 그는 학생들을 거침없이 비판했고 안 좋은 드로잉을 용납하는 것이 거짓말쟁이와 사는 것과 같다고 했다. 영국 화가 길버트 스펜서는 통크스로부터 자신의 작품을 비판하는 말을 듣고 열차 밑으로 뛰어들고 싶은 충동을 느꼈다고 했다.[10] 스펜스의 형제인 스탠리도 화가였는데, 통크스의 말에 아예 신경을 쓰지 말라고 충고했다. 통크스는 자신의 강의에 들어오는 모든 학생에게 비판적이었다.

그러나 거칠어 보이는 겉모습 안에는 남들의 고통을 예민하게 감지하는 영혼이 있었다. 그는 이렇게 썼다. 〈내가 사랑한 이들의 병을 너무나 예민하게 받아들여서 거의 견딜 수 없을 정도가 되기도 했다.〉[11] 고통받은 이들을 향한 그의 감수성은 전쟁이 났을 때 그 한계를 시험당했다. 그런데 그의 성격 중에는 침울한 태도와는 맞지 않는 듯한 측면도 있었다. 비록 겉모습을 그림으로 담는 재능과는 들어맞는 듯했지만 말이다. 그는 익살스러운 그림을 그리는 취미가 있었고, 친구들의 뛰어난 캐리커처를 자주 그렸다.

당시 쉰두 살이었던 헨리 통크스는 유럽 전선에서 첫 총성이 울렸을 때 입대 나이가 지난 상태였다. 당시의 많은 사람과 달리 그는 전쟁이 일찍 끝나지 않으리라는 것을 일찌감치 깨달았다. 1914년 8월 어느 따뜻한 저녁, 소설가 조지 무어의 집으로 저녁 식사를 하러 런던을 가로질러 가고 있을 때 그 생각이 천둥처럼 뇌리를 스쳤다. 가는 길에 그는 벨기에 요새 나무르가 함락되었음을 알리는 벽보가 여기저기 붙어 있는 것을 보았다. 그는 무어를 따라 에버리가 근처의 화려한 벨그레이비아 지구에 있는 멋진 조지 왕조 양식의 널찍한 거실로 들어가면서 말했다. 「안 좋은 소식이 있어, 친구.」[12] 시작도 하기 전에 파티 분위기를 망치고 싶지 않다고 생각한 무어는 심드렁하게 대꾸했다. 「그래? 그러면 신문이 더 재미있어지겠네, 뭐.」[13] 통크스는 친구의 삐딱한 태도에 심술이 나서 그대로 알려 주었다. 나중에 무어는 그 화가에 관해 이렇게 썼다. 〈그는 우울하게 만들 정도로 진지하지만, 나는 다른 누군가에게 재미를 느끼기보다는 차라리 통크스에게 우울해지는 게 낫다고 생각하는 경향이 있다.〉[14]

이 일이 있은 지 얼마 지나지 않아 통크스는 영국 남서부 해안의 도체스터에 있는 수용소에 자원하기로 결심했다. 결국 포로수용소가 된 그곳은 전쟁이 시작된 지 10일째에 설치되었다.

영국 정부가 적국 출신의 거주자 수천 명을 찾아 전쟁이 끝날 때까지 억류하는 일을 시작하면서였다. 주로 독일인 이민자들이 많았다.

1911년 인구 조사에 따르면, 독일인은 런던에서 러시아인 다음으로 많은 이민자 집단이었다.[15] 그들을 위해 독일 교회 12곳, 독일 병원 1곳이 있었고 두 가지 독일어 신문이 발행되었다. 독일인 상인, 이발사, 제빵사 등 여러 상인은 런던의 경제 활동에 핵심적인 역할을 했다. 런던의 식당 종업원 중 10퍼센트는 독일인이었고, 런던의 부유한 가정 중에는 상당수의 독일인 여자 가정 교사가 있었다.[16]

그러나 전쟁이 터지자 그들 중 많은 사람이 일자리를 잃었다. 아무리 중요한 일을 맡고 있었어도 독일인은 전쟁으로 야기된 적대감과 마주해야 했다. 영국 해군의 제1 해군경이었던 바텐베르크의 루이스 공자는 언론에서 그의 해임을 요구하는 운동이 벌어진 후 자리에서 물러나야 했다. 영국 기자 허레이쇼 보텀리는 〈국방의 기밀을 외국 태생 관리에게 맡긴다는 것은 우리 제국을 향한 범죄 행위〉라고 선언했다.[17] 루이스는 사임하고 얼마 지나지 않아 왕족 지위도 내려놓았고 가문의 성도 〈바텐베르크〉에서 〈마운트배튼〉이라는 영국식으로 바꾸었다. 영국의 왕가를 포함해서 무수한 왕족이 그 뒤를 따랐다. 1917년, 영국 왕실은 〈작센코부르크〉라는 게르만족 성을 버리고 더 발음하기 쉬운 〈윈저〉라는 성을 택했다.

불행히도 모두가 쉽게 적응할 수 있었던 것은 아니었다. 자신이 고국이라 부르는 곳에서 갑작스럽게 〈외국인 적〉 취급을 받는 스트레스에 제대로 대처하지 못한 독일인들도 있었다. 요제프 포츠마이어는 직장을 잃고 다른 일자리를 구하러 다녔지만 헛수고였다.[18] 우울해지고 낙심한 그는 영국을 찬미한다고 적은 뒤 목을 맸다. 존 파이퍼는 자기 눈을 향해 총을 쐈다.[19] 첫 총알에 죽지 않자 그는 다시 총을 들어 관자놀이를 겨냥해 쐈다.

독일을 향한 반감은 삶의 모든 영역으로 퍼졌다.[20] 인기 있던 〈독일 소시지〉는 영국의 유력한 식료품 상인의 주도로 〈점심 소시지luncheon sausage〉라고 이름이 바뀌었다. 성을 바꾸고 식품 명칭을 바꾸는 것보다 더 은밀한 시도가 이루어졌다. 영국 정부가 독일인 여성, 아동, 노인을 체계적으로 추방한 일도 그러했다. 건강한 남성들은 추방하면 곧바로 독일군에 입대할 수 있다고 우려했기에 수용소에 억류했다. 이러한 수용소가 영국 전역에 설치되었다. 맨섬에 세워진 노칼로 수용소가 가장 컸는데, 많을 때는 수용 인원이 2만 3천 명을 넘었다. 수용소가 가장 먼저 세워진 곳은 도체스터였다.

영국이 참전한 지 열흘 뒤 첫 입소자들이 들어왔다. 독일 민간인 8명이었다. 그들이 건물 안으로 들어올 때 바깥에서는 호기심을 가진 구경꾼들이 몰려들었다. 그 직후 서부 전선에서 포로로 잡힌 병사들도 들어왔다. 부상을 입어 치료가 필요한 이들도 많았다. 의사 W. B. 코슨스가 수용소 내 병원을 맡고 있었는데 병원에는 수술실도 하나 있었다.[21] 통크스는 자원봉사를 하고 싶다며 코슨스에게 전신을 보냈다.

수용소에서 자원봉사를 하겠다는 통크스의 결정이 비논리적으로 보일지 모르겠지만, 사실은 그렇지 않았다. 그는 전쟁이 시작될 때 호평받는 화가였을 뿐 아니라 정식 의사이기도 했다. 1886년 그는 런던 병원에 상주 외과 의사house surgeon*로 들어갔다.[22] 같은 해에 조지프 메릭은 한 병동의 영구 거주자가 되었다. 수수께끼의 증상(신경 섬유종증이었을 가능성이 높다) 때문에 심한 기형이 된 메릭은 〈코끼리 인간〉이라는 별명이 붙었다. 머리뼈가 커지고 얼굴 피부가 스펀지처럼 부풀어서 늘어진 모습이었기 때문이다. 그는 서커스단에서 호기심을 불러일으키는 공연을 했는데, 외과 의사 프레더릭 트리브스가 그를 살펴보고 싶다며 병원으로 불렀다. 메릭의 비참한 삶을 통해 통크스는 그런 일그러진 얼굴이 사람들의 삶에 얼마나 지장을 주는지를 잘 이해할 수 있었다.

통크스는 전문의 과정에 있을 때 웨스트민스터 예술 학교에서 야간 강좌를 들었다. 얼마 뒤 그는 외과 공부를 포기하고 미술을 직업으로 택하면서 부친에게 큰 실망을 안겨 주었다. 조지 무어는 친구의 결심에 이렇게 말했다.「통크스의 미술을 향한 욕망이 아주 강렬했던 것이 틀림없다. 원래 선택했던, 그리고 잘하고 있던 직업을 버리고 실패할지도 모르는 직업을 택하기로 할 정도였으니까.」[23]

다행히도 통크스는 실패하지 않았다. 런던 병원을 떠날 때 복도에서 마주친 한 의대생이 그의 수채화를 두 점 사겠다고 했

* 현재의 수련의 과정에 해당한다.

다. 〈당시 나는 은행 계좌가 없었기에 멀리 런던 이스트엔드까지 걸어가 그가 거래하는 은행에서 수표를 현금으로 바꾼 뒤 주머니에 금화 25개를 담고 돌아왔다.〉[24] 그 일로 그는 자신의 미래를 더욱 확신하게 되었다.

통크스가 보낸 전신은 그가 도체스터의 포로수용소에 도착하기 전에 먼저 와 있었다. 그 특유의 간결한 어조였다. 〈내일 도착.〉[25] 코슨스는 병원에서 접하는 다양한 부상 유형을 목록으로 작성하는 일을 맡겼다. 통크스는 글로 묘사하는 대신 후대를 위해 몇 시간씩 공들여서 각 부상을 꼼꼼하게 그림으로 그렸다. 그는 몇 주 동안 지내다가 올 때처럼 간결하게 통보한 후 갑자기 떠났다. 「내일 떠날 겁니다.」[26] 그는 에식스의 장교 병원인 힐홀로 향했다. 코슨스가 그 화가로부터 소식을 들은 것은 몇 달 뒤였다.

전선에서 안 좋은 소식들이 더 많이 쏟아지자 통크스는 화가 일을 제쳐 두고 적십자에서 봉사하기로 했다. 1915년 1월에 그는 프랑스 오트마른의 후송 병원으로 향했다. 그곳에서 조각가인 캐슬린 스콧을 만났다. 불운을 맞이한 남극 대륙 탐험가 로버트 팰컨 스콧의 부인이었다. 그녀는 병원에서 소규모 구급대를 조성하며 이끌었고, 머지않아 해럴드 길리스와 함께하게 된다. 손상된 얼굴의 석고 주형을 떠서 수술 과정을 돕게 된 것이다.

통크스는 후송 병원에서 시신들을 접하며 섬뜩했다. 〈부상이 너무나 끔찍하다. 앞으로 나는 전쟁을 반대할 것이다. 우리는 누군가에게 그런 고통을 겪으라고 요구할 권리가 없다.〉[27] 곧 그는 이러한 살육 현장에 대처하기에는 자신의 의술이 모자라다

는 것을 깨달았다. 그는 고백했다. 〈나는 의사로서는 아무짝에도 쓸모가 없다.〉[28]

그런데도 그는 의무감이 투철했고 조국에서 봉사하기를 원했다. 〈우리가 이해할 수 있는 차원을 초월하는 지혜가 나를 이끌고 있다. 그리고 나는 들은 바를 실천해야 한다.〉[29] 1916년에 그는 육군 의무대에 지원했고 올더숏에 있는 케임브리지 군 병원으로 배속되었다. 의사로서가 아니라 사무관으로서였다. 그는 친구에게 보낸 편지에 이렇게 썼다. 〈할 일이 있을지 없을지 모르겠어.〉[30]

통크스가 할 일이 있다는 것이 드러났다. 1916년 봄 어느 날 오후, 해럴드 길리스는 친구 버나드 다윈의 추천으로 그 저명한 화가를 만났다. 길리스의 눈에 통크스는 〈지위가 격하된 웰링턴 공작〉처럼 보였다.[31] 사무실에 갇힌 채 잡다한 행정 업무를 처리하고 있었으니까. 길리스는 통크스에게 수술진에 합류하여 지루한 사무 업무에서 탈출하는 것이 어떻겠냐고 제안했다. 수술 전·도중·후의 그림을 그려서 기록으로 남기는 일을 요청했다. 그 일을 계기로 길리스는 자신의 일을 기록으로 보전하기 위해 여러 조치를 취한다. 시간이 흐른 후 그런 꼼꼼한 기록은 수술법 표준화에 쓰이고, 성형외과가 의학의 정식 분야로 자리 잡는 데 기여하게 된다.

통크스는 해부학을 공부했기에 그 일에 딱 맞는 사람이었고, 길리스는 사진사보다는 화가가 수술실에서 방해가 덜 될 것이라고 느꼈다.[32] 게다가 컬러 사진술이 널리 퍼지기 전이었다.

통크스는 강렬한 심홍색, 으스스한 자주색, 썩어 가는 듯한 녹색을 써서 손상되고 감염된 살의 미묘한 특징들을 포착함으로써 전장의 상처를 잘 표현할 수 있었다. 그의 인물화는 흑백 사진보다 더욱 사실적일 때가 많았다.

케임브리지 군 병원장으로부터 상주 화가로 일하라는 승인을 받자마자 그는 열심히 그림을 그리기 시작했다. 길리스와 함께 수술실에서 몇 시간씩 보내며 복잡한 수술 과정을 기록하고 스케치를 했다. 그는 미술 평론가이자 런던 테이트 갤러리의 관장이었던 친구 D. S. 맥콜에게 편지를 썼다. 〈얼굴에 타격을 입은 부상병들의 머리를 파스텔로 무수히 그리고 있어……. 길리스라는 아주 뛰어난 외과 의사가…… 성형 수술이라는 것을 하고 있어.〉[33] 통크스는 케임브리지 군 병원에서 치료받는 손상 부위를 화가의 시각에서 바라보았다. 같은 편지에서 그는 뺨에 커다란 구멍이 난 환자를 묘사했는데, 구멍을 통해 혀가 움직이는 모습을 볼 수 있었다. 그는 17세기에 디에고 벨라스케스의 스페인 왕을 전혀 호감이 가지 않게 그린 유명한 스페인 왕 초상화들을 언급하면서 〈림프관이 막혀서 얼굴이 통통해진 필립 4세를 떠올리게 해〉라고 썼다.

통크스는 일의 특성상 환자들과 일종의 긴밀한 접촉을 하게 되었다. 〈의학은 사람을 깊이 연구할 기회를 관찰자에게 제공하는 유일한 위치에 있다. 누구나…… 환자의 침대 옆에서 지켜보고 있다면 더 현명해질 것이다. 아픈 사람은 자신이 살면서 지니게 된 것들을 다 내려놓고 본연의 모습으로 돌아가기 때문이다.〉

이런 인물화는 결코 공개 전시할 의도가 없었으므로(비록 전쟁이 끝난 뒤에 결국 전시되지만) 통크스는 새로운 유형의 예술적 자유를 느꼈다. 〈작품을 전시할 때면 나는 언제나 그 순결함을 잃는 기분을 느낀다. 화실에 있을 때 그 작품은《남들에게 보여줄 때면 약해지는》좀 애처롭기까지 한 일종의 순수함, 때로는 일종의 아름다움까지 지닌 듯하다.〉[34] 올더숏에서 그는 평론가, 화랑, 잠재적 후원자의 반응을 걱정하지 않은 채 그림을 그릴 수 있었다. 마찬가지로 환자 자신도 치료가 끝난 뒤나 전쟁이 끝난 뒤 자신의 모습이 대중 앞에 전시될 것이라는 생각은 그다지 하지 않았을 것이다.

통크스는 자신과 같은 예술적 감수성이 없는 이들이라면 꽤 당혹스러워할 법한 방식으로 자신이 본 장면을 해석했다. 그는 저격수의 총알에 코가 잘린 병사를 〈살아 있는 훼손된 그리스 두상〉에 비유했다.[35] 부상병에서는 때때로 아름다움을 발견하기도 했지만, 길리스의 병동은 그렇지 않을 때가 훨씬 더 많았다. 즉 감각을 습격하는 곳이었다. 통크스는 〈공포실〉이라고 묘사했다.

아직 닥치지 않은 최악의 부상 사례들도 있었다. 영국과 독일의 해군이 북극해에서 격렬하게 충돌하면서 극심한 부상을 입은 전투병들이 생겨났다. 해상에서 포격이 격화될 때면 으레 선박에 화재가 발생할 위험이 상존한다. 그리고 그 뒤의 일을 추스르는 것은 해럴드 길리스에게 맡겨진다. 희생자들을 치료하는 일은 성형외과라는 갓 탄생한 분야를 혁신시키게 된다.

덴마크 서부 해안에서 약 1백 킬로미터 떨어진 북극해에서 영국의 드레드노트급 전함인 뱅가드호의 거대한 선체에 춥고 컴컴한 물결이 철썩이고 있었다. 선실에서는 월터 그리너웨이가 빵을 거대한 오븐에 굽기 전 약 160킬로그램의 푹신한 반죽이 부풀기를 기다리고 있었다. 그런데 갑자기 멀리서 둔탁하게 우르릉거리는 폭발음이 들렸다. 이 제빵장은 재빨리 밀가루 묻은 손을 앞치마에 닦은 뒤 소음이 어디서 나는지 알아보기 위해 후갑판으로 달려갔다. 그는 눈앞에 펼쳐진 끔찍한 광경에 너무 놀라서 그 자리에 멈춰 섰다. 〈눈에 보이는 수평선 전체가…… 온통 불바다였다.〉[36] 몇 초 뒤 근처에 있던 순양함이 불길에 휩싸이는 모습에 그리너웨이는 제정신을 차렸다.

때는 1916년 5월 31일, 유틀란트 해전이 막 시작된 참이었다. 이 해전은 제1차 세계 대전 때 최대 규모였을 뿐 아니라 무려 279척의 함선과 10만 명이 넘는 병력이 참전한 역사상 가장 큰 규모의 해상전이기도 했다. 게다가 영국 해군을 핵심까지 뒤흔들게 된다.

영국과 독일 해군 사이의 긴장은 독일이 1989년에 함대를 구축하기 시작하면서 두 나라 간 함선 건조 경쟁이 촉발된 이래로 계속 증가해 왔다. 이 경쟁은 영국이 개발한 새로운 등급의 전함으로 귀결되었다. 바로 드레드노트급 전함이었다. 1906년에 건조된 드레드노트호의 이름을 딴 이 중무장 전함은 두 가지 혁신적인 특징을 지녔다. 하나는 대구경 함포로 무장한 것이고, 다른 하나는 증기 터빈으로 움직인다는 것이다. 이전의 함선들은 하루아침에 낡은 것이 되었다. 드레드노트급 전함은 곧 국력의 상징이 되었고 영국과 독일 사이의 군비 경쟁을 더욱 부추겼다.

전쟁이 발발한 직후에 영국은 독일에 대해 해상 봉쇄를 설정하고, 북극해를 교전 지역으로 선포했으며, 독일 동맹국과의 교역을 거의 금지하는 포괄적인 금수품 목록을 발표했다. 봉쇄 조치가 이어지자 1916년경 독일은 식량과 원료 부족이 심해져 국민 사이에 영양실조와 기아까지 나타났다. 독일은 해상 봉쇄를 깨고자 나섰고 영국은 그 대결을 환영했다. 영국은 자신들의 병력과 화력이 더 우수하기에 공해상 전투에서 우위에 있다고 믿었다. 그러나 36시간에 걸친 피비린내 나는 전투가 벌어지는 동안 그 오만함은 한계까지 내몰리게 되었다.

오후 4시 직전, 데이비드 비티 해군 중장이 지휘하는 제1 전투 순양함 전대는 프란츠 폰 히퍼 중장이 이끄는 독일 전투 순양함 전대와 맞붙었다. 전투가 시작된 지 13분 만에 영국의 인디페티거블호는 연달아 포탄을 맞으며 선체가 펑펑 뚫렸다. 영국 전함은 오랫동안 거의 난공불락으로 여겨졌기에 이 소식은 엄청난 충격을 주었다. 그 공격에서 살아남은 3명 중 한 명인 시그널러 C. 팔머는 〈함포들이 성냥개비처럼 위로 향하는〉 광경을 보고 몇 초 후에 배 밖으로 튕겨 나갔다.[37] 전함은 폭발했고 선원 1,017명과 함께 수장되었다. 전투가 시작되자마자 전함이 파괴되면서 영국 해군의 사기도 침몰했다. 에드워드 코도 소위은 이렇게 회상했다. 〈우리 전선에서 엄청난 이중 폭발이 일어났다. 떨어져 있는 랩윙호에 탄 우리 눈에도 끔찍한 광경이었다. 거대한 굴뚝, 포탑까지도 공중으로 날아오르는 것이 뚜렷이 보였다. 불과 연기의 기둥이 적어도 450미터 이상 치솟았다.〉[38]

그러나 최악의 순간은 아직 찾아오지 않았다.

25분 뒤 독일의 더플링거호나 자이들리츠호가 쏜 포탄들이 영국 함대의 자존심인 퀸 메리호에 쏟아지면서 북극해에 다시금 끔찍한 폭발이 일어났다. 그 사건 이후 오랜 세월이 흐른 뒤 스티븐 킹홀 중위는 이렇게 회상했다. 〈높이 250미터의 불기둥이 연기와 함께 버섯구름처럼 피어오르면서 배는 사라졌다. 그 불타는 묘비를 지켜볼 때 바닥 쪽이 조금 흔들리는 듯했고, 물 위로 삐죽 튀어나온…… 선체가 어렴풋하게나마 한순간 눈에 들어왔다.〉[39] 퀸 메리호는 몇 분 사이에 침몰하면서 1,266명과 함께 수장되었다. 아마 그중 일부는 닫힌 문과 해치 안쪽 밀폐된 선실에 갇힌 채 죽어 갔을 것이다. 말라야호에 타고 있던 아서 개스킨은 그날 오후, 밀려드는 물결에 배가 기우뚱하는 것을 느꼈다. 〈허공에 죽음이 떠돌고 있음을 실감했다.〉[40]

멀리서 지켜보고 있던 비티는 부하들을 돌아보면서 차갑게 말했다. 「오늘 우리 피투성이 함선들에 뭔가 문제가 있는 것 같군.」[41] 폰 히퍼를 돕기 위해 독일 대양 함대가 합류하자 비티는 퇴각을 결심하며 전대를 돌리라고 명령했다. 독일군은 그 뒤를 추격했고, 비티는 영국 대함대가 있는 곳으로 그들을 곧장 이끌었다. 비티의 전투 순양함들은 대함대와 합류했고 전투는 밤까지 격렬하게 이어졌다.

자신들의 전력이 밀린다는 것을 알아차린 라인하르트 셰어 제독은 독일 대양 함대에 퇴각을 명령했다.[42] 그들은 어둠을 틈타 물러났고, 다음 날 아침에 최종 결전을 벌이려 했던 영국군은 망연자실했다. 그때쯤 독일군도 극심한 피해를 본 상태였다. 전함 1척, 전투 순양함 1척, 경순양함 4척, 구축함 5척, 그리고 3천 명이 넘는 병력을 잃었다. 영국의 피해는 더욱 극심했다. 전투 순양함 3척, 경순양함 3척, 구축함 8척, 그리고 6천 명이 넘는 병력을 잃었다.

정신적 충격도 마찬가지로 극심했다. 유틀란트 해전은 계급이 높든 낮든 간에 목격한 모든 이의 마음에 깊이 각인되었다. 영국 온슬로트호의 조지 웨인퍼드는 끔찍한 광경을 목격했다. 북극해의 물결 치는 수면에 죽은 물고기 수백 마리가 떠 있었다. 〈폭발의 충격으로 죽은 듯했다.〉[43] 심지어 전투가 시작될 때 콜링우드호에 타고 있던 훗날의 조지 6세도 전투의 격렬함에 충격을 받았다. 그는 집에 보낸 편지에 이렇게 썼다. 〈독일인들이 가득 탄 독일 배를 보았을 때와 우리에 맞서 포격하는 광경을 본 지금은 전혀 느낌이 달라요…….〉[44] 그러면서도 그는 〈엄청난 경험〉이자 〈쉽게 잊지 못할 경험〉이라고 했다.

시간이 흐르면서 이 해전은 영국이 거둔 중요한 승리로 여겨지게 된다. 독일 함대는 다시는 영국 함대와 교전하지 않았고 전쟁 내내 항구를 거의 떠나지 않았다. 대신 잠수함으로 전투하는 전술로 전환했다. 그렇지만 영국 해군은 극심한 타격을 입었다. 한 미국 기자는 독일 함대가 교도관을 공격했지만 여전히 교도소 안에 갇혀 있는 신세라고 요약했다.[45]

뱅가드호에 탄 월터 그리너웨이는 전투가 가열되는 동안에도 자신의 빵이 계속 구워지는 중이고, 주방의 금속 벽 너머에서 공포스러운 전투가 격렬해지는 가운데에도 〈꽤 믿음직하게〉 익어 가고 있음을 알아차렸다.[46] 그러나 유틀란드 해전에 참여한 대다수는 위안을 삼을 것이 거의 없었다. 장교들이 명단을 읽을 때 병력 손실의 규모가 명확히 드러났다. 죽은 이들의 이름이 애도가를 부르는 것처럼 허공에 울려 퍼졌다. 말라야호에 탔던 클리퍼드 캐슬런 소위는 이렇게 회상했다. 〈나는 앞 갑판에 탔던 분함대의 사망자 명단을 읽었다. 우울한 일이었고, 다 마쳤을 때는 안도했다.〉[47]

살육의 증거는 피할 수 없었다. 빅터 헤이워드 이등병은 이렇게 기억했다. 〈통신 파이프, 전화기, 환기구, 격벽 뒤쪽 등 걸릴 만한 모든 곳에 사람의 살이 걸려 있었다.〉[48] 그와 동료들은 석탄산 용액으로 배를 박박 문지르며 살이 썩어 가면서 내뿜는 악취를 제거했고, 다른 병사들은 〈알아볼 수 없는 인체 찌꺼기〉가 되어 버린 잔해를 뒤적거리면서 사망자의 신원을 확인하는 섬뜩한 일을 맡았다.[49]

숯이 되고 해체된 동료들의 잔해를 수거해서 시신을 마대천에 꿰매어 무거운 것을 단 후 바다에 수장하는 일은 생존자들이 맡았다. 이런 조치를 했음에도 많은 시신은 몇 분 동안 고집스럽게 수면에 둥둥 떠 있다가 서서히 똑바로 세워지면서 물결 아래로 가라앉았다. 통신대원 존 핸들리는 회상했다. 〈마치 시신이 물속으로 가라앉기 전에 마지막으로 자신의 배를 바라보고 싶

어 하는 것처럼 느껴지는 기이한 광경이었다.〉[50]

부상자들에게는 전투의 끝이 고생의 시작일 뿐이었다. 들것을 운반하는 이들은 시신을 찾아 수거하느라 바빴다. 의사들은 부상자를 치료하며 정신이 없었고 쉴 새 없이 일하다가 지쳐 쓰러지곤 했다. 한 병사는 이렇게 회상했다. 〈너무나 피곤한 나머지 의사들은 마지막 부상자들을 치료할 때 더는 서 있을 수가 없어 환자 옆에 누워서 붕대를 감았다.〉[51] 파괴된 배의 의료진이 직면한 가장 큰 장애물은 환자들을 치료하기에 적당한 공간과 장비를 마련하는 일이었다. 외과 의사인 찰스 리크 중위는 회고했다. 〈쓸 수 있는 게 촛불뿐이었는데 중요한 수술을 하기에는 밝기가 너무 약했다.〉[52] 수술 장갑도 없어서 석탄산을 소독제로 쓰는 외과 의사들의 손은 〈지독할 만치 쓰라렸다〉.

화상을 입은 부상자들이 가장 심각했다. 한 의사는 이렇게 적었다. 〈화상이 너무 심해서 통증을 줄여 줄 방법이 거의 없었다……. 모르핀 주사조차도 그들에게는 거의 효과가 없는 듯했다.〉[53] 가벼운 화상처럼 보이는 것도 매우 빠르게 치명적일 수 있었다. 말라야호의 외과 의사 던컨 로리머는 이렇게 적었다.

> 누군가가 얼굴과 손에…… 심한 화상을 입지도, 외모가 손상되지도 않은 채 걸어서 또는 실려서 응급실로 들어온다.[54] 그러면 1도 화상이라고 부를 것이다. 그런데 아주 빨리, 거의 보자마자 얼굴이 부풀어 오르고, 피부의 더 느슨한 부위가 엄청나게 부풀고, 눈꺼풀은 너무 부풀어서 눈이 보이지

않을 정도가 되고, 입술도 커다랗게 부풀어 한가운데에 단추 같은 입이 난 젤리 덩어리처럼 변한다.

로리머는 병사가 과열 상태의 무연 화약에 화상을 입었을 때 이런 기이한 현상이 나타난다고 정확하게 짚었다. 총포에서 포탄이나 총알을 발사하는 데 쓰는 추진체 폭발물이 그렇다. 이런 부상은 〈섬광 화상flash burn〉이라고 불린다. 유틀란트 해전에서는 비좁은 공간에서 폭발하는 무연 화약이 그런 화상을 일으키기도 했다. 폭발이 아주 짧게 일어나므로 노출된 살만 그을렸다. 대개 얼굴, 손, 발목 등이었다. 로리머는 이렇게 회상했다. 〈시민 생활에서는 접할 가능성이 거의 없는 화상이다.〉[55] 희생자들은 연기와 증기를 들이마셔서 급성 호흡기 장애가 나타나는데, 그 직전에 극도의 갈증을 느꼈다. 〈그들은 사망하는데, 그것도 아주 빠르게 사망한다.〉[56] 전투를 많이 겪어 본 로리머 같은 의사들조차도 경악할 만큼 빠른 진행 속도였다.

각 배에 탄 의료 인력이 소규모라는 점 때문에 상황은 더 어려웠다. 전투가 벌어진 뒤의 아수라장 속에서 배의 의사들은 곧 감당하기 힘든 상황에 처했고, 화상 환자들을 가능한 한 빨리 효과적으로 치료하기 위해 애썼다. 말라야호의 전신 기사인 프레더릭 아널드는 〈눈구멍만 빼놓고 거의 온몸이 솜과 붕대로 칭칭 감긴〉 심각한 화상 환자의 〈우울하고 기이하면서 섬뜩한 모습〉을 적었다.[57] 일부 외과 의사는 부상자를 서둘러 치료하다가 더 큰 피해를 입혔다. 라이온호에 탄 알렉산더 맥린은 자신과 동료들이 처음에 피크르산을 소독제로 썼는데, 그 산이 사실상 피부를 무두질 가공하는 효과를 일으키는 바람에 피부가 딱딱해졌다고 썼다.[58] 곧 맥린은 그 물질이 상처에 감은 붕대도 말라붙게 함으로써 떼어 낼 때 그 아래의 피부까지 함께 뜯겨 나가게 한다는 것을 알아차렸다. 이후 맥린은 나중에 벗겨 내기 쉽도록 붕대에 유칼립투스와 올리브 기름을 바르기 시작했다.

불행하게도 피크르산 붕대는 많은 사람에게 깊은 흉터를 남겼다.[59] 좋은 의도로 부상자를 서둘러 치료하느라 애쓰던 의사들이 일으킨 그런 손상은 부상자의 얼굴을 재건하려는 엄청난 과제가 시작되었을 때 해결해야 할 문제가 되었다. 그러나 케임브리지 군 병원에서 다소 힘겨운 일을 맡은 외과 의사는 곧 전선의 동료들과 마찬가지로 압도적인 상황에 처하게 된다.

1916년 6월 초, 유틀란트 해전의 부상자들이 수십 명씩 올더숏으로 밀려들기 시작했다. 그들의 얼굴은 불타고 끔찍하게 손상되었다. 해럴드 길리스도 처음 보는 모습이었다. 〈섬뜩해서 움찔하게〉 만들 정도로 손상이 심했기에 그들은 〈거의 아무것도 하지 못할〉 지경에 놓였다.[60] 길리스는 그들이 병원에 도착하는 모습을 절망적으로 바라보았다. 〈저렇게 끔찍한 화상을 입고서도 어떻게 살아남을 수 있는지 도저히 상상이 안 된다. 이런 화재의 생존자 중 누군가를 만나고, 그들이 그 어떤 것에도 꺼지지 않는 낙관주의를 지니고 있다는 사실을 깨닫기 전까지는 말이다.〉[61]

곧 길리스는 갑작스럽게 밀려드는 환자들에 발맞추어 바쁘게 일을 시작했다. 서서히 그는 끔찍한 화상을 치료하는 절차를 개발했고, 더욱 중요한 점은 치료 방법들을 체계화했다는 것이다. 당시에 선례가 없었던 것은 아니었다. 길리스는 이렇게 간파했다. 〈1백 년 전에 제시된 것이 없었더라면 오늘날 단 한 건의 수술도, 단 하나의 피부판도 거의 없었을 것이다.〉[62]

화상 치료가 언급된 가장 오래된 문헌은 기원전 1550년의 이집트 의학 문서인 『에베르스 파피루스*Ebers papyrus*』다. 이 고대 문서에는 쇠똥과 검은 진흙을 섞어서 화상 입은 피부에 바르라고 적혀 있다. 15세기에 독일 의사 빌헬름 파브리치우스 힐다누스는 처음으로 화상을 심각 정도에 따라서 세 등급으로 나누었다. 그와 동시에 치료하는 동안 화상 부위를 습한 상태로 유지하는 것이 최선인지, 아니면 건조한 상태로 밀봉하는 것이 최선인지를 둘러싸고 격렬한 논쟁이 벌어졌다. 거의 같은 시기에 화상 입은 피부를 절제하려는 시도가 처음으로 문헌에 기록되었다. 그러나 죽은 조직을 제거함으로써 얻는 혜택은 출혈, 열악한 위생, 소독 방법의 부족 때문에 감염 위험이 커져 상쇄되었다.

이런 상황은 19세기에 달라지기 시작했다.[63] 성형 수술의 초기 개척자 중 한 명인 미국 외과 의사 토머스 덴트 뮈터는 어릴 때 옷에 불이 붙는 바람에 심한 화상을 입은 스물여덟 살 여성의 얼굴을 재건하려 시도했다. 뮈터는 그녀가 손상 때문에 〈고개를 왼쪽으로 돌리거나 뒤로 치켜들지 못하고, 입을 한 번에 몇 초 이상 다물고 있지 못한다〉고 했다. 그녀는 화상으로 머리를 움직이는 데 제약이 생겼고 외모도 심하게 훼손되었다. 오른쪽 눈이 비뚤게 내려앉아 얼굴이 비대칭이었다.

뮈터는 위험할 뿐 아니라 마취제가 나오기 전이어서 고통스럽기까지 한 급진적인 해결책을 제시했다. 〈환자는 기꺼이 동의했다.〉 그는 일련의 피부판들을 돌리고 당기면서 그녀의 외모를 바꿀 수 있었다. 〈환자의 외모가 많이 바뀌는 바람에 수술 이전 그녀를 본 이들은 같은 사람임을 거의 알아차리지 못했다.〉 뮈터는 화상 환자들을 재건한 여러 사례를 발표했다. 대부분 손상된 지 몇 년 또는 수십 년이 흐른 뒤에 치료를 받았다.

길리스는 초기 의사들이 발표한 화상 치료 사례들을 알고 있었지만, 그 유용성은 한정되어 있었다. 그는 올더숏의 재건 연구가 〈모든 것을 다시금 새롭게 건설해야 했다는 점에서 독창적이었다〉고 썼다.[64] 그는 곧 이전의 방법들이 실용적이지 못하다는 사실을 알아차렸다. 그는 〈한 사례만을 연구해서, 심지어 전적으로 이론적으로만 연구해서 내놓은〉 것이 틀림없다고 믿었다. 예를 들어, 뮈터는 종종 환자의 외모를 바꿀 수 있긴 했지만 언제나 기능을 회복시킬 수 있었던 것은 아니었다. 뮈터는 이렇게 한탄했다. 〈기능의 상실은 치유할 수 없는 불행이지만 이 정도로 만족해야 하는 사례들도 있다.〉[65]

반면에 길리스는 형태뿐 아니라 기능에도 관심을 가졌고, 양쪽이 본질적으로 연관되어 있다는 점을 알았다. 그는 〈보기 흉하지 않은 외모〉의 위험을 경고했다.[66] 그것이 〈수술 무능이라는 뼈대를 덮은 가면〉일 수 있다고 주장했다. 그는 먼저 내막을 재구성하고, 그 뒤에 뼈나 연골 같은 지지 구조를 재건하며, 마지막으로 피부를 재건하는 식으로 안에서부터 단계적으로 일을 했다. 그럼으로써 미적으로도 좋고, 기능적으로도 괜찮은 결과를 얻을 수 있었다. 〈복원을 계획할 때는 기능이 일차적인 고려 사항이다. 그리고 대체로 기능이 회복됨과 동시에 최고의 미적 결과가 나올 수 있다면 정말로 운이 좋은 것이다.〉[67]

길리스는 흔들림 없이 부지런히 맡은 일을 하면서 업무를 점점 체계화했다. 어느 날, 그는 윌리엄 아버스넛 레인을 병동으로 초청했다. 그는 일그러진 입술을 바로잡는 수술을 한 자신이 뿌듯해하는 환자를 보여 주고자 했다. 본래 냉철하고 확신 어린 태도를 보여 주었던 길리스는 올더숏에 전담 진료과를 설치하는 데 도움을 준 그 나이 많은 외과 의사가 방문하는 날에 초조한 기색을 보일 수밖에 없었다.

레인은 의료계에서 엄격한 인물로, 특히 수술실에서 소독을 철저히 하는 것으로 유명한 사람이었다. 감염 위험을 최소화하기 위해 그는 장갑 낀 손조차 부상 부위에 접촉하지 않도록 손잡이를 길게 늘인 수술 도구를 쓰는 등 〈비접촉〉 기법을 개발했다. 길리스는 이렇게 경탄했다. 〈그는 긴 도구를 써서 환자나 이식편에 손을 한 번도 대지 않은 채 닭 뼈를 잘라 내어 이식할 수 있었다.〉[68] 레인의 실력이 워낙 뛰어났기에 그가 수술실의 돔에 난 구멍을 통해 아주 긴 수술 도구를 집어넣어서 능숙하게 수술하는 모습을 담은 시사만화까지 등장했다.

도착한 레인은 길리스와 블랙의 안내로 병동을 둘러보았다. 통크스도 스케치판과 연필을 들고 그들의 뒤를 따랐다. 보여 주려는 환자에게 도착하자 길리스는 블랙에게 환자의 붕대를 풀라고 지시했다. 레인은 몸을 기울인 후 도구를 써서 새로 봉합한 입술을 살짝 눌렀다. 〈아주 큰 고름이 한 방울 배어 나오는 바람에 나는 화들짝 놀랐다.〉[69] 길리스는 솔직하게 회고했다. 그는 자신의 실수를 결코 감추는 사람이 아니었다.

초창기에는 많은 실수가 있었다. 재건한 코는 점막이 없어서 쪼그라들었고, 이식된 피부는 거부 반응을 일으켰다. 피부판에는 감염이 일어났다. 〈또 일이 잘못되어서 다시 시작해야 했던 병사들도 있다고 고백하지 않을 수 없다. 쉽지 않았다.〉[70]

이 방문은 길리스가 바라는 대로 진행되지 않았지만, 레인은 그곳에서 이루어지는 일에 깊은 인상을 받았다. 떠나기 전에 레인은 앞으로 새로운 대규모 공격이 이루어질 것이라고 예견하며 길리스에게 병상 2백 개를 더 배정하겠다고 말했다.[71] 그러나 길리스가 유틀란트 해전의 부상자들을 치료하면서 겪은 일들은 세계 대전 자체와 동의어가 될 전투에서 벌어질 일에 비하면 아무것도 아니었다.

6장
거울 없는 병동

1916년 7월 1일, 영국군이 솜 공세를 펼칠 즈음에 이른 아침의 태양은 이미 강하게 내리쬐고 있었다. 푹푹 찌는 날이었다. 무거운 군복과 헬멧 차림에 무기를 들고 웅크린 자세로 그늘도 덮개도 전혀 없는 전쟁터를 돌아다녀야 하는 병사들에게는 더욱 그랬다.

친구들이 〈빅 밥Big Bob〉이라고 부르는 R. W. D. 시모어 사병은 참호에서 벽 너머를 내다보고 있었다. 불안하긴 했으나 많은 부대원은 사기가 충만한 상태였다. 그들은 일주일 동안 독일군 전선에 포격이 집중되었기에 적이 약해졌을 것이고, 일단 〈대공세〉를 시작하면 거의 파죽지세로 밀어붙일 수 있다고 확신했다. 퀸 빅토리아 소총대의 시드니 애플야드 병장은 이렇게 회상했다. 〈대령부터 시작하여 모든 장교로부터…… 싸우러 나올 독일군이 거의 남아 있지 않을 것이라는 말을 들었다.〉[1] 그들은 공격이 빨리 끝날 것이고, 그날의 진격이 이 지독한 전쟁을 끝내는 데 상당한 기여를 할 것이라고 확신했다. 그들은 적진에 떨어진 포탄 중 절반 이상이 불발탄이었기에 독일군의 강화된 벙커, 깊이 판 참호, 콘크리트 요새, 철조망 방책이 대체로 온전히 남아 있다는 사실을 거의 알지 못했다.

갑자기 엄청난 폭발이 일어나면서 라부아셀 마을 남쪽의 경관을 뒤흔들었다. 엄청난 양의 흙과 잔해가 하늘로 치솟았다. 먼지가 가라앉자 지름 1백 미터에 깊이 27미터의 구덩이가 드러났다. 그 뒤로 역사상 사람이 만든 그 어떤 소리보다 더욱 큰 폭음이 잇달아 터지면서 포격이 이어졌다. 약 3백 킬로미터 떨어진 런던에까지 폭음이 들렸다. 폭약은 로크나가 광산에 설치되었다. 영국군 참호 중 하나의 이름을 따서 붙인 것인데, 그 참호에서부터 영국 공병대가 독일군 전선 아래까지 비밀리에 판 땅굴 19개 중 하나였다. 그날 아침 보병대가 적군을 향해 진격하도록 돕기 위해 판 굴이었다.

폭발이 일어난 지 2분 뒤 진격이 시작되었다. 장교들이 부는 호루라기의 새된 소리가 허공에 울려 퍼졌다. 시모어 사병을 포함한 병력 10만 명이 개미집에서 쏟아져 나오는 개미 떼처럼 참호에서 우르르 뛰쳐나갔다. 시모어와 동료들이 진격을 시작하자마자 폭발물, 유산탄, 총포에 맞아 쓰러지는 이들이 나타나기 시작했다. 너무나 곧바로 쓰러지는 바람에 마치 엎드리라는 명령을 받은 것처럼 보였다. 독일군의 한 기관총 사수는 잘 장비된 위치에서 탁 트인 벌판을 달려오는 병사들을 쏘는 것이 너무나 쉬웠다고 회상했다. 〈그냥 장전하고 재장전하면서 쏴대기만 하면 되었다. 수백 명씩 알아서 쓰러졌다. 겨냥할 필요도 없었다.

그냥 쏘기만 하면 되었다.〉[2] 포탄의 폭발로 피어나는 먼지구름 때문에 시야는 제한되어 있었다. 한 목격자는 〈진정한 지옥〉이라고 묘사했다.[3] 당시에는 아무도 몰랐지만, 그날은 영국군 역사상 가장 암울한 날이 된다.

시모어는 짧게 진격했다가 포탄이 빗발치자 포탄에 패인 구멍에 몸을 숨길 수밖에 없었다.[4] 그는 멀리서 독일 장교가 대원들에게 뭐라고 열심히 신호를 보내는 모습을 보았다. 빅 밥은 기회가 왔음을 알아차렸다. 그는 안전한 곳으로 이동한 후 그 장교를 향해 겨냥한 뒤 리엔필드 소총의 방아쇠를 당겼다. 장교가 쓰러지자 시모어는 무릎을 꿇고 환호성을 질렀다. 바로 그때 포탄이 터지면서 파편이 그의 얼굴로 튀어 코의 절반을 잘라 냈다. 충격에 시모어는 나뒹굴었고 그 자리에서 기관총 총알 다섯 발에 등을 맞았다. 그는 중상을 입은 채 그 자리에 쓰러졌고 주변에서는 격렬한 전투가 계속되었다.

전쟁터는 곧 죽었거나 죽어 가는 병사들로 가득해졌다. 한 병사는 이렇게 회고했다. 〈어디든 간에 한두 명이 아니라 많은 병사가 무더기로 죽은 채 쌓였다.〉[5] 킹스 오운 요크셔 경보병대의 도널드 머리는 〈철조망에 걸린 채 내장을 쏟아 내면서 비명을 질러 대는 병사들〉의 모습에 소름이 끼쳤다.[6] 그는 불과 연기와 악취로 이루어진 지옥이라고 표현했다. 당시 겨우 열일곱 살이었던 조지 러지는 그 광경에 당황해서 어찌할 줄을 몰랐다. 〈주위의 모든 사람이 죽거나 다쳐서 쓰러졌고, 우리 연대에서 나만 남은 것 같았다.〉[7]

공세에 참여한 영국 병사 10만 명 중에서 1만 9,240명이 사망했고 3만 8,230명이 부상당했다.[8] 부상자는 대부분 중상이었다. 한 전투에서 하루에 그렇게 큰 손실을 입은 군대는 그 이전이나 그 이후에도 없었다.[9] 독일군은 정반대였다. 솜 전투 첫날 독일군은 약 6천 명의 사상자가 났다.[10] 영국군이 진격한 거리는 킬로미터가 아니라 미터로 잴 수 있는 수준이었다. 양편은 좁은 지역에 갇힌 채로 엄청난 화력을 쏟아부었고, 그 뒤로 140일 동안 전투를 벌였음에도 여전히 그 지역을 벗어나지 못하게 된다. 사망자들의 소식이 영국에 도착했을 때 신문에 실린 전투 첫날 사망자의 명단은 한두 줄이 아니라 지면 전체를 채웠다.

솜 공세가 시작된 지 몇 시간 사이에 서부 전선 근처의 부상자 응급 치료소는 시급히 치료를 받아야 할 부상자들로 넘쳐 났다. 〈빅 밥〉 시모어 사병도 그중 한 명이었다. 계획의 미비는 상황을 더 악화시켰다. 첫날 기지 병원으로 환자를 수송할 열차가 부족했다. 그 결과 부상자 수만 명은 입구, 통로, 휴게실, 식당에 다닥다닥 누워 있어야 했다. 하루가 끝날 즈음에는 병원 앞마당까지 부상자들이 꽉 들어찼다. 한 간호사는 풀잎 한 줄기도 보이지 않을 정도라고 했다.[11] 의무병 잭 브라운은 그 피비린내 가득한 혼란스러운 상황을 생생하게 떠올렸다.

> 부상자가 너무 많이 들어오는 바람에 시간이 가는 줄도 모른 채 모두가 정신없이 일했다…….[12] 내가 맡은 일은 수술

실 앞에 수술을 필요로 하는 부상자들을 들것에 실어서 줄 세우는 것이었다……. 누가 수술을 받아야 하고, 누가 이미 가망이 없는지를 판단하는 일을 해야 했다. 너무나 끔찍했고 결코 잊지 못할 기억이다. 그런 일을 한 사람에게 맡겨서는 안 되었다……. 그러나 의사는 할 수 없었다. 수술을 하느라 정신이 없었기 때문이다. 나는 그가 부상자들을 재빨리 분류해야 한다는 것을 알고 있었다. 그렇지 않았다가는 모두가 죽을 테니까.

군복에 새빨간 띠로 표시된 병사들은 출혈을 막기 위해 서둘러 수술실로 들어가서 응급 치료를 받았다. 쌓여 있는 잘린 팔다리 더미를 지나쳐서다. 〈의사는 내게 팔다리를 치우라는 지시를 종종 했고, 나는 그것들을 소각할 만한 곳을 찾아야 했다.〉[13] 브라운은 당시를 떠올렸다. 〈수술실 바깥에 대기하면서 이 모든 일을 고스란히 지켜보던 부상자들에게 미안한 마음이 들었다.〉

제1차 세계 대전 때 영국 종군 기자로 일한 필립 깁스는 〈밤에 병원에서 오두막과 텐트가 버섯처럼 자라나고 있었다〉라고 썼다.[14] 새 부상자가 들어올 공간을 만들기 위해 상상할 수 있는 온갖 운반 수단들이 다 동원되었다. 〈엄청나게 많은 새로운 부상자가 들어올 수 있도록 모든 병동에 있던 환자들을 옮겨야 했다. 들어올 다수를 위해서 드러나지 않게 사악한 제안도 나오고 있었다.〉

며칠 지나지 않아 엄청나게 많은 부상병이 케임브리지 군 병원에 도착하기 시작했다. 길리스가 손으로 적은 표찰을 누더기 군복에 붙인 병사들도 있었고, 전쟁부의 공식 표찰을 달고 있는 병사들도 있었다. 이런 엄청난 규모 앞에서도 길리스는 당황하지 않았다. 그는 부상병들이 병원 열차에서 내려 병동으로 들어오는 〈기괴한 행진〉을 지켜보았다. 그러면서 생각했다. 〈소매를 걷어붙이고 진짜 일을 시작하자고.〉[15]

몇 주 동안 쉴 새 없이 일이 이어졌다. 그는 친구인 린든 피어 의사에게 이렇게 편지를 썼다. 〈지금까지 접한 부상보다도 훨씬 더 안 좋은 부상들도 있었어. 밤낮으로 부상자들이 끊임없이 밀려들었어.〉[16] 직원들에게는 피로가 쌓여 갔다. 캐서린 블랙은 이렇게 썼다. 〈내가 올더숏에서 몇 달 동안 간호할 때 겪은 일들이…… 평생에 가장 슬픈 경험이었다.〉[17] 사기 유지는 끊임없는 투쟁이자 의사와 간호사에게 무한한 인내심과 연민을 요구하는 일이었다. 부상자들이 받는 정신적 압박도 엄청났다. 〈가장 힘든 점은 말도 할 수 없고, 맛볼 수도 없고, 심지어 잘려 나간 신경의 고통 때문에 아편제가 없으면 잠도 잘 수 없고, 외모가 끔찍하게 손상되었다는 점을 잘 알면서도 숨이 막힐 듯이 약물과 붕대로 칭칭 감긴 채 한 주 한 주를 버텨야 하는 환자들의 살아가려는 욕구를 다시 일깨우는 것이었다.〉

〈빅 밥〉 시모어 사병은 결국 구조되어 기지 병원으로 후송되었고 등에 난 여러 발의 총상이 회복되는 동안 그곳에서 지냈다. 그 후 폭발로 날아간 코를 재건하기 위해 올더숏으로 이송되었다. 그때까지 길리스는 코를 재건할 기회가 그리 많지 않았다.

병동에 온 부상자들이 대부분 아래턱과 얼굴이 손상된 이들이었기 때문이다. 솜 전투의 끔찍한 부상자들은 그의 연구 범위를 넓혔다. 시모어는 길리스가 전시에 한 많은 〈코 작업〉의 첫 번째 대상자가 되었다.

코 성형술, 즉 코의 모습을 바꾸는 수술은 역사상 가장 오래된 수술 중 하나다. 2천여 년 전에 살았던 인도 의사 수슈루타는 코 재건법을 고안한 인물로 알려져 있다. 오늘날까지도 쓰이는 방법과 유사하다. 이마나 뺨에서 피부판을 떼어 내 뒤집어서 콧등에 붙이는 것이다. 또 코를 치료하는 동안 호흡을 하고 부기가 빠지도록 돕기 위해 콧구멍에 작은 갈대 두 개를 끼웠다. 피부판의 잘린 부위 끝이 새 부위에 자리를 잡으면 이마나 뺨에 붙어 있던 끝을 잘라 내어 손상된 부위를 덮어서 꿰맸다. 그러면 사라진 코를 대체할 수 있는 피부가 만들어졌다.

르네상스 직전에 유럽에서도 비슷한 기법이 출현했다.[18] 1432년, 구스타보 브랑카라는 외과 의사는 시칠리아의 카타니아에서 면허를 받아 한 전문점을 열었다. 그곳에서 그는 뺨과 이마의 피부판을 써서 코를 재건했다. 몇 년 뒤 그의 아들인 안토니오는 피부판을 떼어 내기에 더 적당한 부위를 택함으로써 이 방법을 개선했다. 바로 팔이다.

이 새로운 기법은 위팔에서 피부판을 일부 잘라 내어 코 모양으로 만들어서 손상된 비강에 붙였다.[19] 그런 뒤 팔을 머리에 대고 붕대를 감아 길면 40일까지 그 자세를 유지하도록 했다. 그 뒤에 팔과 새 〈코〉를 분리한 후 나머지 부위의 모양과 윤곽을 다듬어서 꿰맸다.

이마나 뺨에서 피부판을 만듦으로써 얼굴에 흉터를 더 만들 필요성을 없앤 이 방법은 16세기에 이탈리아 외과 의사 가스파레 탈리아코치를 통해 개선되면서 널리 퍼졌다. 그는 이 코를 받은 고객들이 〈자연스러운 형태를 쏙 빼닮고 모든 면에서 너무나 완벽하기에 그들이 본래 받았던 원래의 코보다 더 나은 대안이라고 여겼다〉고 자랑했다.[20] 탈리아코치의 수술이 활기를 띤 것은 어느 정도는 결투 때 새로운 무기인 레이피어 도검이 많이 쓰임에 따라 코를 베이는 일이 늘어났기 때문이다. 그러나 더 중요한 이유는 그 무렵 유럽에 처음 등장한 질병인 매독 때문에 코가 변형되는 사례가 많아지면서 수술로 해결하려는 이들이 늘어났기 때문이다.

매독에 걸리면 콧등의 한가운데가 내려앉아서 〈안장코〉가 되는 이들이 많다. 그 결과 실제 원인이 무엇인지에 상관없이 안장코는 도덕적으로 문제가 있는 사람이라는 증거로 여겨졌다. 이 낙인은 수백 년 동안 존속했다. 1705년, 풍자 작가 에드워드 워드는 〈프랑스 천연두(즉 매독)가 코 때문에 공개적으로 수치와 조롱을 가져온다〉고 썼다.[21] 사실 코 변형의 공포가 아주 심한 나머지 의도적으로 코를 훼손하는 것이 처벌 수단으로 쓰이기도 했다. 매춘과 불륜 같은 성적인 범죄를 저질렀을 때 더욱 그러했다.[22]

이 낙인을 생각할 때 사람들이 높은 감염 위험과 더욱 일그러질 위험을 무릅쓰고서도 탈리아코치를 찾아간 것은 놀랄 일이 아니다. 그는 외과 의사의 일이 〈자연이 주었지만 운 나쁘게 빼앗긴 얼굴 부위를 복원하고 수선하며 만들어서 눈을 즐겁게 할 뿐 아니라 사기를 북돋아 주고 정신에도 도움을 주는 것〉이라고 믿었다.[23] 1597년에 탈리아코치는 『이식을 통한 훼손의 수술에 관하여 *De Curtorum Chirurgia per Insitionem*』를 펴냈다. 재건 수술만을 다룬 최초의 책이다. 그중에서 코 성형술은 상당한 비중을 차지했다.

완전히 잘려 나간 코를 다시 붙였다는 별난 속설도 많다. 18세기에 프랑스 외과 의사 르네자크 크루아상 드 가랑조는 싸우다가 코가 일부 잘린 병사의 이야기를 들려주었다. 〈따끈하게 데운 포도주로 피로 뒤덮인 상처와 얼굴을 씻었다.〉[24] 가랑조는 잘린 코를 포도주에 담가서 〈살짝 데운〉 뒤 〈본래 위치에 딱 맞도록 붙인〉 다음 석고와 테이프를 써서 고정했다. 19세기 초에도 비슷한 일이 있었다고 한다. 〈안드레아스 구티에로라는 스페인 사람이 한 병사와 싸우다가 코가 잘려서 모래에 떨어졌다.〉[25] 마침 그 자리에 있던 외과 의사는 소변으로 모래를 씻어 낸 뒤 그 불운한 남자의 코에 다시 붙였다. 두 사례에서 코는 환자의 얼굴에 제대로 잘 붙었다고 한다. 물론 이런 이야기가 사실이 아니라고 의심할 수도 있다.

이런 수술의 발전을 모두가 긍정적으로 바라본 것은 아니다. 역사가 샌더 길먼은 병든 코의 복원으로 당사자는 건강해 보일 수 있었고, 외과 의사는 자신이 생각한 대로 사람을 성형할 능력을 지니고 있음을 보여 주었다고 지적한다.[26] 질병이 신의 처벌이고 신체의 불완전함이 영혼의 상태를 반영한다고 사람들이 믿었던 — 말 그대로 — 시대에 재건 수술을 통해 일그러진 코를 가릴 수 있다는 생각은 누군가에게는 설령 위험하기까지는 아니더라도 부도덕하다고 비쳤다. 이는 1599년에 탈리아코치가 사망한 이후 코 성형술이 잊힌 많은 이유 중 하나다. 19세기 초 수십 년에 걸쳐 영국 외과 의사 조지프 카퓨가 쓴 『잃어버린 코를 복원하는 데 성공한 두 수술법 *An Account of Two Successful Operations for Restoring a Lost Nose*』을 통해 수슈루타의 〈인도 수술법〉을 부활시키고 보급하면서 코 성형술은 다시 출현했다. 이 시기에 코 성형술은 외과에서 부흥기를 누렸다.

코 성형술이 수백 년 전부터 있었다고 해도 기존의 방법들은 제1차 세계 대전 때 일어난 다양하면서 심각한 코 손상을 치료하는 데는 무력했다.[27] 콧등이나 연골이 파괴되었을 때는 더욱 그랬다. 기존 기법들은 대부분 피부판을 써서 부드러운 조직을 재건할 뿐이었기 때문이다. 그러나 외과 의사들은 피부판을 이용하는 사례들에서조차도 문제가 생길 수 있음을 알아차렸다.

길리스의 치료를 받은 한 환자는 처음에 버밍엄에서 재건 수술을 받았다.[28] 코를 재건하는 데 쓴 피부판을 떠받칠 콧등 연골이 없었기에 구조 전체가 속으로 내려앉고 말았다. 게다가 환자의 이마에서 피부판을 떼어 냈는데 실수로 두피 일부를 새로운 코 끝부분에 이식했다. 환자가 다시 길리스를 찾았을 때 새로운 코에서 〈상당히 덥수룩하게 털〉이 자라나고 있었다. 그 문제를 해결하고 개선 방안을 찾아내기까지 5년에 걸쳐서 21번의 수술이 이루어졌다.

시모어 사병이 케임브리지 군 병원에 도착한 직후에 길리스는 그에게 다양한 코 사진이 담긴 앨범을 보여 주며 어떤 모양이 마음에 드는지 물었다.[29] 시모어는 잠시 생각한 뒤 콧등이 두드러진 로마인 코로 정했다. 길리스는 두 번의 수술을 통해 시모어의 코를 재건했다.

먼저 그는 시모어의 몸에서 연골 조각을 하나 떼어 냈다. 그리고 혈액 공급이 원활히 이루어지도록 이마에서 혈관이 풍부한 조직판을 잘라 뒤집어 내려서 연골을 감쌌다. 그 뒤에 길리스가 〈주교관Bishop's Mitre〉 피판이라고 부르는 것으로 덮었다. 이 부위를 덮는 데 쓴 피부가 주교관을 닮은 잘린 연 모양이었기 때문이다. 두 달 후 연골이 새로운 코끝을 충분히 지탱할 수준이 되자 피부판을 더 아래로 당겨서 맞추었다.

첫 수술 결과는 좀 불완전했다. 시모어의 코는 로마 의원의 멋진 매부리코보다는 권투 선수의 부은 코에 더 가까웠다. 그러나 시모어는 결과에 아주 흡족했기에 회복 후 길리스의 개인 비서가 되기로 했다. 그는 35년 동안 비서로 일했다.

이제 길리스는 손상된 코를 재건하는 수술을 자주 하게 되었다. 그중에서도 특별한 사례가 하나 있었다. 너무나 성공적이었기에 길리스는 나중에 코 재건 기법의 개선에 그 사례가 중요한 역할을 했다고 썼다.

레이스 제작자의 장남인 윌리엄 스프레클리는 전쟁이 났을 때 독일에서 그 일을 배우고 있었다.[30] 영국으로 귀국하는 길에 그는 당국에 붙잡혔다. 그의 독일어가 유창했기에 당국은 그를 독일인이라고 착각하여 억류했다. 징집을 피해 독일 밖으로 나가려고 시도하는 사람이라고 생각한 것이다. 결국 스프레클리는 영국의 집으로 돌아와 군에 입대했고 벨기에로 보내졌다. 전선에서 그는 중위로 승진했지만 심하게 얼굴이 손상되는 바람에 일찍 퇴역했다.

1917년 1월, 스프레클리가 케임브리지 군 병원으로 올 당시에 그의 얼굴 한가운데 코가 있던 자리에는 커다란 구멍이 뚫려 있었다. 길리스는 모든 환자를 대할 때처럼 차분하면서 확신을 주는 태도로 새 환자를 맞이했다. 「걱정하지 마, 아들.」 그는 스프레클리보다 겨우 몇 살 더 많았을 뿐이었지만 그렇게 말했다. 「다 잘될 거고 끝날 때쯤이면 우리 대다수처럼 괜찮은 얼굴을 지니게 될 거야.」

길리스는 곧바로 일을 시작했다.[31] 스프레클리의 얼굴에 뚫린 구멍의 깊이를 생각할 때 시간이 가장 중요했다. 먼저 길리스는 숨길을 보호하기 위해 손상된 부위를 피부 이식편으로 덮었다. 그런 뒤 스프레클리의 갈비뼈 아래에서 연골 조각을 떼어 내어 화살촉 모양으로 다듬었다. 코의 좌우를 지탱하여 콧구멍을 형성하는 데 쓸 예정이었다. 길리스는 이 연골을 환자의 머리선 바로 아래 이마에 이식했다. 그 상태로 6개월 동안 놔두었다. 이어서 그는 코 윤곽을 잡는 데 쓸 코안용 피부 이식편도 만들어 연골 아래에 심었다. 혈액을 공급할 혈관이 충분히 형성될 때까지 기다린 다음 길리스는 연골과 코안용 이식편을 아래로 내려 뒤집어서 스프레클리의 콧등을 재건했다. 그런 뒤 이마에서 떼어낸 피부 이식편으로 콧등을 덮었다.

처음에 스프레클리의 새 코는 거대했다. 적절한 크기보다 세 배 더 컸다. 중위의 얼굴 한가운데 거대한 구멍만이 뚫려 있던 곳에 이제 피부와 조직으로 이루어진 거대한 덩어리가 붙어 있었다. 길리스는 개미핥기의 주둥이에 비유하곤 했다.[32] 〈동료들은 모두 웃음을 터뜨렸다…….〉 이 결과에 낙심한 길리스는 이 복잡한 수술법에 회의가 일었고 두 번 다시 하지 않겠다고 맹세했다. 그러나 곧 부기가 가라앉기 시작했고, 그는 재건한 부위 주변의 남는 섬유 조직을 제거했다. 결과는 고무적이었다. 코의 모양이 나타나기 시작했다. 길리스는 이렇게 썼다. 〈성급한 판단은 나중에 드러날 수도 있을 건전한 원칙을 폐기하곤 한다.〉[33]

부상이 낫고 코가 자리를 잡으면서 스프레클리는 길리스의 유명한 성공 사례 중 한 명이 되었다. 길리스는 훗날 이렇게 농담했다. 「지금의 스프레클리를 보라. 그와 그의 코는 1939년에 다시 육군으로 돌아가서 1950년까지(그가 퇴역한) 복무했다.」[34] 외과 의사와 그의 환자 모두에게 행복한 결말이었다.

쓸 수 있는 자원이 한정된 상태에서 길리스는 매일 문간에 도착하는 수많은 환자의 얼굴을 재건할 최고의 방법이 무엇인지를 알아내라는 극한 압박을 받고 있었다. 이 끔찍한 기간에 그의 사기를 북돋우는 것은 환자들을 향한 그의 신념이었다. 〈그 신념이

없었다면 나는 꺾였다.〉[35]

길리스는 자신의 상상에 의존하여 복잡한 수술 과정을 시각화해야 했고, 뭔가 착상이 떠오를 때마다 서류 봉투 뒷면에 재빨리 스케치했다. 또 케임브리지 군 병원에 오는 환자의 수가 워낙 많았기에 다양한 기법을 실험할 기회가 있었다. 그는 올더숏에서 일할 때를 회고하며 이렇게 썼다. 〈우리는 늘 새로운 방법과 새로운 결과를 붙들고 씨름하고 있었다……. 직원들과 나는 우리가 임상 시험 중이라고 느꼈다.〉[36]

길리스의 영역이 무덤처럼 고요하다는 점도 임상 시험의 느낌을 고조시켰다. 간호사 블랙은 그 진료과를 〈환자 10명 중 한 명만이 부서진 턱으로 몇 마디 웅얼거릴 수 있는 침묵의 병동〉이라고 했다.[37] 죽음 같은 침묵이 깔린 차원을 넘어 이따금 환자가 고통스러워 내지르는 비명도 들렸다. 길리스는 솜 공세 이후의 암흑기에 정신이 무너져서 죽은 이들도 있지 않을까 생각했다.[38]

케임브리지 군 병원에서 처음 일을 시작했을 때 길리스는 병동에 거울을 금지했다. 새로 오는 환자들이 손상된 자신의 얼굴을 처음으로 접하고서 충격받지 않도록 보호하는 한편, 다 끝날 때까지 오래 걸리는 재건 수술 동안 환자들이 얼굴을 보며 받을 충격을 막기 위해서였다. J. G. H. 홀차프펠 대위는 첫 수술 직후에 코를 보고 자신이 어떻게 반응했는지를 기억한다. 〈거울로 내 코를 살펴볼 기회를 처음 접했을 때 나는 충격받았다. 내 멋진 새 코가 얼굴에서 미끄러져 내려온 짧은 오이처럼 보였기 때문이다.〉[39] 길리스는 이 효과가 재건 수술을 계속 받으려는 의지에 영향을 미칠 수 있다는 점을 이해했다. 〈우리의 성형 계획이 잘못된다면 의지가 강하지 않은 환자는 거의 절망 상태로 빠져들 것이다.〉[40] 그는 전투에서 시력을 잃은 사람들만이 얼굴 재건 과정 내내 의욕이 꺾이지 않는다는 점을 알아차렸다.

자신의 모습을 못 보게 막기가 쉽지 않을 때도 있었다.[41] 솜 공세가 시작된 직후 올더숏에 온 한 병사가 있었는데, 블랙은 신원을 보호하는 차원에서 회고록에 그를 〈하사 X〉라고 적었다. 케임브리지 군 병원에 온 많은 부상자처럼 그도 유산탄에 얼굴이 반쯤 찢긴 채로 참호의 진흙 속에서 아직 헤어 나오지 못한 상태였다.

처음 며칠 동안 상처가 곪고 썩어 감에 따라서 하사 X의 의식은 오락가락했다. 블랙은 그 젊은이가 이겨 내리라고 믿은 사람은 아무도 없었다고 했다. 길리스도 그랬다. 하지만 그녀가 계속 음식을 먹이고 밤낮으로 간호한 덕분에 병사는 회복되었다. 비록 얼굴에 심각한 부상을 입었으나 하사 X는 말하는 능력을 잃지 않았다. 머지않아 그는 자신의 약혼자 몰리 이야기를 들려주며 병동의 사람들을 즐겁게 했다.

하사 X는 어렸을 때 댄스반에서 몰리를 만난 뒤로 오랫동안 사랑했다. 열여덟 살이 되었을 때 그는 법대에 들어갔고 학위를 받은 후 고향으로 돌아가 변호사로 일했다. 그는 몇 년 동안 열심히 일하면서 단골 고객들을 확보한 뒤 몰리에게 청혼했다. 사업은 번창하고 있었지만, 그는 그녀가 거절할까 봐 걱정했다. 그녀의 부모는 부유한 지주였고 그들의 결혼을 노골적으로 반대했기 때문이다. 하지만 그녀도 그에게 푹 빠져 있었고, 그녀는 부모의 반대를 무릅쓰고 그의 청혼을 기꺼이 받아들였다.

전쟁이 발발했을 때 그는 즉시 군대에 자원했다. 몰리의 부모는 기다리고 있으면 장교로 임관될 텐데 왜 하냐며 이 결정을 못마땅해했다. 그러나 몰리는 그의 결정을 지지했고 매주 편지를 써서 돌아오면 어떻게 혼인 생활을 할지 자신의 꿈과 계획을 이야기했다. 가장 암울한 시기, 즉 뜨거운 금속 파편이 얼굴을 찢고 가는 바람에 회복이 오래 걸릴 부상을 입었을 때도 그는 그녀의 편지를 읽으며 기운을 냈다.

어느 날, 블랙이 상처를 치료하고 있을 때 그가 말했다. 「이 지긋지긋한 붕대를 좀 걷어 내기 전까지는 그녀에게 보여 주고 싶지 않아요. 여기서 미라 같은 모습으로 누워 있는 모습을 보면 그녀가 까무러칠지도 몰라요.」 하사 X는 다친 이후로 자신의 모습을 본 적이 없었기에 얼굴 손상이 심하지 않을 것으로 생각했다.

마침내 붕대를 푸는 날, 마침 그의 모친이 병문안을 왔다. 블랙은 그 순간을 이렇게 떠올렸다. 〈그녀의 얼굴이 새하얗게 질렸다. 나는 그녀가 기절할 것 같다는 생각이 문득 들었지만 다행히도 그녀는 표정으로도, 목소리로도 놀란 기색을 전혀 드러내지 않았다.〉 블랙이 세심하게 붕대를 푸는 동안 병장의 모친은 비록 눈앞의 부상병이 자신이 기억하는 멋진 아들과 닮은 구석이 거의 없었음에도 이런저런 이야기를 계속했다. 그날 밤 젊은이는 블랙을 불러 침대 주위로 커튼을 쳐달라고 했다. 커튼을 치던 그녀의 눈에 사물함에 걸려 있는 손거울이 보였다. 그녀는 하사 X가 이미 자신의 얼굴을 보았다는 사실을 깨닫고 철렁했다. 〈간호사라면 환자를 홀로 놔두고 나와야 할 때가 있다는 사실을 알게 된다. 그런 순간에 동정은 상황을 악화시키기만 할 뿐이다.〉

하사 X는 점점 의욕을 상실했다. 그가 나름 꿈꾸고 있던 미래는 거울에 비친 자신의 모습을 보는 순간 죽은 듯했다. 그는 흉측하게 변한 얼굴에 사회가 어떤 혐오감을 드러낼지 인식했고 그것을 자신에게 향했다. 변한 얼굴을 본 순간, 그는 자신이 누군가를 사랑할 만한 자격이 안 된다고 느꼈다. 사실 거울을 금지한 조치 자체가 자신의 얼굴이 바라볼 가치가 없다는 그의 인식을 더 강화했을 가능성이 크다. 블랙은 회고했다. 〈그는 밤새도록 마음속으로 전투를 벌였을 것이 틀림없다.〉 다음 날 아침, 그는 몰리에게 쓴 편지를 부쳐 달라고 그녀에게 부탁했다. 편지를 부친 후 블랙은 병실로 와서 그에게 물었다. 「이제 언제든 그녀를 볼 수 있을 만큼 회복되었잖아요. 왜 오지 못하게 하는 거죠?」

하사 X는 슬픈 목소리로 나직하게 대답했다. 「그녀는 이제 오지 않을 거예요.」 그런 뒤 자신이 파리에서 한 여자를 만났고 약혼한 것이 실수였음을 깨달았다며 거짓말을 적은 편지를 몰리에게 보냈다고 털어놓았다. 「몰리 같은 사람이 나처럼 비참한 부상자와 엮이는 것은 공정하지 않아요. 그녀가 동정심 때문에 자신을 희생하도록 놔두고 싶지 않아요. 아마 결코 모르겠지만요.」

블랙은 이렇게 상황이 급변하자 낙심했다. 그녀는 〈길리스가 인간으로 할 수 있는 일을 다 했지만 기적을 일굴 수는 없었다〉고 한탄했다. 또 길리스의 일을 꼭 필요한 것으로 만드는 바로 그 외모 기준은, 수술로 변한 외모가 그 기준을 충족시키지 못한 환자들이 나타나면 〈실패〉했다는 생각을 품게 했다. 환자 자신도 그렇게 생각했다. 초창기에 길리스는 자신의 기술을 갈고닦는 — 그리고 대체로 창안하는 — 중이었고, 그것도 상상할 수 있는 가장 어려운 사례들을 대상으로 수행하고 있었다. 안타까우면서 바람직하지 않은 결과가 나오는 비율이 높은 것은 어쩔 수 없었다.

아버스넛 레인은 단언했다. 〈이들에게 외로움만큼 고통스러운 것은 없다.〉[42] 하사 X는 그 말에 딱 들어맞았다. 마침내 케임브리지 군 병원에서 퇴원한 그는 집으로 돌아가 조용히 은둔해서 사는 쪽을 택했다.[43]

전쟁 때 망가진 얼굴은 마음도 망가뜨리곤 했다. 솜 공세가 시작된 직후에 웨스트요크셔 18연대의 월터 애시워스 병사는 케임브리지 군 병원으로 이송되었다.[44] 전투 첫날에 그의 부대에서는 그를 비롯한 몇 명만 살아남았다. 적의 집중적인 포화 앞에서 병사 대다수는 자기 참호의 최전선까지 가지도 못한 채 전쟁터에 쓰러졌다. 애시워스는 총알에 뺨이 찢기고 턱의 상당 부분이 박살 나면서 얼굴의 절반이 사라진 채 포탄에 파인 물웅덩이로 굴러떨어졌고 사흘 동안 그대로 누워 있었다. 다행히 그가 아직 살아 있다는 것을 누군가가 알아차리고 안전한 곳으로 끌어냈다.

그는 곧 영국으로 후송되었고 1916년 7월 5일, 케임브리지 군 병원에 왔다. 그가 들어온 직후 헨리 통크스는 간호사가 그의 얼굴에 난 끔찍한 상처를 씻을 때의 모습을 그렸다. 그 파스텔 그림에서 애시워스는 상처로부터 쏟아지는 물, 피, 점액을 받기 위해 턱 밑에 놓은 그릇 위로 몸을 기울이고 있었다. 그의 날카로운 파란 눈은 먼 곳을 응시하고 있으며, 한 줌의 머리카락이 이마를 덮고 있었다. 자신이 어떤 끔찍한 상황에 처했는지를 이제야 겨우 이해하기 시작한 사람의 초상화다.

애시워스는 뼈와 조직이 많이 상실되는 바람에 특히 심한 도전 과제를 안겨 주었다. 길리스는 이렇게 썼다. 〈불행히도 전장의 탄환은 찢고 부러뜨릴 뿐 아니라 얼굴에서 커다란 덩어리를 뜯어냈다. 그 말은 그림 퍼즐의 많은 조각이 사라졌다는 의미다.〉[45] 이때쯤 그는 기반 구조를 먼저 수선하지 않으면 인접한 피부판을 단순히 끌어당겨서 봉합한다고 해도 좋은 결과를 얻지 못한다는 것을 이해했다. 또 먼저 부서진 턱뼈를 다시 맞추고 고정해야만 재건 수술을 시도할 수 있다는 점도 상황을 더 복잡하게 만들었다. 뼈나 조직이 전혀 상실되지 않은 부위라면 치아 고정 장치를 써서 뼛조각들을 고정한 뒤에 치료할 수 있었다. 치과 의사는 치아를 덮어 씌우는 관모 고정 장치splint나 부상과 부패로 많은 치아가 사라진 환자의 얼굴 바깥에 고정하는 바깥 고정 장치를 썼다.

그러나 〈얼굴 덩어리〉가 사라졌다면 덧대가 그 자리에 고정되어 있을 때만 재배치에 성공할 수 있었다.[46] 이는 길리스가 기반 구조를 보강할 뼈나 연골 이식편을 만드는 동안 치아 고정 장치를 계속 끼고 있어야 한다는 의미다. 이식편이 준비될 때까지 3~12개월 정도 걸릴 수 있으므로 그동안 환자는 턱을 움직일 수 없기에 고형식을 먹을 수 없다. 해결책은 액상식이었지만 환자의 입천장까지 손상되었다면 그것조차도 까다로웠다. 액체가 코로 들어갈 수도 있기 때문이다. 설상가상으로 턱을 오랫동안 움직이지 못한다면 턱과 머리뼈를 연결하는 턱관절이 굳어 버릴 수도 있다. 쉽거나 뻔한 일은 전혀 없었다. 그리고 유능한 치과 의사의 도움 없이는 그 어떤 재건 수술도 불가능했다.

애시워스는 부서진 얼굴을 재건하는 고통스러운 수술을 세 차례 받았다.[47] 이 수술 과정을 담은 희귀한 다이어그램이 남아 있다. 길리스가 어떻게 뺨과 턱의 피부판과 조직을 봉합하여 상처를 닫았는지를 보여 준다. 나중에 길리스는 애시워스의 뺨에 난 커다란 구멍 가까이에 있는 입술을 일부 희생시킬 필요가 있었고, 그 결과 〈아주 불쾌하다고는 할 수 없는…… 묘하게 한쪽으로 치우친 표정〉이 남게 되었다고 썼다.[48]

불행히도 애시워스의 약혼자는 다르게 느꼈다.[49] 그의 얼굴이 변형되었다는 것을 알게 된 그녀는 파혼했다. 그녀의 친구인 루이스 그라임은 이 가슴 아픈 소식을 들었다. 애처로운 상황에 울컥한 그녀는 올더숏의 애시워스에게 편지를 쓰기 시작했다. 그들은 몇 차례 편지를 주고받았고, 그라임은 용기를 내어 병원을 방문해도 되는지 물었다. 그는 몹시 기뻐하며 동의했고, 곧 두 사람은 사랑에 빠졌다.

애시워스는 퇴역한 뒤 브래드퍼드의 고향으로 돌아갔다.[50] 전쟁이 일어나기 전에 그는 그곳에서 재단사로 일했다. 빅토리아 십자 훈장을 받았지만 길리스의 치료를 받다가 마취제 합병증으로 사망한 윌리엄 영과 달리, 애시워스는 영웅의 환대를 받지 못했다. 그가 고향에 도착했을 때는 환영 행진도, 악단도 없었고 예전 약혼자뿐 아니라 많은 주민이 그의 달라진 얼굴에 움찔하는 반응을 보였다. 예전 직장을 찾아갔을 때 사장은 손님들이 그를 보고 소스라치게 놀랄 수 있으니 뒤쪽 구석에서 잡일이나 하라고 했다.[51] 이런 푸대접에 분개한 그는 사직서를 내고 나왔다. 상처는 전쟁터에서만 입는 것이 아니었다.

개인적으로 좌절을 겪는 와중에도 애시워스와 그라임의 사랑은 더욱 깊어졌다. 이윽고 그는 청혼했고 두 사람은 결혼했다. 전쟁이 끝난 후, 부부는 호주로 가서 새 삶을 시작했다. 여러 해가 지난 다음 애시워스는 우연히 길리스와 마주쳤다. 길리스가 강연을 위해 호주를 방문했을 때였다. 길리스는 예전 환자를 마주치자 다시 한번 성형 수술을 받아 보는 것이 어떻겠냐고 물었다. 애시워스의 손녀가 전한 바에 따르면, 애시워스는 고마워하면서도 거절했다고 한다.[52] 평범한 삶을 살아갈 모든 희망이 사라졌다고 생각했을 때 길리스가 준 얼굴로 이미 평온한 삶을 살아왔기 때문이었을 것이다.

7장
주석 코와 강철 심장

해럴드 길리스가 케임브리지 군 병원에서 일에 몰두하고 있을 때 다른 곳에서는 영국 미술가 프랜시스 더웬트 우드가 얼굴이 손상된 병사를 도울 방법을 개발하고 있었다. 1871년, 미국인 아버지와 영국인 어머니 사이에 태어난 우드는 전 세계의 여러 미술 기관에서 공부하며 어릴 때 처음 재능을 보였던 조각 실력을 갈고닦았다. 그는 유명한 조각가 에두아르 랑테리와 토머스 브록에게서 배운 후 나름 존경받는 미술가가 되었고, 1895년부터 1926년 사망할 때까지 해마다 왕립 아카데미에서 작품 전시회를 열었다.

통크스처럼 우드도 전쟁이 터졌을 때 나이가 지나서 입대할 수 없었다.[1] 그는 마흔네 살의 나이로 육군 의무대에 병사로 자원했고, 원즈워스에 있는 제3 런던 종합 병원에 배속되었다. 그곳에서 그는 덧대를 체계적으로 설계하는 역할을 했다. 우즈는 얼굴 손상을 입은 환자를 문병하러 오는 이들의 반응에 깊은 슬픔을 느꼈다. 그는 예술적 능력이 유용하게 쓰일 수 있음을 깨닫고 그들을 위해 가면을 만들기 시작했다. 환자 중에는 넓은 부위에 걸쳐 조직이 사라지고 이미 여러 차례 수술을 받은 사람도 많았다. 〈내 일은 의사의 일이 끝난 다음에 시작된다.〉[2]

얼굴 보철구에 대한 개념은 역사가 깊다. 1566년에 저명한 천문학자 튀코 브라헤는 결투를 하다가 코 일부가 잘렸고, 이후 인공 코를 붙이고 다녔다. 작은 금속 상자에 접착 물질을 담아 들고 다니면서 인공 코가 떨어지면 다시 붙이곤 했다. 코를 은으로 만들었다는 속설도 있지만 2010년에 그의 시신이 발굴되었을 때 과학자들이 코안의 뼈를 화학적으로 분석해 본 결과, 실제로 인공 코는 청동으로 만든 것임이 드러났다.

질병도 그런 보철구의 이용 증가에 영향을 주었다.[3] 매독에 걸려 얼굴이 흉측하게 변한 많은 사람이 보기 흉한 감염의 표시를 가리기 위해 코 보철구를 택했다. 1860년대에 미국 발명가 존 웨슬리 하이엇과 아이제이아 형제는 질화 셀룰로스를 장뇌와 섞어서 성형할 수 있는, 즉 원하는 대로 모양을 만들 수 있는 물질을 발명했다. 이 셀룰로이드celluloid는 최초의 플라스틱이었고, 곧 인공 코를 만드는 데 쓰이게 되었다. 불행히도 이 물질은 불이 아주 잘 붙었다. 19세기 말에 흡연이 만연했기에 셀룰로이드 코가 갈색으로 변했다거나 심지어 코에 불이 붙었다는 이야기가 많다.

전쟁은 더 이전의 수 세기 동안에도 수술과 미술 양쪽으로 혁신의 기회를 제공했다. 16세기 군의관 앙브루아즈 파레가 쓴 책에는 은과 금으로 만들어 에나멜을 입힌 눈, 귀, 코의 그림들이 실려 있다.[4] 부상병들에게 쓰인 보철구였다. 1832년 안트베르펜 포위전 때 스물두 살의 프랑스 포병인 알퐁스 루이는 3.2킬로그램의 유산탄에 맞아 아래턱의 많은 부분이 사라졌다.[5] 루이는 야전 병원으로 보내졌고 의사는 남아 있는 부드러운 조직들을 잡아당겨 봉합해서 상처를 닫으려고 시도했다. 그의 예후는 끔찍했다. 루이의 혀는 정상 크기보다 네 배나 부어올랐고 사실상 먹거나 마시지도 못하는 지경에 이르렀다. 회복하는 동안 루이는 묽은 죽과 포도주를 섞은 레모네이드로 연명했는데, 구부린 숟가락을 혀 뒤쪽에 끼워서 투여했다.

상태가 안정되면서 북부군 소령인 외과 의사 포르제가 그를 맡게 되었다. 포르제는 먼저 루이의 손상된 얼굴의 석고 주형을 떴다. 이후 실력 있는 장인의 도움을 받아 은으로 가면을 만들었다. 가면은 무게가 1.37킬로그램이었고, 루이가 먹을 때 입이 벌어지도록 정교하게 제작되었다. 마스크 안쪽에는 흘러나오는 침을 모으는 통도 있었다. 포르제는 가면의 작동과 기능에 섬세하게 주의를 기울인 것 못지않게 가면의 겉모습에도 신경을 썼다. 루이의 안색에 맞게 가면에 색을 칠했고, 진짜 수염을 붙여 콧수염도 만들었다. 루이는 의료계뿐 아니라 그 너머에서까지 〈은 가면을 쓴 포수〉로 유명해졌다.

이런 성공 사례들이 있었음에도 얼굴 보철구가 대량으로 생산되기 시작한 것은 제1차 세계 대전이 벌어진 뒤였다. 그 일의 많은 부분은 우드에게서 시작되었다. 1916년 3월, 그는 제3 런던 종합 병원에 얼굴 기형 가면과를 설립했다. 길리스가 올더숏에 성형외과를 설립한 그 무렵이었다. 머지않아 사람들은 그의 부서를 〈주석 코 가게〉라고 부르기 시작했다. 하지만 이 별명은 잘못된 것이었다.

우드는 먼저 구운석고를 써서 환자의 얼굴 주형을 떴다. 손상이 일어나기 전의 사진을 참조하여 주형에서 조직과 뼈가 사라진 부위를 점토로 메웠다. 이후 〈새 얼굴〉의 주형을 다시 떠서 구리로 전기 도금을 했다. 그러면 환자의 얼굴 구조에 딱 들어맞는 얇은 금속 피부가 만들어졌다. 거기에 안경이나 유리알 같은 필요한 부속품을 끼운 뒤 은으로 코팅을 했다. 환자의 얼굴색에 맞추어 손으로 색칠을 한 다음, 착색한 얇은 금속판으로 만든 눈썹과 속눈썹을 붙였다.

우드의 새 금속 가면은 이전에 쓰이던 가황 고무로 만든 것보다 더 가벼웠고 맞춤 제작하여 전쟁 이전의 얼굴을 복원했다. 그는 환자의 외모를 개선하려는 시도는 하지 않았다. 〈잘생겼든 못생겼든 간에 나는 그들의 모습을 있는 그대로 재현하려고 했다. 오로지 자연스럽게 보이게 하는 것이 목표다.〉[6] (대조적으로 길리스는 〈빅 밥〉 시모어 병사에게 했듯이 환자들에게 새로운 얼굴을 만들어 주는 일을 꺼리지 않았으며, 어떤 얼굴을 원하는지 물어봄으로써 환자를 기쁘게 만들기도 했다.)[7]

인공 팔다리와 달리, 개인에 맞추어 외모를 복원하는 데 필요한 미술 솜씨와 부상의 다양성 때문에 가면 제작은 결코 표준화할 수 없었다.[8] 재건 수술과 마찬가지로 가면도 고도로 맞춤 제작되었다. 제작은 고된 시간이 걸리는 일이었고, 하나를 만드는 데 약 한 달이 걸렸다.[9] 게다가 치유나 흉터 조직 형성 등으로 시간이 흐르면서 얼굴의 윤곽이 변할 수 있기에 자주 다듬어야 했다. 기본 조직 구조가 너무 심하게 변하면 우드는 처음부터 다시 시작해야 했다.[10]

그렇긴 해도 우드의 가면은 곧 〈마법 같다〉고 찬사를 받았다. 『타임스』의 한 기자는 그 미술가가 자신의 창조물로 〈전쟁에서 그 궁극적인 공포를 빼앗을〉 수 있었다고 썼다.[11] 『랜싯』에 실린 기사에서 우드는 부상을 입기 전의 얼굴을 최대한 가깝게 재현하려는 힘겨운 노력을 설명했다. 그는 가면의 심리적 영향을 재건 수술에 성공했을 때 환자의 기분에 비유했다. 〈환자는 예전의 자긍심, 자신감, 자기 확신을 회복하고 무력감을 떨쳐내며 자신의 외모에 다시금 자부심을 느끼게 된다.〉[12] 그의 활약에 자극받아 다른 미술가들도 그 대의에 동참했다. 미국 조각가 애나 콜먼 래드는 그 가운데 특출한 인물에 속했다.

본래 이름이 애나 와츠인 그녀는 1878년, 해외에서 거주하는 부유한 미국인 부모에게서 태어나 파리에서 자랐다. 가정 교사에게 현대 언어와 예술을 배운 그녀는 20대 초에 로마로 가서 조각을 공부했다. 머지않아 그녀는 하버드 대학교 출신의 내과의사 메이너드 래드를 만나 혼인했다. 부부는 보스턴으로 이사했고, 그곳에서 그녀는 분수 장식물을 만들고 지도층의 흉상을 제작하는 등 저명한 예술가로 자리를 잡았다. 제1차 세계 대전이 일어났을 때 남편은 프랑스로 건너가 미국 적십자사의 아동국에서 일했다. 그는 전쟁의 피해를 본 여성과 아동을 위한 구호

소와 병원을 세웠다.

래드는 곁에서 그냥 지켜보기만 하는 여성이 아니었다. 우드의 활약에 자극을 받은 그녀는 프랑스에 작업실을 마련하고자 미국 적십자사를 설득하기 시작했다. 당시 그녀는 우드와도 서신을 주고받았고, 우드는 그 열정 넘치는 조각가에게 기꺼이 자신의 기법을 알려 주었다. 1917년에 래드는 파리로 향했다. 그녀는 먼저 발드그라스 군 병원에서 이폴리트 모레스탱 — 해럴드 길리스의 눈앞에서 수술실 문을 쾅 닫은 성깔 있는 외과 의사 — 의 수술을 지켜보았다. 그해 11월, 래드의 설득은 결실을 보았고 미국 적십자사의 후원으로 초상 가면 화실을 열 수 있었다.

파리 라탱 지구에 자리한 래드의 화실은 널찍하고 환했다. 창밖의 안뜰에는 담쟁이덩굴이 무성하게 자라 있었고 고전적인 조각상들이 잔뜩 서 있었다. 그녀는 들어오는 사람들이 기분 좋고 환영받는 느낌이 들도록 안뜰에 신선한 꽃다발을 잔뜩 갖다 놓았다. 손님이 다섯 계단을 밟고 올라서 화실로 들어서면 벽에 걸린 변형된 주형이 맞이했다. 대개 하루에 프랑스 병사 6명가량이 담배를 피우고 도미노를 하면서 래드의 예술적 마법으로 얼굴이 변하기를 기다렸다. 래드는 화요일마다 다과회를 열어서 아직 얼굴 보철구를 받지 못한 이들에게 외모가 〈정상〉으로 돌아올 수 있다는 것을 보여 주곤 했다.[13] 얼굴이 일그러진 사람들, 〈망가진 얼굴〉을 지닌 사람들도 크리스마스에는 나무 주위에서 선물을 교환했다. 래드는 이렇게 회상했다. 〈결코 그들에게 뭔가 문제가 있다는 식으로 대하지 않았어요. 우리는 그들과 함께 깔깔 웃었고, 그들이 잊을 수 있도록 도왔죠. 자신들이 그토록 갈망하던 것이 바로 그것이었기에 그들은 깊은 감사를 표했어요.〉[14]

우드처럼 래드도 수술이 실패했을 때 나섰다. 전쟁의 혼란 속에서 수술이 실패하는 일은 잦았다. 부상병이 성형 수술 경험이 거의 없는 외과 의사에게 먼저 보내졌기 때문이다. 미국 간호사이자 기자로서 미국이 참전하기 전 이미 전선에 자원한 엘런 라 모트는 부상이 너무 심해서 사지를 다 잘라 내야 했던 프랑스 병사를 기억한다. 게다가 〈가슴살을 떼어 내 붙이는 특이한 기법으로 재건한 코는 끔찍할 만큼 축 늘어졌다〉.[15] 의료진은 그의 일그러진 입을 교정하려는 노력은 거의 하지 않았다. 〈앞니는 모두 사라졌다. 그의 주머니에는 인공 눈을 구할 만한 곳의 주소가 적힌 쪽지가 들어 있었다.〉 집으로 보내진 후 그의 우울증은 악화했다. 그는 자신이 의학적 기적이라는 말을 들었지만, 〈그는 계속 흐느꼈고, 앞을 못 보는 눈에서는 계속 눈물이 흘렀으며, 고통에 겨워서 밑동만 남은 팔다리로 계속 몸부림치며 애원했다. 《아빠, 제발 죽여 줘!》〉

아예 희망을 포기한 병사들도 있었으나 외과 의사가 수술칼을 내려놓은 뒤 래드를 찾아오는 이들도 있었다. 〈한번은 다친 후로 2년 반 동안 집에 간 적이 없는 사람이 찾아왔다. 그는 너무나 흉측해진 자신의 얼굴을 어머니에게 보이고 싶지 않았다. 그의 얼굴에 온전히 남아 있는 것은 눈 한쪽뿐이었다. 그는 50번의 수술을 거친 뒤에…… 우리에게 왔다.〉[16] 래드는 자신의 해부학 지식과 예술적 직감을 바탕으로 그의 예전 얼굴을 꽤 고스란히 재현한 가면을 제작했다. 우드처럼 그도 전쟁 이전의 사진을 바탕으로 놀라울 만큼 진짜 얼굴 같은 가면을 제작했다. 〈가면을 최대한 완벽하게 만들기 위해 병사가 쉴 때와 움직일 때를 매일같이 지켜보았다. 또한 그들이 지닌 모든 사진을 가져오도록 했다……. 사진이나 그들이 말로 묘사한 내용을 토대로 습관적이고 자연적인 표정이 나오도록 사라지거나 훼손된 얼굴의 특징들을 복원했다.〉

할 일이 너무 많았기에 래드는 도와줄 사람 4명을 구했다. 하버드 의대의 다이애나 블레어와 조각가들인 제인 푸플레, 루이스 브렌트, 로버트 블레릭이었다. 래드가 프랑스에서 머무는 11개월 동안 그들은 가면 97개를 만들었다.[17] 가면의 가격은 18달러로, 제작하는 데 들어가는 노력을 생각하면 저렴했다.[18] 래드를 찾은 한 기자는 정성 들여 만들어진 가면 몇 개를 탁자에 올려놓고 살펴보았다. 너무나 진짜 같았기에 기자는 이렇게 썼다. 〈어떤 식인종의 저녁 식탁에 올라온 사람의 코와 턱처럼 보였다.〉[19]

래드의 가면은 우드의 것보다 무거운 경향이 있었지만 더 진짜처럼 보인다는 평가를 받았다. 래드의 가면을 쓴 한 사람은 외과 의사들 앞에서 자기 눈이 진짜인지 가짜인지 맞춰 보라고 했다고 한다.[20] 그녀의 가면 중에는 착용자가 담배를 피울 수 있도록 입술이 살짝 벌어진 것들이 많았다. 래드는 많은 환자가 〈병원에서 그냥 하염없이 멍하니 앉아 있다가, 가면을 쓰자 다시 거리로 걸어 나가 자신을 알아보는 친구들을 만나고 일상생활로 돌아가서 일과 노력을 재개할 수 있게 되었다〉고 회상했다.[21] 〈그들은 담배를 피우고 콧수염을 쓸어내릴 수 있었다. 자녀들도 이렇게 말할 수 있었다. 《아빠 왔다!》〉

전쟁이 계속될수록 부상자가 늘어남에 따라 〈주석 코 가게〉의 인기는 점점 높아졌다.[22] 그러나 외과 의사들과 마찬가지로 미술가도 부족하여 가면의 수요를 따라갈 수 없었다. 프랑스에서 싸운 영국 병사 헨리 브룩스는 총알에 코 일부가 사라졌을 때 부상이 가벼워 곧바로 수술받을 수 없다는 말을 들었다. 전쟁이 일어나기 전에 안경사로 일했던 그는 손재주를 발휘하여 알루미늄으로 직접 인공 코를 만들었다. 알루미늄을 살짝 산으로 처리해서 사람의 피부처럼 약간 오돌토돌하게 만들었다. 그런 뒤 자신의 얼굴 색깔에 맞게 칠했다. 결과는 대성공이었다. 브룩스는 다른 부상병들을 위해 비슷한 보철구를 만들기 시작했다.

그러나 길리스에게는 가면의 존재 자체가 성형 수술의 한계를 극명하게 떠올리게 했다.[23] 우드는 이렇게 간파했다. 〈내게 오는 환자들은 부상이 너무나 심각해서 가장 발전된 성형 수술로도 해결할 수 없었던 이들이었다.〉[24] 길리스도 가면을 추천하는 것 외에 선택의 여지가 없는 환자들을 종종 만났다. 라이플먼 모스라는 환자는 두 눈을 잃었고 코와 위턱도 많은 부분이 날아갔다. 길리스는 재건 수술로 최대한 복원하려고 시도했지만, 결국 검은 안경이 끼워진 가면을 맞춰 줄 수밖에 없었다.

길리스는 다시 수술을 받을 만큼 회복되는 기간에 일시적인 해결책으로 가면을 사용하는 것을 선호했다. 남아프리카의 한 병사는 외출 허가를 받아 런던의 친구와 가족을 만나러 갈 때마다 가면을 썼다. 그런데 날이 더울 때면 뜨거워져서 금속 보철구를 벗어야 했다. 그는 병원에 돌아올 때면 손가락을 2개나 3개, 많으면 4개까지 치켜세우곤 했다. 길에서 가면을 벗은 자신의 얼굴을 보고 깜짝 놀란 사람이 몇 명인지를 알리는 방식이었다. 버스에서 여성들이 〈그를 보고 공포에 질려 까무러치거나 안타까움에 눈물을 훔치기도 했다〉.[25]

길리스는 가면이 과연 자기 환자들에게 장기적인 해결책이 될 수 있을지에 대해 몹시 회의적이었다. 매우 진짜 같았지만 — 심지어 아름답기까지 했다 — 그 변함없는 표정은 보는 이를 불편하게 만들 수 있었다. 한마디로 가면은 사람의 얼굴처럼 다양한 감정을 표현할 수 없었다. 우드의 한 환자는 런던 남부에 있는 가족을 만나러 외출했는데, 아이들이 가면을 쓴 그를 보고는 무서워하며 도망갔다고 했다.[26] 길리스는 이런 상황들을 너무나 잘 이해했다. 〈에나멜을 씌운 인청동으로 모양은 잘 나왔지만 움직이지 않는 입술에 키스하려고 할 때 연인이 혐오감을 느낀다고 해도 충분히 이해할 수 있다.〉[27] 더욱이 가면은 착용자가 나이를 먹어도 그대로이기에 시간이 흐르면서 어울리지 않게 될 수 있다.

가면은 심미적 한계가 있을 뿐 아니라 착용하기도 불편하고 벗겨질 수도 있었다. 또 허약하기도 했다. 시간이 흐르면서 페인트는 벗겨지고 금속은 변색했다. 전시에 애나 콜먼 래드가 만든 가면 중 현재까지 남아 있는 것은 전혀 없다. 가면의 목표가 병사의 존엄성을 회복시키고 일상생활로 돌아갈 수 있도록 돕는 것이긴 하지만, 가면 자체는 그 궁극적인 목적을 상기시키는 역할도 했다. 바로 가리는 것이다. 관람객을 위해 쓸 때가 그렇다. 론 채니는 1925년, 영화 「오페라의 유령」에서 자기 배역의 일그러진 얼굴을 가리기 위해 우드와 래드가 만든 것과 그리 다르지 않은 가면을 썼다. 사실 이런 가면들은 조금 으스스한 분위기를 풍겼다. 이런 이유 때문에 많은 병사는 가면을 거부했다. 「이런 같잖은 주석 얼굴은 전혀 도움이 안 돼요. 씻고 면도할 수 있으며 거리에서 벗겨지지 않는 얼굴을 줄 수는 없나요?」[28]

결국 얼굴이 일그러진 부상자들은 대부분 외모를 복원하기 위해 고통스러운 실험적인 수술을 받아들이는 쪽을 택했다. 야전 병원의 한 외과 의사는 이렇게 썼다. 〈많은 경험을 통해서 우리는 그 환자가…… 정상 얼굴로 돌아가기 위해 이루 말할 수 없는 고통을 감수하리라는 것을 안다.〉 길리스도 그 사실을 알아차렸다. 그는 이러한 수술이 병사의 정신 건강에 직접적인 영향을 미치는 것을 목격했다. 〈일단 얼굴 복원을 시작하면 대개 그들의 사기도 올라갔다. 많은 사람이 콧수염을 만지작거리면서 다듬는다는 사실이 뚜렷이 말해 준다.〉[29] 게다가 길리스가 제공할 수 있는 혜택의 범위가 점점 늘어나고 있었다. 전쟁이 새로운 단계로 진입할 때마다 그가 실력을 갈고닦는 데 필요한 부상자들이 더욱더 늘어났기 때문이다.

솜 전투가 격화됨에 따라 부상자들이 올더숏으로 끊임없이 밀려들었다. 여름이 끝날 무렵, 케임브리지 군 병원은 한계에 다다른 듯했다. 길리스는 환자들을 수용할 공간이 더 필요하다는 것을 알았다. 그는 좌절했다. 〈밤낮으로 부상자 문제에 시달렸다.〉[30] 윌리엄 아버스넛 레인이 길리스에게 병상 2백 개를 더 배정했음에도 서부 전선에서 오는 부상병들을 수용할 공간이 여전히 부족했다.

얼굴 재건에 여러 번의 수술과 그 사이사이에 장기간의 회복기가 필요하다는 사실 때문에 상황은 더욱 복잡해졌다. 그 결과 평균적으로 환자 회전율이 다른 외과 의사들보다 훨씬 느렸다. 비록 환자들로부터 수술을 더 빨리해 달라는 압력에 굴복할 때도 종종 있긴 했지만 말이다. 그는 이렇게 고백했다. 〈나는 수술을 너무 일찍, 너무 자주 하곤 했다. 얼굴을 재건하는 데 시간이 걸리지만 할 일 없이 앉아서 다음 수술을 기다리는 게 지겨워진 이 부상병들은 헤모글로빈 수치가 회복되고 흉터가 아물기 한참 전부터 다시 수술해 달라고 재촉했다.〉[31] 필연적으로 실수가 일어났고, 일부 환자는 좌절을 겪었다. 〈콧수염이 자랄 때까지 당분간 더 쉬도록 하는 편이 나았을 것이다.〉 내일로 미룰 수 있는 일을 결코 오늘 하지 말라는 좌우명을 지키는 것이 중요함이 올더숏에서는 끊임없이 반복되어 드러났다.

과밀 문제가 빠르게 심각해지자 길리스는 레인에게 수술받은 환자들이 회복하는 동안 머무는 대규모 재활 시설을 따로 마련하면 어떻겠냐고 제안했다. 그러면 빈 병상에 새로 오는 환자들을 수용할 수 있을 터였다.[32] 레인은 동의했고 레이디 로드니라는 몇몇 귀족에게 도움을 청했다. 그녀는 햄프셔 그레이트 알레스퍼드에 있는 자신의 시골 저택을 재활 시설로 제공했다. 이 새로운 시설은 길리스와 직원들의 한숨을 돌리게 해주었지만, 밀려드는 부상자들을 수용하려면 여전히 더 많은 공간이 필요했다. 케임브리지 군 병원은 대규모 산업화한 전쟁으로 생기는 대규모 부상자에 대처할 만한 시설이 아니었다.

길리스는 전쟁부의 고급 장교들에게 해결책을 마련해 달라고 계속 요구했지만 아무 소용이 없었다.[33] 당국이 해결하려는 의지를 전혀 보이지 않자 좌절한 그는 직접 영국 적십자사를 찾아가 도움을 호소했다. 그들의 도움으로 위원회가 만들어졌고, 드디어 당국이 그의 청원에 귀를 기울이기 시작했다. 전쟁부는 그의 진료과가 더 넓은 새로운 시설로 옮겨도 좋다고 허가했다.

새로 형성된 위원회는 인맥 좋은 부동산 중개인인 찰스 켄더다인에게 적당한 부지를 알아봐 달라고 했다.[34] 켄더다인은 프로그널 하우스를 추천했다. 그는 1914년 12월에 집주인이 사망한 뒤 그 집의 매각 업무를 맡고 있었다. 런던 남동쪽으로 약 20킬로미터 떨어진 소도시 시드컵에 있었는데, 18세기 초에 지어진 7백만 제곱미터 부지의 저택이었다. 도버까지 이어진 간선 철도와 가까워 프랑스에서 오는 부상자들을 곧바로 이송할 수 있었다. 새로운 병원으로 안성맞춤이었다.

켄더다인은 위원회의 명예 사무국장 및 회계 책임자가 되어 그 부동산을 구매할 모금 활동에 나섰다. 많은 단체와 개인으로부터 기부금이 쏟아지기 시작했다. 메리 왕비는 후한 기부를 한 저명인사 중 한 명이었고, 모금 활동을 돕기 위해 병원에 자신의 이름을 붙이도록 허락했다. 머지않아 켄더다인과 위원회는 프로그널 하우스와 주변 부지를 임대할 수 있었다. 그렇게 해서 1917년 2월, 의욕적으로 퀸스 병원의 건립이 시작되었다.

올더숏에 전문 진료과를 설립할 때도 그랬듯이 레인은 시드컵에 새 병원이 들어설 때도 많은 도움을 주었다. 그는 길리스에게 열망을 담은 편지를 보냈다. 〈시드컵을 세계에서 가장 크고 가장 중요한 턱과 성형 수술 전문 병원으로 만들고 싶어요. 그러면 당신은 이 외과 분야의 지도자가 되겠지요.〉[35]

그러나 모두가 길리스를 따라 새 시설로 옮긴 것은 아니었다. 케임브리지 군 병원에서 그와 함께 지치지 않고 일했던 간호사 캐서린 블랙은 새 병원이 운영을 시작하기 전에 프랑스로 보내졌다. 그곳에서 그녀는 포탄 충격증shell shock에 시달리는 장교들의 재활을 도왔다. 그녀는 그 병이 〈현대전의 가장 슬픈 질환 중 하나〉라고 생각했다.[36] 지금의 의사들은 외상 후 스트레스 장애라고 부를 이 포탄 충격증은 제1차 세계 대전 때 너무나 만연했기에 그 용어는 전쟁 자체와 거의 동의어가 되었다. 전쟁이 시작되었을 때 계급에 상관없이 군인들의 3~4퍼센트는 〈신경과 정신의 충격〉 때문에 최전선에서 후송되었다.[37] 당시에는 전투가 정신에 어떤 영향을 미치는지 거의 알지 못했다. 처음에 의사들은 빗발치는 포탄의 충격으로 몸에 생기는 것이라고 생각했다. 그래서 〈포탄 충격증〉이라는 이름이 붙었다. 이러한 근본적인 오해는 의학이 이 증상을 치료할 능력이 없음을 드러냈다. 블랙은 올더숏에서 얼굴 손상을 입은 병사들에게 그랬듯이 프랑스에서도 심리적 외상을 입은 병사들 앞에서 자신의 무력함을 느꼈다.

하지만 신체적 부상을 치료하는 부분에서는 적어도 발전이 이루어지고 있었다. 해럴드 길리스가 운영하는 퀸스 병원은 곧 전 세계 최고의 외과 의사와 치과 의사의 주목을 받게 되었다. 그들은 성형 수술 분야의 최신 혁신 기법들을 직접 보러 오기도 했다. 길리스는 기능뿐만 아니라 미적 측면도 고려하는 새로운 세대의 성형외과 의사들이 등장할 길을 열었다. 그의 기법은 부상자 수천 명의 얼굴을 복원하는 데 기여하게 된다.

저술가인 레지널드 파운드는 올더숏의 케임브리지 군 병원이 현대 성형 수술의 산전 진료소이며, 시드컵의 퀸스 병원이 탄생지라고 했다.[38] 현대 성형 수술의 원칙 중 상당수가 그곳에서 정립되어 전 세계로 퍼져 나갔다.[39]

길리스는 병원 건립이 시작된 지 5개월 후인 1917년 8월 18일, 시드컵에 도착하여 즉시 운영을 시작했다.「우리는 말 그대로 여행 가방을 내려놓자마자 주사기를 집어 들었어요. 병원 문을 여는 최고의 방법이 아닐까요?」[40]

군복 차림의 해럴드 길리스, 1915년.

프랑스 오픈 골프 선수권
대회에서의 해럴드 길리스, 샹타이,
1913년 10월.

제1차 세계 대전이 터지기 직전, 올더숏의 케임브리지 군 병원.

이폴리트 모레스탱.

시드컵의 퀸스 병원 그림 지도.

퀸스 병원의 붕대를 감은 환자들과 간호사들.

1917년 퀸스 병원에서 크리스마스를 축하하는 직원들과 환자들.

퀸스 병원의 자기 방에 있는 헨리 통크스.

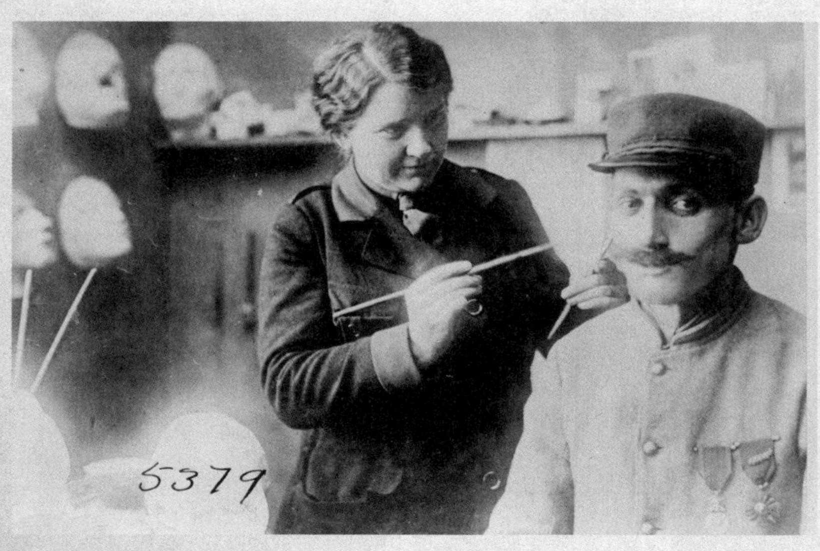

자신의 화실에서 프랑스 병사가 쓴 가면에 색칠을 하는 애나 콜먼 래드.

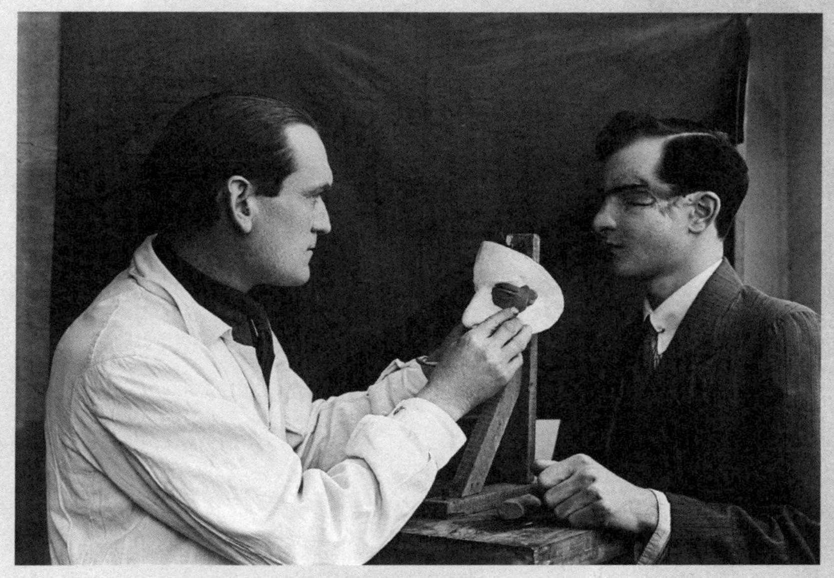

얼굴 손상 환자의 얼굴과 가면을 비교하면서 마감 작업을 하고 있는 프랜시스 더웬트 우드, 제3 런던 종합 병원.

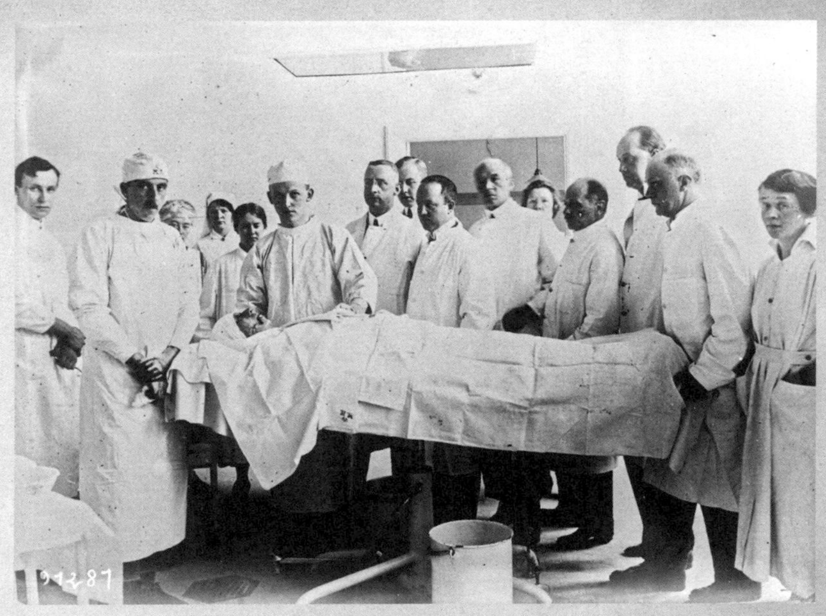

1924년 수술실에서의 해럴드 길리스, 왼쪽에서 두 번째. 1923년 순양함 게이시르호의 폭발로 부상을 입은 덴마크 해병들을 수술했다.

아내 비어트리스와 아들 어니스트와 함께 있는 퍼시 클레어(오른쪽).

말년의 퍼시 클레어.

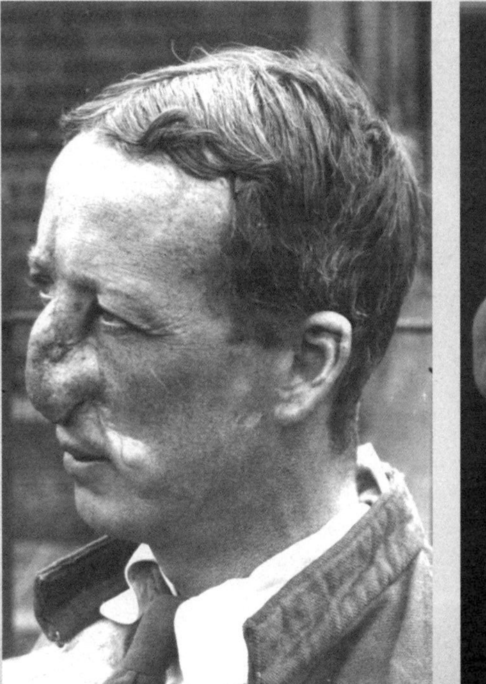

별명이 〈빅 밥〉인 R. W. D. 시모어 사병. 솜 전투 첫날 코가 일부 잘려 나갔다. 나중에 그는 길리스의 개인 비서로 취직했다.

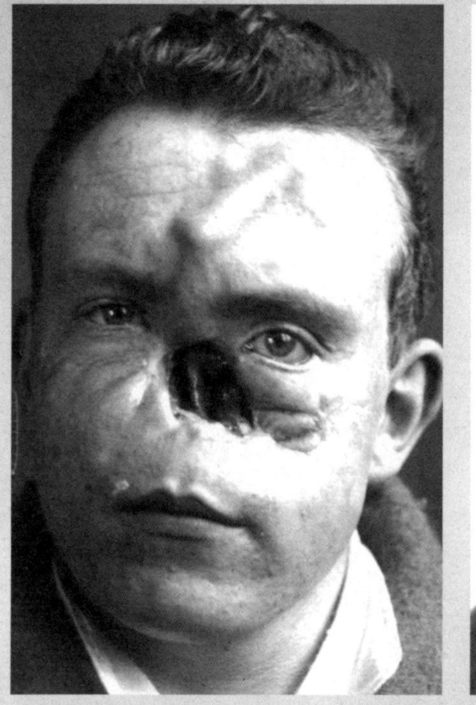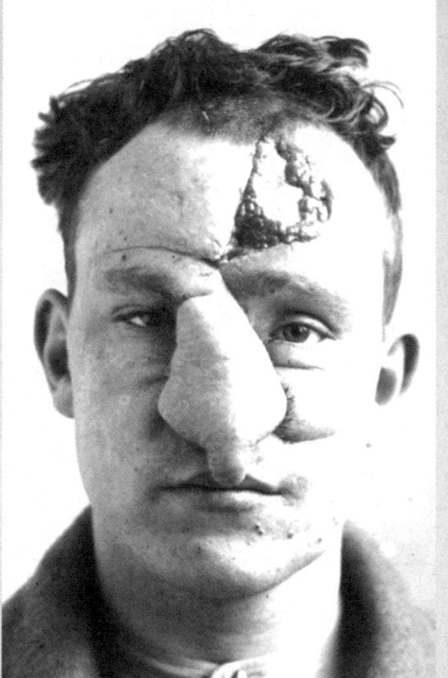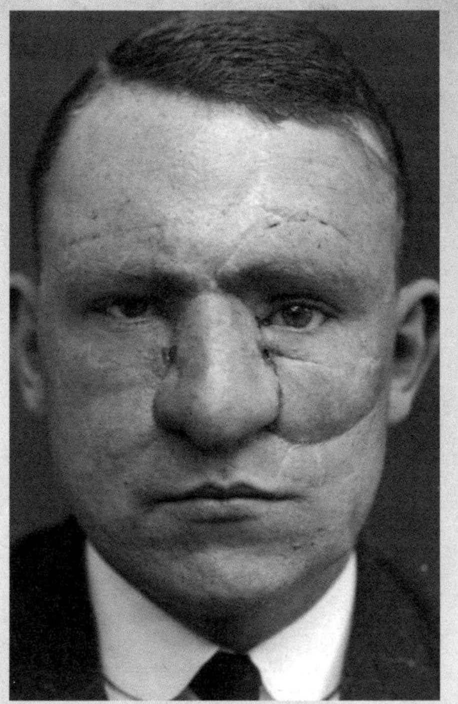

윌리엄 스프레클리 중위. 1917년 1월 30일 퀸스 병원에 입원했다.
길리스는 처음 수술하면 코가 〈개미핥기의 주둥이〉처럼 보일 것이라고 스프레클리에게 미리 알렸다.

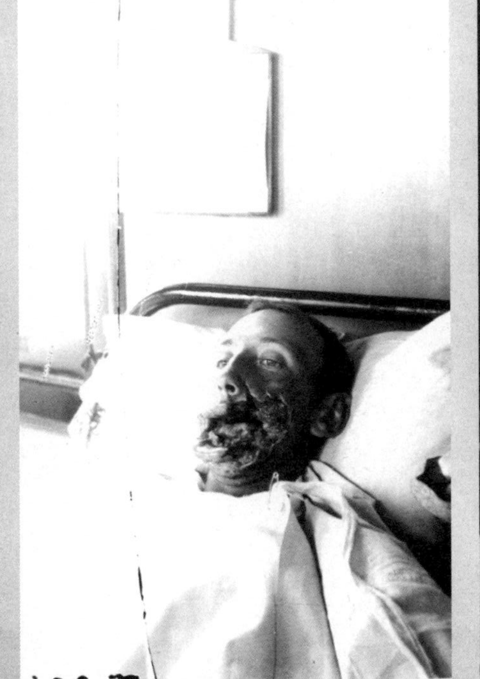
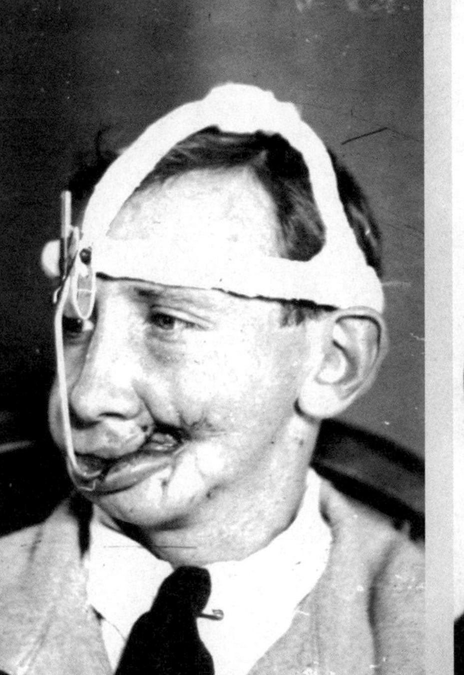
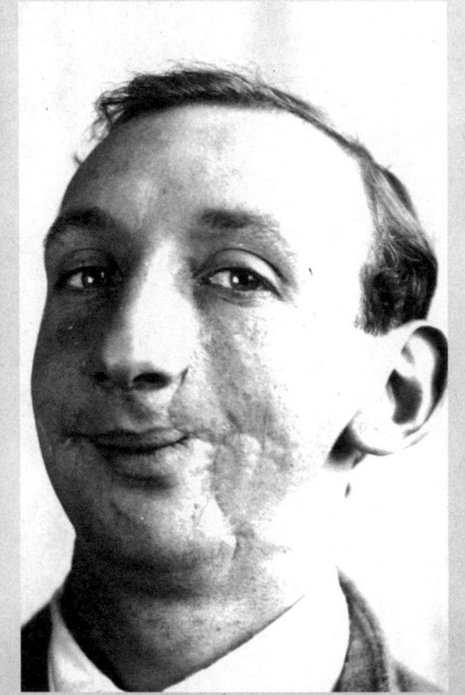

월터 애시워스 사병. 솜 전투에서 부상을 당했다.
그의 부상 소식을 듣고 애시워스의 약혼녀는 파혼했고, 그는 나중에 약혼녀의 친구인 루이스 그라임과 혼인했다.

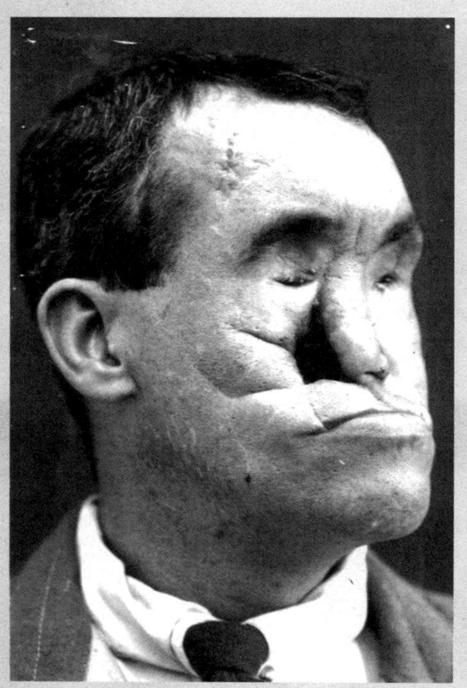

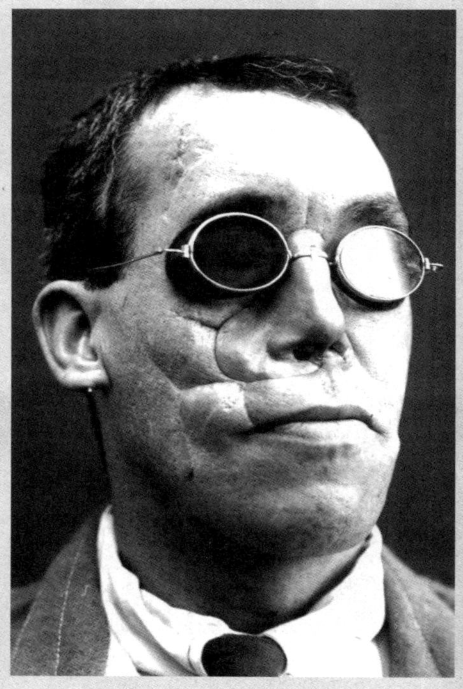

소총수 모스. 양쪽 눈과 코의 상당 부분, 위턱을 잃었다.
길리스는 그에게 검은 안경을 끼운 가면을 맞추어 주었다.

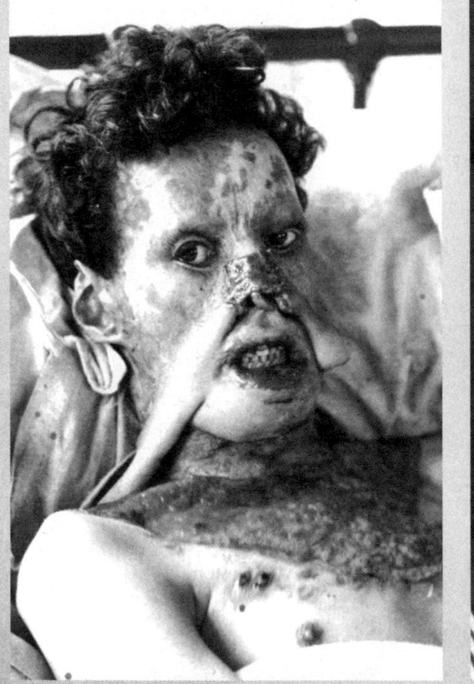
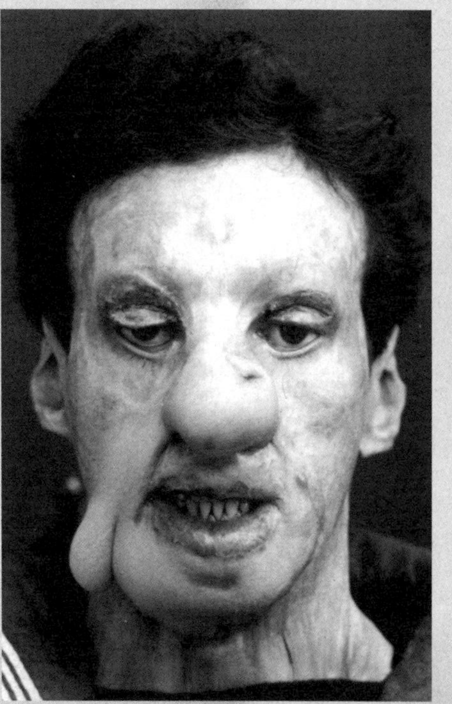
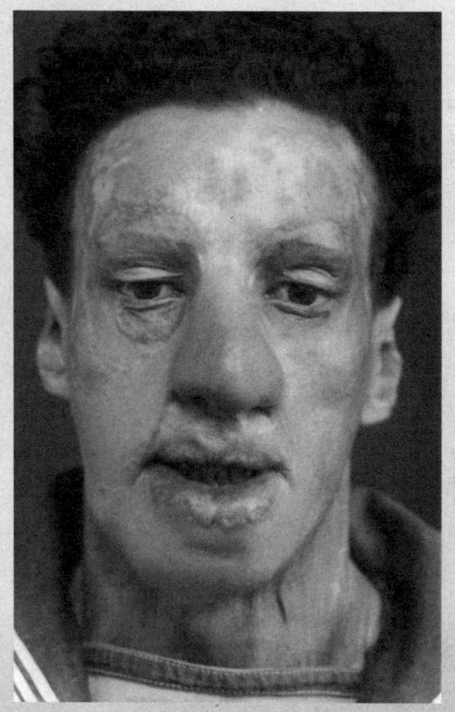

윌리엄 비커리지 사병. 유틀란트 해전 때 무연 화약에 심한 화상을 입었다. 비커리지는 관 모양 줄기 피판 이식을 받은 최초의 환자였다.

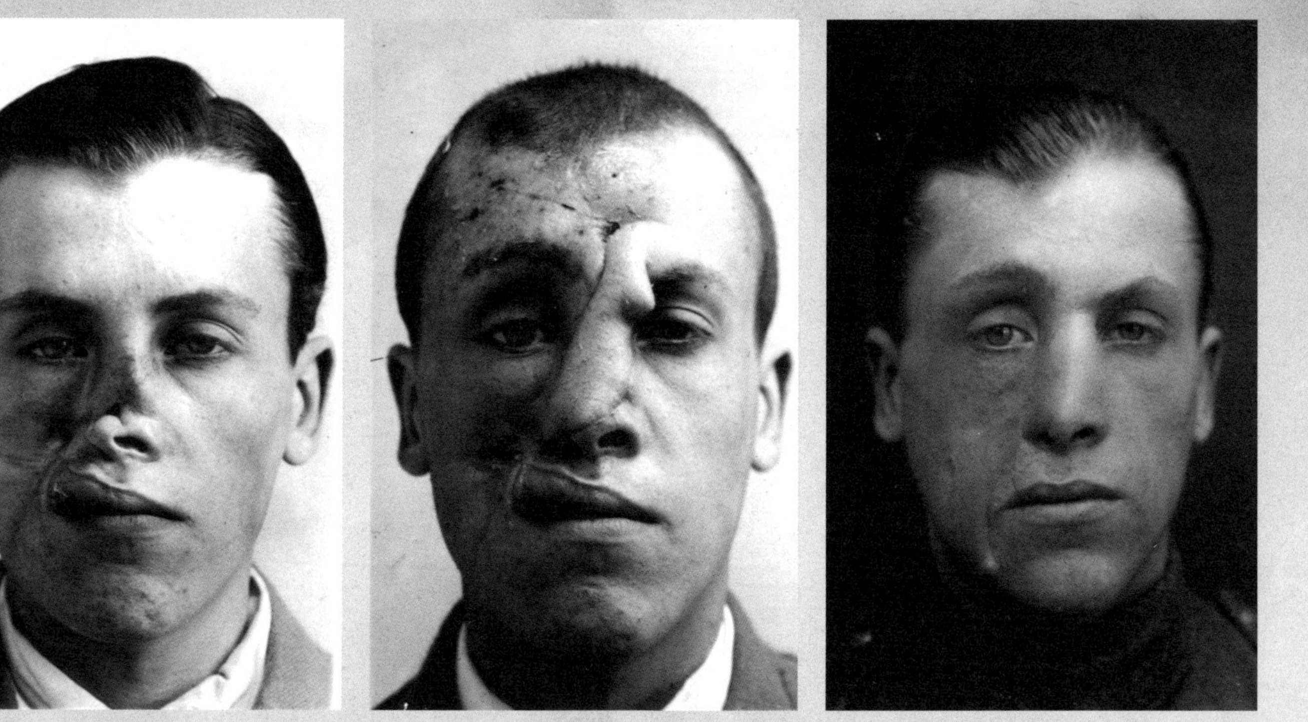

시드니 벨덤 중사. 파스샹달 전투에서 부상을 입었다. 전쟁터에 사흘 동안 쓰러진 채로 있다가 구조되었다.
길리스는 다른 의사가 서둘러 봉합한 상처 부위를 다시 절개한 뒤 얼굴을 재건했다. 재건 과정에 몇 년이 걸렸다.

헨리 랠프 럼리 중위. 첫 단독 비행 때 항공기가 추락하며 불붙는 바람에 심한 화상을 입었다. 1918년 3월 11일, 길리스의 병원에서 사망했다.

2nd Lieut. Lumley. 2

Op: 24.11.17

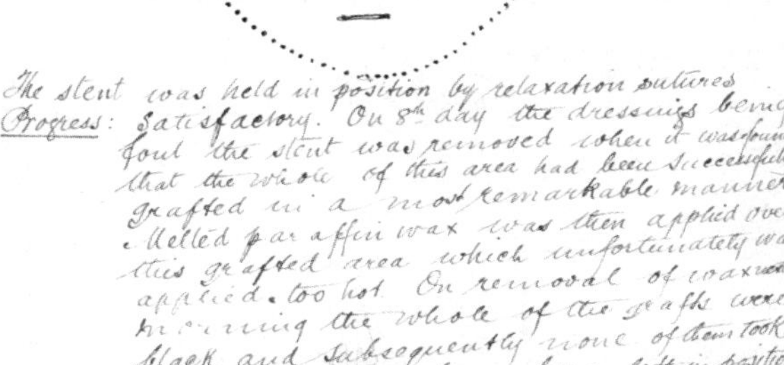

The stent was held in position by relaxation sutures
Progress: Satisfactory. On 8th day the dressings being foul the stent was removed when it was found that the whole of this area had been successfully grafted in a most remarkable manner. Melted paraffin wax was then applied over this grafted area which unfortunately was applied too hot. On removal of wax next morning the whole of the grafts were black and subsequently none of them took. The stent should have been left in position two more days & then the grafted area left exposed to the air.

15.2.18 A modification of the method of transposing the chest flap to the face was decided on & one extra pedicle on each side was added to the scheme. Note photograph.

" " " General condition fair but there has been very little attempt at regeneration of the area from which the neck pedicles were

럼리의 사례를 상세히 적고 체계적으로 그린 길리스의 일지.

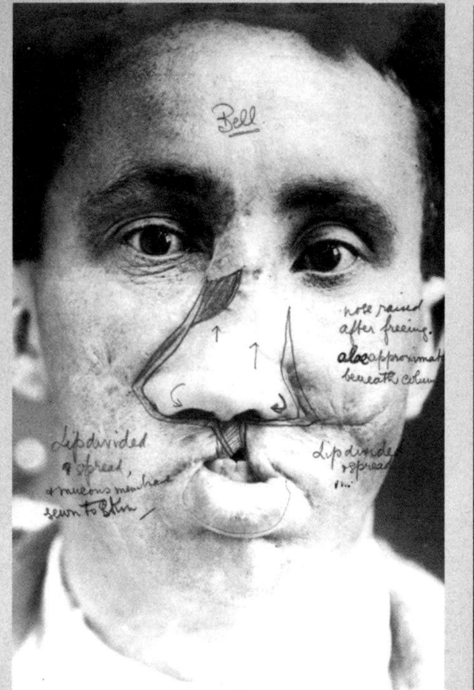

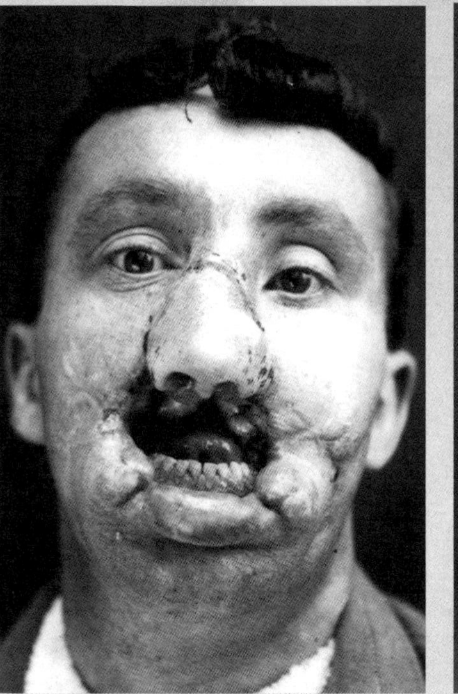

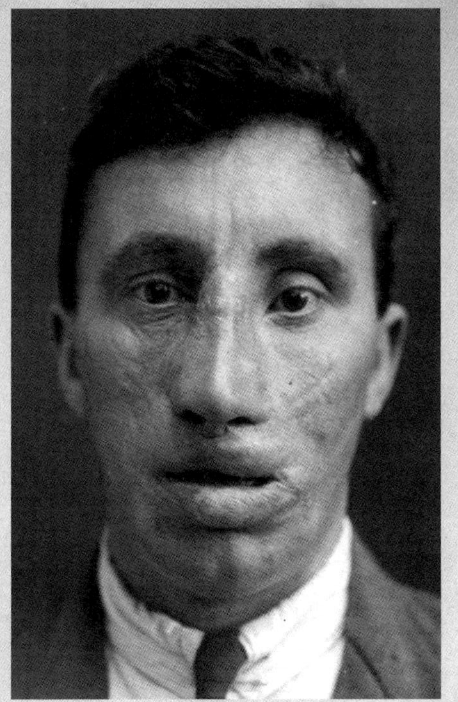

제임스 벨 사병. 오귀스트 샤를 발라디에의 추천으로 1918년 5월 퀸스 병원으로 이송되었다.

1919년 6월 28일, 베르사유 조약식에 참석한 상이군인 대표단.
오른쪽에서 두 번째가 알베르 쥐공.

8장
기적의 일꾼들

길리스는 난감해하며 문가에서 어정쩡하게 서 있는 남자에게 가까이 오라고 손짓했다. 「이 반점들은 눈이에요.」[1] 그는 공식적으로 시드컵을 방문 중인 기자 해럴드 벡비에게 설명했다. 벡비는 전쟁이 시작된 뒤로 의료계가 어떻게 대처하고 있는지를 보도하고 있었으며, 그 결과 지난 몇 년 동안 인류의 최선과 최악을 다 지켜보았다.

벡비는 『리버풀 데일리 포스트』에 이렇게 썼다. 〈전쟁은 끔찍하고 지독하며 이루 말할 수 없이 혐오스럽다.〉[2] 그는 앞서 전선 근처의 임시 병원을 방문했을 때 머리에 여러 발의 총상을 입고서도 살아남은 부상병을 만났다. 의사들은 총알 네 개는 빼낼 수 있었지만 머리뼈 깊숙이 박힌 두 개는 손대지 못했다. 그 총알들은 평생 남아 그가 얼마나 죽음에 가까이 다가갔는지를 상기시켰다. 또 한번은 쾌적한 영국의 한 호텔 로비에서 저명한 세균학자와 외과 의사가 술잔을 기울이면서 대화를 주고받는 모습을 지켜보았다. 세균학자는 군복을 입고 우르르 몰려다니는 군인들을 가리키면서 전시의 의학이 무엇인지를 냉정할 만큼 단순하게 요약했다. 「여기 있는 우리, 너와 나는 생명을 파괴하는 일을 하는 사람들 틈에서 생명을 구하는 일을 하는 거야.」

지금 새로 설립된 퀸스 병원의 수술실에서 벡비는 바로 그 파괴의 결과를 보고 있었다. 더 가까이 다가가자 환자의 모습이 눈앞에 보였다. 그는 상반신을 벗은 상태였고 온몸에 아이오딘을 발라 피부가 으스스한 주황색을 띠었다. 길리스는 환자의 가슴에 희미하게 손으로 얼굴의 윤곽을 그린 부위를 수술칼로 가리켰다. 「여기가 코를 만들 부위에요. 여기는 입이 만들어질 곳이고요.」[3] 설명을 들은 벡비는 오싹하면서도 한편으로는 흥미를 느꼈다. 그는 눈을 뗄 수 없었다. 나중에 그는 『요크셔 이브닝 포스트』에 그 경험을 자세히 썼다. 〈나는 환자가 남성임을 알 수 있고, 그 남자가 예전에 얼굴을 지녔다는 것도 알 수 있다. 그러나 머릿속에 떠오르는 것은…… 전쟁이 얼마나 끔찍한가 하는 것이 아니라 여전히 사람인 이 존재를 얼마나 오래 바라보며 서 있을 수 있을까 하는 생각뿐이다.〉[4]

기자는 충격에 빠졌지만, 길리스는 무심했다. 그는 이제 손상된 얼굴을 봐도 데면데면할 지경에 이르렀다. 반면 벡비는 그런 모습에 익숙하지 않았다. 기자는 〈남자의 가슴에 마치 가면처럼 연필로 그린〉 오싹한 얼굴과 〈며칠 전만 해도 젊음의 멋진 외모와 생기가 넘쳤을 터지고 부서진 얼굴〉에 특히 충격을 받았다.[5] 그는 수술실 한가운데 마취된 채로 누워 있는 환자가 전쟁

전에는 어떤 사람이었고, 이 일련의 고통스러운 수술이 다 끝난 뒤에는 어떤 사람이 될지 궁금해졌다.

길리스가 환자의 어깨를 잡고 위치를 조정하는 바람에 벡비는 퍼뜩 정신을 차렸다. 그가 수술칼을 갖다 대고 긋자 수술실은 긴장감으로 채워졌다. 그때 의료진 한 명이 벡비에게 속삭였다. 「어깨에 조금 부어 있는 곳이 보이죠? 갈비뼈에서 떼어 낸 연골 조각이 들어 있어요. 코 연골을 만들려고 거기에 넣은 거예요.」[6] 오싹하면서도 흥미를 느낀 벡비는 3일 전에 그곳에 이식된 뼈 때문에 돌출된 두 융기를 살펴보았다.

길리스는 능숙한 손놀림으로 칼을 움직여 환자의 가슴에서 특징이 사라진 얼굴에 이식할 피부를 떼어 내기 시작했다. 그 의료진은 설명을 이어 나갔다. 「가슴에 그려진 얼굴 전체를 떼어 내어 손상된 얼굴을 덮을 거예요. 코는 갈비뼈에서 떼어 낸 연골을 넣어 만들 거고요. 살아 있는 진짜 피부로 덮을 겁니다. 피부 조직은 자연적으로 공급되는 피를 받아서 이식편처럼 새 자리에서 자랄 거예요. 그런 뒤 남은 흉터를 다 없앨 겁니다.」[7]

길리스가 일에 완전히 몰두해 있을 때 벡비는 갑자기 뛰쳐나가고 싶은 강렬한 충동에 사로잡혔다. 그러자 누군가 그를 밖으로 안내하고 창문이 열린 곳으로 데려가 담배를 내밀었다. 벡비는 자신이 방금 본 광경이 섬뜩하긴 했지만 그 일의 중요함을 이해했다. 그는 이렇게 썼다. 〈우리 영국 조각가 중에서 가장 상상력이 풍부한 더웬트 우드 씨는…… 얼굴이 손상된 병사들을 위해 가면을 만들었는데, 아주 정교해서 방 저편에 있으면 자연

스러워 보였다. 그런데 지금은 외과에도 조각가가 있다.〉[8]

복도에서 마음을 가라앉히려 서 있는데, 누군가가 수술 전후의 사진들이 담긴 앨범을 건넸다. 벡비는 이 수술 전후의 사진들에 푹 빠졌다. 그는 경이로움을 느꼈다. 〈혁신이 이루어지고 있다. 새 얼굴이 이식되어 그곳에서 자라고 진짜 얼굴이 된다. 공포를 감추는 가면이 아니다.〉[9] 성형 수술을 통해 삶의 질이 개선된 병사들의 수많은 사진을 보면서 벡비는 해럴드 길리스와 그 의료진이 하는 일이 〈기적〉이라고 생각할 수밖에 없었다.[10]

연합군만이 그런 〈기적〉을 일으키고 있던 것이 아니었다. 독일인들도 얼굴 부상을 관리하고 치료하는 쪽으로 큰 발전을 이루고 있었다. 1916년 6월부터 1922년 1월 사이에 독일의 유대인 의사 자크 요제프는 베를린의 자선 병원에서 길리스가 올더숏에 설립한 것과 그리 다르지 않은 진료과를 운영했다.

요제프는 얼굴 손상에 익숙했다. 그는 1890년대 대학생일 때 사브르를 휘두르다가 왼쪽 뺨에 흉터가 났다. 그는 개의치 않았다. 당시 독일에서 결투하다가 생긴 흉터는 남자의 용기를 보여 주는 증거였기 때문이다. 대학생들은 결투 동아리에 가입했고 당연히 서로 도전했다. 결투하는 당사자들은 눈과 목은 보호했지만, 얼굴은 칼에 그대로 노출되었다. 결투할 때 베이거나 스친 상처는 거의 치료할 생각도 하지 않았다. 이렇게 쓴 사람도 있었다. 〈일부러 대충 꿰매기도 했다. 흉터가 평생 남기를 바라면서 말이다.〉[11]

젊은 독일인들은 20세기에 들어서까지도 〈영예로운 흉터〉를 추구했다.[12] 1920년대에 한 복권 당첨자가 외과 의사에게 얼굴에 결투 흉터를 만들어 달라고 요청한 사례가 이를 잘 보여 준다. 그는 결투 도전을 받을 만큼 가치 있는 인물로 〈여겨질〉 수 있기를 원했다.[13] 의사가 거절하자 그는 이발사를 찾아갔고, 이발사는 기꺼이 돈을 받고 뺨에 상처를 냈다. 불행히도 이발사는 그 과정에서 남자의 침샘까지 자르고 말았다.

〈영예로운 흉터〉라는 개념은 독일 병사들이 얼굴 손상을 입었을 때의 심리적 충격을 완화했을 수도 있다. 그러나 많은 병사가 입은 얼굴 손상은 단순한 베인 상처보다 훨씬 더 심각했고, 머지않아 자선 병원에 요제프가 설치한 새 진료과는 긴급하게 치료가 필요한 환자들로 넘쳐났다.

길리스와 달리 요제프는 전쟁 이전부터 재건 수술을 했다.[14] 1890년대에 그는 다른 아이들의 괴롭힘 때문에 학교에 가지 않겠다는 열 살 소년의 삐죽 튀어나온 커다란 귀를 줄이는 수술을 했다. 수술은 성공했으나 요제프는 그 일로 직장을 잃었다. 윗사람들은 그런 수술이 병원의 평판을 해칠 수 있다고 우려했기 때문이다. 그들은 외모만을 위해 수술을 해서는 안 된다고 했다. 그런 일을 겪었음에도 미용 수술을 향한 요제프의 관심은 점점 커져 갔다.

이후 요제프는 개인 병원을 개업해서 비슷한 수술을 하기 시작했다.[15] 유대인임을 드러내는 얼굴 특징이라고 알려진 코 모양을 바꾸고 싶어 하는 유대인 고객들을 위해 코 성형술도 했다.

(요제프 자신도 비슷하게 정체성을 바꾸었다. 그는 학생일 때 이름을 야코프에서 자크로 바꾸었다.) 외과 의사 대다수가 그런 수술을 〈같잖다〉고 깔보던 시대에 요제프는 성형 수술의 심리적 측면이 기능 복원 능력 못지않게 중요하다고 주장했다. 그것이 바로 전쟁으로 다친 병사의 얼굴을 재건하는 일을 할 때 그가 지닌 철학이다.

요제프와 길리스가 하는 일들은 여러 면에서 비슷했다. 둘 다 기능뿐 아니라 형태에도 관심이 많았다. 요제프는 무자페르 이파르라는 병사의 얼굴을 재건한 뒤 찬사를 받았다.[16] 이파르는 연합국이 유럽과 아시아 사이의 전략적 위치에 있는 해협을 장악하려고 시도했다가 실패한 갈리폴리 전투 때 터키군을 공격하다가 심한 부상을 입었다. 이파르의 뺨, 입술, 코, 입천장, 오른쪽 눈구멍이 완전히 사라졌다. 부상이 너무 심해서 적십자사는 이파르를 베를린으로 후송했고, 그는 자선 병원으로 실려 왔다. 그곳에서 요제프는 병사 얼굴의 중간 부분을 재건하는 일에 끈기 있게 매달렸다.

많은 환자에게 요제프의 수술은 기적이나 다름없었다. 그러나 파리의 이폴리트 모레스탱처럼 그도 협력을 기피했다. 외과 의사들이 그가 수술하는 모습을 보기 위해 자선 병원을 방문했지만, 그는 질문을 아예 받지 않았고 그들을 냉대하기도 했다.[17] 이 점은 길리스와 정반대였다. 길리스는 시드컵에서 외과 의사, 내과 의사, 치과 의사, 방사선과 의사, 화가, 조각가, 가면 제조자, 사진사 등 다양한 분야의 전문가들을 모으기 위해 애썼다. 그들

모두 재건 과정을 처음부터 끝까지 도왔다.

길리스는 새로운 성형 수술 기법을 개발할 때 협력이 필수적임을 알았다. 그가 내다보는 퀸스 병원의 전망은 윌리엄 아버스넛 레인의 것과 비슷했다. 레인은 길리스에게 시드컵을 턱과 성형 수술의 세계적인 장소로 만들어야 한다고 계속 역설했다. 그는 길리스에게 이렇게 편지를 썼다. 〈병원이 커질수록 병원과 관련된 사람들이 더 늘어나고, 당신의 입지도 더 튼튼해질 겁니다.〉[18]

길리스는 수술실에서 보여 주는 것과 똑같이 세세한 부분까지 꼼꼼하게 신경을 써서 병원을 조직했다.[19] 프로그널 하우스에는 행정 업무 공간, 간호사 숙소, 장교들이 회복하는 병실이 마련되어 있었다. 이 18세기 대저택 안에는 통크스 교수의 화실도 있었다. 이때쯤 그는 슬레이드 미술 대학에 재직하면서 시드컵을 오가고 있었다. 이 유서 깊은 건물 밖에는 병동 역할을 하는 목조 막사가 길게 늘어서 있었고, 각 막사에는 침대가 26개씩 들어가 있었다. 막사는 중앙의 입원 수속 건물 주위에 말굽 모양으로 배치되었고, 각 병동 앞쪽으로는 베란다가 있었다. 말굽의 입구 쪽을 향해 섰을 때 오른쪽 끝 막사에는 상처가 썩어 가는 환자들이 수용되어 있었다. 거기에서부터 시계 반대 방향으로 갈수록 정도가 덜한 환자들이다. 이 반원형 막사들 안쪽으로 여러 수술실과 치과 진료실, 검사실, 엑스선 촬영실, 물리 요법실, 사진실이 있었다. 해럴드 벡비가 방문했을 때 퀸스 병원은 환자 320명을 수용할 수 있는 규모였다.[20] 얼마 지나지 않아 수용 인원은 6백 명

이상으로 늘어나게 된다.

길리스 가족은 시드컵에서 몇 킬로미터 떨어진 풋츠 크레이에 있는 트위스덴스라는 빅토리아 시대 저택에 살았다. 여기서 캐슬린과 가족들은 조용히 지낼 수 있었고, 길리스는 힘든 하루 일을 마치고 휴식을 취할 수 있었다.

처음부터 길리스는 위턱 얼굴 손상 환자들을 전문으로 하는 전시 외과 의사들이 한곳에서 배우며 일할 수 있게 해야 한다고 생각했다. 〈새로운 병원을 설립하지 않는 한…… 이 외과에서는 배우는 것이 중구난방일 수밖에 없다.〉[21] 시드컵에 새 병원이 설립되면서 모든 것이 바뀌었다.

이 병원은 영국뿐 아니라 영연방에 속한 캐나다, 호주, 뉴질랜드의 부상자들도 치료하는 중심 기관 역할을 했고, 이에 따라 네 구역으로 나뉘었다. 구역마다 자율적으로 운영되었고 외과 의사, 치과 의사, 방사선과 의사, 화가, 사진사, 주형 제작자로 이루어진 의료진도 따로따로 있었다. 길리스는 영국 구역을 책임졌고, 치과 의사 윌리엄 켈시 프라이의 도움을 받았다. 전선에서 다친 뒤 퀸스 병원에 배속된 군의관이었다. 전쟁 초기에 켈시 프라이는 얼굴에 부상을 입은 한 병사를 연대 의무대로 운반했는데, 의무병들이 그를 들것에 눕힌 지 얼마 뒤에 질식사했다는 것을 알게 되었다.[22] 그 일은 그에게 잊지 못할 교훈을 안겨 주었다. 켈시 프라이는 단단한 조직을 맡았고, 길리스는 부드러운 조직을 맡았다. 네 구역 중 영국 구역이 가장 넓어서 시드컵 환자의 5분의 2를 차지했다.[23] 또 길리스는 병원 전체를 관리하는 의무감으로 임명되었다.

호주 구역은 퀸스 병원 환자의 5분의 1을 차지했는데, 진지한 성격의 강단 있는 인물인 헨리 심프슨 뉴랜드 중령이 맡았다. 1873년생인 뉴랜드는 철 지난 빅토리아 시대의 사고방식을 지닌 사람이었다. 호주 화가 대릴 린지는 시드컵에서 길리스에게 통크스가 하는 것과 같은 일을 뉴랜드를 위해 하며 그를 이렇게 평했다. 〈그는 엄격했고 마주치는 모든 이를 긴장시켰다. 그는 결코 몸을 사리는 법이 없었고 모두가 자신을 본받기를 원했다.〉[24] 뉴랜드는 네 구역의 사령관 중 가장 나이가 많은 선임 장교였다. 그런데도 그는 길리스가 위턱 얼굴 수술의 경험이 자신보다 훨씬 많으므로 의무감을 계속 맡아야 한다고 인정했다. (보병 부대와 달리 군 병원에서는 책임자를 정할 때 계급보다는 의사의 실력을 더 고려했다.)

캐나다 구역은 칼 월드런 소령이 맡았다.[25] 월드런은 이비인후과와 위턱 얼굴 병리학을 전공했기에 턱과 얼굴 손상을 치료하는 데 딱 맞는 인물이었다. 전쟁이 나자 월드런은 캐나다 육군 의무대에 지원했지만 자신보다 먼저 지원한 이들이 거의 4백 명에 달한다는 사실을 알고 좌절했다. 참전하고 싶은 마음이 컸던 월드런은 저명한 캐나다 내과 의사이자 존스 홉킨스 병원의 설립자로서 의학 교육에 혁신을 일으킨 윌리엄 오슬러의 추천장을 들고 자비를 들여 영국으로 향했다. 머지않아 월드런은 영국 육군 중위로 임용되었다. 1916년부터 그는 처음에는 켄트의 웨스트클리프 캐나다 안이비인후과 병원에서, 그 후에는 시드컵에서 10킬로미터도 안 떨어진 오핑턴의 온타리오 군 병원으로 옮겨서 캐나다 병사들의 얼굴 손상을 치료했다. 월드런은 풀턴 리스던의 도움을 받았는데, 리스던도 켈시 프라이처럼 외과와 치과를 공부했다.

끝으로 뉴질랜드 구역은 마지못해 장교로 참여한 헨리 퍼시 피커릴 소령이 맡았다. 그는 오타고 대학교 부설 치과 대학의 학장을 지냈다. 길리스도 뉴질랜드인이었기에 이 구역을 자신이 맡겠다고 주장할 수 있었겠지만 하지 않았다. 다른 세 구역의 책임자들과 달리, 피커릴은 치과 의사였고 정식 외과 교육은 받은 적이 없었다. 1917년 3월, 영국에 온 그는 서리주 월튼온템스에 있는 제2 뉴질랜드 종합 병원에 배속되었다. 처음에 그는 〈내 의술을 갈고닦는 데 필요하므로 상상할 수 있는 모든 유형의 내외과 환자들〉이 있는 일반 병동을 맡게 해달라고 요청했다.[26] 시간이 흐르면서 그는 턱과 얼굴 손상을 전문으로 하기 시작했고, 뼈 이식의 개척자가 됨과 동시에 대학 학장에서 위턱 얼굴 외과 의사로 변신했다.[27]

피커릴은 처음에 환자들을 시드컵으로 옮기는 것을 반대했다. 자신이 있는 곳에서 더 잘 돌볼 수 있다고 믿었기 때문이다. 그러나 메리 왕비는 제2 뉴질랜드 종합 병원을 방문했을 때 그의 진료과가 옮겨 가지 않은 것을 알고 깜짝 놀랐다. 버킹엄 궁전의 마구간 일부를 병동으로 개조하도록 도움을 주었고, 그 병원을 정기적으로 방문하여 부상병과 죽어 가는 병사를 위로했던 왕비는 피커릴이 우려하는 바를 귀담아들었다. 그러나 결국 그녀는 자신의 계획을 관철했다. 「소령님, 그래도 시드컵으로 가시면 좋겠어요.」[28] 그 직후에 피커릴과 환자 29명은 새 시설로 옮겨갔다.

이 4명의 책임자 외에도 시드컵에는 미국에서 온 많은 외과 의사가 있었다. 그들은 따로 어느 한 구역을 맡지 않고 병원 곳곳에 분산되어 있었다. 미국이 1917년 4월, 몇 달 전의 참전으로 재건 수술이 필요한 미국 병사들이 밀려들 가능성을 예상해서 미리 파견된 이들이었다. 미국의 참전 결정은 독일 외무 장관 아르투어 치머만이 멕시코 주재 대사 하인리히 폰 에크하르트에게 보낸 전신을 도청한 것이 계기가 되었다. 치머만은 에크하르트에게 독일과 멕시코의 동맹을 제안하라고 지시했다. 대신에 독일은 멕시코가 텍사스, 뉴멕시코, 애리조나를 수복하도록 도와주겠다는 내용이었다. 19세기 중반 멕시코-아메리카 전쟁 때 미국에 빼앗긴 지역들이다. 이 전신 내용은 미국 전역에 충격을 일으켰다. 그 직후에 우드로 윌슨 대통령은 상하원 합동 회의에서 독일에 선전 포고를 하자고 요청했다. 두 달 후 〈도보이스Doughboys, 보병대〉라는 별명으로 불린 첫 미군 부대가 유럽에 상륙했다.

비록 이런 발전을 거듭하면서 길리스 의료진은 국제적인 명성을 얻고 있었지만, 병원에 눈에 띄게 부족한 점도 몇 가지 있었다. 처음 문을 열었을 때 길리스는 치과 의사 바라즈타드 카잔지안에게 함께하자고 요청했다. 이 아르메니아계 미국인이 프랑스에서 부상병의 손상된 얼굴을 복원하는 데 기적을 발휘했다는 소문이 퍼져 있었다. 그러나 카잔지안은 길리스의 초대를 거절했다. 〈하버드가 나를 프랑스로 보냈거든요. 맡은 일을 해야지요.〉[29] 그는 이렇게 답장을 보내며 〈진창에 발을 담근 채〉 전선 가까이에서 최선을 다할 수 있는 일을 해야 한다고 느꼈다. 그런데도 두 사람은 편지를 주고받았고, 카잔지안의 환자 중에서 영국으로 후송되어 길리스의 치료를 받게 된 이들도 많았다. 훗날 카잔지안은 이렇게 회상했다. 〈전쟁이 여러 해 동안 이어질 때 나는 시드컵 퀸스 병원의 해럴드 경을 종종 방문했다. 내 환자 중 상당수가 그곳으로 가서 후속 재건 수술을 받았다.〉[30] 길리스가 오귀스트 샤를 발라디에에게도 합류를 요청했는지는 불분명하지만, 그는 카잔지안과 마찬가지로 이 괴짜 프랑스 치과 의사와도 전쟁 내내 서신을 주고받았고, 발라디에의 환자들도 일부 그에게로 왔다.

시드컵에서 길리스는 함께 일하는 다양한 전문가들 사이의 협력을 도모하기 위해 한곳에 전문 병원을 설립하고자 했다. 길리스는 퀸스 병원의 다양성에 자부심을 느꼈다. 〈정말로 인상적인 조합이었다……. 회의가 열릴 때면 캐나다식 북아일랜드 사투리, 뉴질랜드 피지 사투리, 호주 사투리, 미국 중서부 느린 말투, 필라델피아 거센 말투, 뉴욕 옥스퍼드 말투 등 온갖 억양의 사투리로 회의장이 떠들썩해지곤 했다.〉[31] 시간이 흐르면서 어울릴 것 같지 않던 의료진들은 시도하고 검증하며 표준화할 수 있는 기법들을 창안함으로써 성형외과를 발전시키기에 이르렀다. 처음에 시드컵으로 옮기기를 거부했던 피커릴조차도 그곳에서 어떤 발전이 이루어지고 있는지를 잘 이해하게 되었다. 〈병

원 자체가 영국과 미국 군대가 조화롭게 결합한 매우 탁월한 사례였다.〉[32]

이런 방법으로 길리스와 동료들은 한정된 기간에 다른 곳들과 비교할 때 거의 기적이라고 할 수 있는 성과를 냈다. 세계적인 의학 잡지 『랜싯』도 퀸스 병원에 주목했고, 재건 수술에 새로운 접근법을 취하고 있다며 평했다. 그 학술지는 1917년에 이렇게 썼다. 〈그렇게 집단적인 관심과 비판을 자극제로 삼아 과학적 방법을 집중적으로 함양함으로써 개인 차원에서 산발적으로 이루어지는 노력으로는 한 세기가 지나도 이룰 수 없었을 성과를 올려왔다.〉[33]

이렇게 재능 있는 사람들을 많이 모아 놓았으니 당연히 병원의 다양한 외과 의사 사이에 경쟁심도 불타올랐다. 만만찮다고 여기는 상대가 보이면 이길 기회를 결코 놓치려 하지 않는 타고난 운동선수인 길리스는 특히 더 그러했다. 미술가처럼 각 외과 의사도 나름의 독특한 양식이 있었다. 곧 재건된 코가 길리스, 뉴랜드, 월드런, 피커릴 중 누가 수술한 것인지를 금방 구별할 수 있을 정도였다. 길리스는 이렇게 고백했다. 〈우리의 예술적 노력의 결과물들이 병동에서 끊임없이 전시되고 있었기에 환자들도 우리의 결과가 어떻다고 판정했을 뿐 아니라 우리 자신도 드러나지 않게 자신의 결과를 동료들의 것과 질투하며 비교했다.〉[34] 그 결과 병원 전체의 수준이 높아졌다. 윌리엄 아버스넛 레인조차도 이런 직업적 경쟁의 가치를 인정했다. 〈경쟁을 통해 성형 수술에 뛰어난 많은 의사가 배출되었고, 그들은 이 특수한 유형의 성형을 발전시키기 위해 서로 불붙었다.〉[35] 그럼으로써 놀라운 성과가 나오곤 했다.

하지만 단점도 있었다. 시간이 흐르면서 길리스가 〈우호적인 경쟁의식과 건전한 경쟁〉이라고 부른 것은 긴장의 원천이 되었다. 수술 기법에는 특허를 내는 일이 드물었다. 자신의 이익보다 환자 치료를 우선시하는 그 분야의 윤리적 사명과 상충한다고 보았기 때문이다.[36] 경제적 보상은 얻기가 어렵다고 할지라도 외과 의사들은 적어도 자신이 어떤 혁신을 이루었는지 인정받고자 했다. 그런데 모두가 협력하는 환경에서는 특정한 수술법을 누가 처음 고안했는지를 놓고 논쟁이 벌어지기도 했다.[37] 피커릴은 이런 문제들을 놓고 길리스와 종종 언쟁을 벌였다. 전쟁이 끝난 지 한참 뒤에 그는 길리스에게 자신이 쓴 논문을 보냄으로써 그런 논쟁 중 하나를 선점했다. 그가 간직한 서류 중에는 이렇게 적힌 내용도 있었다. 〈사본을 길리스에게 보냈다……. 가압 상태에서 개방 유리 이식법을 통한 볼 고랑(뺨과 턱뼈 사이의 움푹 들어간 부위)의 피부 이식을 누가 처음으로 했는지 의심의 여지가 없도록.〉[38]

전시든 평시든 간에 야심만만한 외과 의사들이 어떤 소유욕을 지녔는지를 잘 보여 주는 사례다.

1917년 10월 3일, 해군의 윌리엄 비커리지 사병은 시드컵 퀸스 병원의 수술실로 향했다. 18개월 전 그는 유틀란트 해전 때 말라야호에서 무연 화약에 심한 화상을 입었고 얼굴에 넓은 흉터가 남았다. 그의 눈꺼풀과 아랫입술은 뒤집혔기에 그는 눈을 감을 수도 없고 입을 벌릴 수도 없었다. 손에도 심각한 화상을 입어 시간이 흐르면서 흉터로 조직이 오그라들고 손이 갈고리발톱처럼 변했다.

비커리지는 길리스가 본 가장 심한 화상 환자에 속했다. 〈그런 끔찍한 화상을 입고도 어떻게 살아남을 수 있는지 도저히 상상하기 어렵다.〉[39] 스무 살의 젊은이가 입은 부상은 끔찍했을 뿐 아니라 이루 말할 수 없이 고통스러웠다. 길리스가 나중에 이렇게 적을 만큼 부상이 너무나 극심했다. 〈그런 몸 상태를 근본적으로 치료할 수 있을 만한 수술을 시도하려면 아주 상당한 도덕적 용기가 필요했다.〉[40] 그러나 길리스는 비커리지가 겪은 것과 같은 외상에서 살아남은 이들이 때때로 〈거의 그 어떤 난관도 헤쳐 나갈 수 있다는 끝 모를 낙관주의〉를 보여 준다는 점도 알아차렸다.[41] 병사가 손상 부위의 복원 수술을 견디려면 그에 못지않은 불굴의 정신이 필요하다는 사실이 곧 드러났다.

비커리지가 시드컵에 도착한 직후 길리스는 병사의 가슴에서 떼어 낸 피부판으로 얼굴의 손상 부위를 대체하는 것이 최고의 방법이라고 판단했다. 기자 해럴드 벡비가 지켜본 수술과 그리 다르지 않은 복잡하면서 고통스러운 수술이었다. 길리스는 많은 환자에게 이 방법을 썼지만 손상된 면적이 넓으면 위험도 훨씬 커진다는 것을 잘 알았다. 게다가 비커리지의 얼굴에 넓게 난 화상에는 피부 이식편조차도 제대로 될 가능성이 낮았기에 대안 자체가 거의 없었다.

혈액 공급이 유지되도록 한쪽을 원래 부위에 그대로 붙인 상태로 만드는 피부판과 달리, 이식편은 몸에서 완전히 떼어 낸 뒤 이식한다. 이식편은 상처 바닥에서부터 확산하여 들어오는 산소와 영양소에 의존하는데, 장기 생존은 새 혈관이 얼마나 빨리 형성되느냐에 달려 있다. 그래서 예전에는 이식편의 실패율이 더 높았다.

화상 치료에 피부 이식편을 썼다는 내용이 담긴 가장 오래된 문헌도 『에베르스 파피루스』다. 이식 분야에서 상당한 발전이 이루어진 것은 19세기 후반기에 들어서였다. 자크루이 레베르댕이라는 스위스 외과 의사는 몸의 건강한 부위에서 작은 피부 조각을 떼어 내 상처에 붙이는 기법을 고안했다. 레베르댕은 엄지와 검지로 피부를 집은 뒤 날카로운 칼로 피를 내지 않으면서 표피를 조금 도려내어 이식편을 채취했다. 이른바 〈소편 이식 pinch grafting〉은 이식술 발전의 중요한 첫 단계였다. 하지만 이런 유형의 이식은 상처 부위가 아무는 데 오래 걸렸고 이식된 피부가 오그라들기도 했다.

몇 년 뒤 프랑스 외과 의사 루이 레오폴드 올리에는 피부를 띠처럼 잘라 내어 손상 부위에 다닥다닥 나란히 늘어놓는 방법을 개발했다. 이 방법은 독일 외과 의사 카를 티에르쉬가 다듬어서 널리 보급했다. 대체로 이 방법을 쓰면 소편 이식보다 더 빨리 아물고, 흉터가 적게 생기며, 덜 오그라들었다. 그러나 나름의 문제도 안고 있었다. 이식편을 커다란 칼로 자유롭게 잘라 내다 보니, 그 용도로 쓸 전용 도구까지 나오긴 했지만 두께를 표준화하기가 어려웠다. 게다가 이식편의 두께를 정확히 얼마로 해야 좋은지도 아직 제대로 이해가 안 된 상태였다. 이러한 이유로 길리스는 피부판을 쓰는 쪽을 선호했다. 사리진 피부가 넓을 때는 더욱 그랬다.

시드컵에서 길리스는 해군 병사의 가슴을 V자 모양으로 베어서 피부판을 만든 뒤 얼굴 아래쪽의 화상 부위를 덮었다. 또 얼굴 양쪽에 붙이기 위해 환자의 양쪽 어깨에서 폭이 더 좁은 띠 모양으로 피부판을 떼어 냈다. 그런데 막상 떼어 내니 피부판의 양쪽 끝이 두루마리처럼 안쪽으로 말리는 양상을 보였다. 길리스는 생각했다. 〈이 피부판의 양쪽 끝자락을 서로 이어서 봉합하면 살아 있는 조직으로 이루어진 관이 될 것이다. 그러면 감염 위험이 적고 기존 방법들보다 오그라들거나 퇴화할 가능성도 훨씬 낮으면서 이식편에 공급되는 혈류량도 늘어나지 않을까?〉[42]

비커리지를 수술하는 동안 그 생각이 머릿속에서 계속 맴돌았고, 결국 그의 손은 스스로 의지를 지닌 양 저절로 움직이기 시작했다. 〈또 다른 바늘에 실을 꿴 뒤에 너무 놀라 말도 안 나오는 침묵 속에서 피부판을 꿰매어 관을 만들기 시작했다.〉[43] 비커리지만 변모를 시작한 것이 아니었다. 바로 그 순간 성형외과 분야 전체도 변하기 시작했다. 길리스는 훗날 이렇게 회상했다. 〈비커리지 병상의 피부관은 역사적 보물이 되었다. 우리가 당시까지 어렴풋이 엿보았던 것보다 더 크고 섬세한 영역으로 나아갈 문을 열었다.〉[44]

길리스는 자신의 발명을 〈관 모양 줄기 피판tubed pedicle〉이라고 했다. 원통 모양으로 꿰매어 안쪽을 보호해서 감염 가능성을 줄인 피부판이었다. 이 관의 끝을 손상 부위에 꿰맸다. 밑쪽이 그대로 노출된 펼친 피부판과 달리, 관 모양 피부판은 밑쪽이 피부의 바깥층으로 둘려 있어서 감염 위험이 대폭 줄었다. 혈액 공급을 통해 이식한 부위가 충분히 자리 잡으면 원래 연결된 부위를 자를 수 있다.

길리스는 감격했다. 〈초기 단계에서 환자 몸의 한 부위를 다른 부위로 옮길 수 있었다.〉[45] 관 모양 줄기 피판으로는 못할 것이 거의 없었다. 〈양쪽 끝을 서로 다른 부위에 붙여 《U자형》으로 만들어서 안쪽의 혈관으로 필요할 때까지 피가 충분히 공급되도록 했다.〉[46] 머지않아 길리스의 병동에는 이마, 뺨, 코, 입술, 귀로부터 뻗어 나온 코끼리 코 같은 관을 달고 다니는 병사들이 수십 명으로 늘었다. 그 관을 통해 신체 각 부위의 재건이 기적적인 수준으로 이루어졌다.

곧이어 길리스의 동료들도 이 방법을 채택했다. 〈외과 의사들은 열광적으로 이 방법을 받아들였다.〉[47] 시드컵 병원은 곧 〈달랑거리는 줄기 피판이 우글거리는 버마 정글 같아졌다〉. 전쟁이 끝난 지 10년 후에 길리스는 그의 환자였던 병사 중 한 명이 여전히 코끼리 코처럼 코 주름 피판을 달고 있는 것을 보았다.[48] 독일군의 공세가 심해지면서 병원에 환자가 너무 많이 밀려드는 바람에 다음 수술을 받을 때까지 집에서 기다리라고 내보냈던 환자였다. 그런데 병원 상황이 너무나 혼란스러워지는 바람에 그 병사는 그만 잊히고 말았던 것이다. 길리스가 그동안 어떻게 지냈냐고 묻자, 그는 (아마 농담이겠지만) 순회 서커스단에서 〈코끼리 인간〉 흉내를 내며 생계를 유지했다고 답했다. 바깥 세계에서는 사람들의 노골적인 호기심을 끄는 모습이었을지라도, 이 관은 퀸스 병원에서 이루어진 혁신의 상징이 되었다. 길리스는 이렇게 농담했다. 「나와 의료진이 만든 줄기 피판들을 모두 하나로 이으면, 매주 2.5개씩 만들었다고 할 때 버킹엄 궁전에서 몰까지 가서 애드미럴티 아치를 지나 트라팔가 광장 넬슨 기념탑의 절반쯤 높이까지 소시지를 줄줄이 이은 거리와 비슷할 것이다. 내가 마지막으로 만든 줄기 피판이 이 유명한 첨탑의 꼭대기까지 이르기를, 적어도 그 제독의 입천장 안으로 하나가 들어가는 광경을 보는 것이 내 야심이다.」[49]

관 모양 줄기 피판을 이용하는 수술을 받은 초기 환자 중 한 명은 길리스와 성이 같은 소령이었다. 그래서 병원에서 간혹 혼동이 일어나기도 했고, 그 환자 앞으로 오는 편지가 길리스에게 전달될 때도 있었다. 어느 날, T. 길리스 소령의 세탁 요금 청구서가 실수로 해럴드 길리스에게 전달되었다. 외과 의사는 소령의 옷깃을 움켜쥐고서 인상 쓰는 척하며 농담했다. 「당신의 연애편지는 그냥 읽어 주겠는데, 더러운 빨래 비용까지 내지는 않겠어.」[50]

길리스가 나중에 인정했듯이, 관 모양 줄기 피판은 성공을 거두면서 너무나 인기를 끄는 바람에 때로는 환자에게 피해를 주기도 했다. 국소 피판이나 다른 유형의 피판이 더 효과가 좋을 가능성이 큰 상황에서도 줄기 피판이 쓰이곤 했기 때문이다. 〈모든 혁신에서처럼 어디까지가 한계인지 아직 드러나지 않았기에 그사이에 진자가 아주 멀리까지 흔들릴 수 있었다.〉[51]

길리스 의료진은 이전까지 무시되었던 외과 분야에서 엄청난 발전을 이루고 있었다. 그러나 혁신 성공에 따른 기쁨은 전쟁의 끔찍함 앞에 잦아들곤 했다. 어느 날 저녁, 길리스는 어둠이 깔리고 있을 때 아내와 아이들 — 다섯 살의 존과 세 살의 마거릿 — 이 기다리는 트위스텐스로 향하고 있었다.[52] 그는 바쁘디 바쁜 병원에서 힘든 하루를 보낸 뒤 홀로 이 길을 걸으면서 짧게 기분 전환을 했다. 최근 들어 세상이 그의 어깨를 더욱 무겁게 짓눌렀다. 그랬기에 한번은 머리 위로 떠가는 독일 비행선이 비치는 불길한 그림자를 알아차리지 못했다. 런던으로 향하던 그 비행선의 강철 화물칸에는 소이탄과 수류탄이 가득 들어 있었다.

제1차 세계 대전 때 독일군 비행선 조종사들은 영국에 계속해서 공중 폭격을 가했다. 1915년 5월 31일, 잠들어 있는 도시의 상공에 미래에서 온 듯한 체펠린 비행선의 화물칸 문이 열리면서 첫 런던 공습이 시작되었다. 이 장면은 H. G. 웰스가 그보다 몇 년 전에 소설 『공중전』에서 묘사한 장면과 기이할 만치 비슷했다. 밤에 도시에 폭탄이 떨어지자 전혀 모르고 잠들어 있던 시민들은 공황 상태에 빠져 거리로 뛰쳐나왔다. 이스트런던에서는 새뮤얼 러가트의 집에 폭탄이 떨어져 네 아이가 다치고 세 살인 딸 엘시가 사망했다.[53] 그날 이후로 체펠린 비행선은 〈아기 살해자〉라고 불리게 된다.

많은 런던 시민에게 전쟁은 〈저 너머〉에서 벌어지는 일이 아니라 문 앞에서 벌어지는 일이 되었다. 도리스 코번은 다섯 살 때 폭격을 겪었다.[54] 소리에 놀라 깼더니 아빠가 방으로 달려 들어와 그녀를 일으켜서 담요로 감싸며 말했다. 「이건 역사야. 잘 봐둬.」 영국 시민들은 전선에서 싸우고 있는 자신의 부친, 아들, 형제, 남편이 이미 알고 있는 바를 이제야 비로소 이해하기 시작했다. 전쟁은 그 누구도 차별하지 않는다는 것을 말이다. 누구도 안전하지 않았다. 모두가 표적이었다.

시가 모양의 강철 틀을 갖춘 길이가 현대 점보제트기의 두 배에 달하는 이 괴물 같은 수소 풍선은 기습 공격에 특히 유용했다. 해발 3,350미터 상공에서 체펠린 비행선은 엔진을 끄고 소리 없이 표적을 향해 떠갈 수 있었다. 당시 쌍발기 대다수가 나는 높이보다 훨씬 높은 고도다. 대공 사격을 하면 더 높이 올라가면 그만이었다. 위험 요소를 찾아서 하늘을 훑도록 고안된 탐조등도 거의 무용지물임이 드러났다. 런던 시민들의 불안감만 부추겼을 뿐이다. 이렇게 농담한 사람도 있었다. 「밤에 앨버트 홀에서 검은 고양이를 찾아내는 것이나 다를 바 없는 수준이야.」[55]

그런데도 운이 좋은 조종사들이 있었다.[56] 레지널드 원퍼드는 1915년 6월 7일, 벨기에 겐트 상공에서 체펠린 한 대를 발견하고 격추한 최초의 조종사가 되었다. 그의 쌍발기 기관총에서 쏟아진 총알은 이 떠다니는 괴물의 옆구리를 찢었지만 그런데도 비행선은 추락하지 않았다. 원퍼드는 비행선을 뒤쫓아 자기 비행기의 엔진을 끈 뒤 비행선 위로 활공하여 소이탄 6발을 떨어뜨렸다. 수소가 폭발하면서 그 힘에 쌍발기는 빙빙 돌며 튀어 나갔고 그는 어쩔 수 없이 적지에 비상 착륙해야 했다. 그는 미친 듯이 비행기를 수리해서 독일군이 무슨 일이 벌어졌는지를 알아차리고 달려들기 직전에 다시 날아올랐다. 이륙할 때 그는 적군을 향해 이렇게 소리쳤다.「카이저에게 안부 전해 줘!」그러나 원퍼드의 성공은 예외적인 사례였다. 이 전쟁 초기에 영국 항공기는 독일의 공중 괴물을 떨어뜨릴 수준이 되지 못했다.

공습으로 사기가 떨어지기는커녕 분노한 런던 시민들은 하나로 뭉쳤다. 특히 피해가 막심한 공습이 벌어진 뒤 국왕 조지 5세는 버킹엄 궁전의 창문에서 빅토리아 여왕의 조각상을 가리키며 외쳤다.「카이저, 이 빌어먹을 자식은 자기 할머니의 상을 파괴하려고 했다!」[57]

그러나 분노와 함께 경계도 심해졌다.[58] 폭격이 심해짐에 따라 사람들은 런던 지하철로 피신했다. 당국은 도시 전체에 등화관제를 지시했고, 달빛이 수면에 비쳐 체펠린 비행선에 버킹엄 궁전의 위치가 드러날까 우려되어 세인트제임스 공원의 호숫물까지 뺐다. 정부는 항공기 개발에도 매진하여 더 높이 날아오를 수 있을 뿐 아니라 두 종류의 무기까지 갖춘 항공기를 내놓았다. 비행선의 기낭을 찢고 들어감으로써 수소와 산소가 뒤섞이게 만들 폭발탄과 그 혼합 기체를 발화시켜서 비행선을 폭발시킬 수 있는 소이탄이었다.

1916년 9월 2일, 영국 비행대는 체펠린 비행선 16대가 밤을 틈타 런던 상공으로 날아오자 신기술을 시험할 기회가 왔음을 알아차렸다.[59] 당시 최대 규모의 공습 작전 중 하나였다. 수도에 폭탄이 떨어지기 시작했을 때 윌리엄 리프 로빈슨 중위는 조종석에 올라타 적을 향해 날아갔다. 지상의 탐조등이 로빈슨의 항공기가 3,350미터 상공으로 날아오른 후 체펠린 비행선에 총알을 쏟아붓는 광경을 비추었다. 곧 비행선은 불길에 휩싸였다. 그 추격전을 보기 위해 런던 시민 수천 명이 거리로 쏟아져 나왔고, 체펠린 비행선이 추락하자 애국가를 합창하기 시작했다. 비행선은 패트릭 블런드스톤이라는 아이의 집 옆 벌판에 추락했다. 그는 흥분해서 아빠에게 그 일을 적은 편지를 보냈다. 〈반으로 쪼개졌어요……. 불길에 휩싸여 굉음을 내면서 갈라졌어요.〉[60] 그의 가족은 더 자세히 보기 위해 현장으로 갔고, 마침 소방대도 도착했다. 블런드스톤은 아이다운 어투로 선원들의 상태를 묘사했다. 〈로스트비프의 바깥처럼…… 바짝 구워졌어요. 한 명은 한쪽 무릎이 잘려 나가서 관절이 그대로 보였어요.〉

로빈슨은 체펠린 비행선을 격추한 지 48시간이 지나기도 전에 빅토리아 십자 훈장을 받았다. 무공을 세운 뒤 훈장을 받기까지 최단 기록을 세웠다.

비행선은 취약할 뿐 아니라 허약하기까지 하다는 것이 드러났다.[61] 제1차 세계 대전 때 독일군이 쓴 체펠린 비행선 80대 중에서 34대는 격추되었고, 33대는 사고로 파괴되었다. 전쟁이 지속됨에 따라 독일군은 영국을 공습할 때 체펠린 비행선과 함께 무거운 쌍발 폭격기도 보내기 시작했다. 전쟁이 끝날 무렵까지 독일군의 체계적인 공습 작전에 영국 민간인 약 1천4백 명이 사망하고 3천 명 이상이 부상을 입었다. 제2차 세계 대전 때 이루어질 훨씬 더 치명적인 런던 대공습의 예고편에 해당했다. (독일 민간인의 사망자 수는 연합국의 해상 봉쇄로 물품 보급이 원활하지 못한 탓에 훨씬 더 많았으며, 전쟁이 끝날 무렵에 50만~80만 명에 달했다.)[62]

그러나 체펠린 비행선이 상공을 휘젓고 다니던 1917년 10월 말의 밤에 해럴드 길리스의 정신은 온통 딴 데 쏠려 있었다. 그는 심한 화상으로 조직이 손상되어 수축한 바람에 여전히 안쪽으로 비틀려 있는 윌리엄 비커리지 이등병의 눈꺼풀을 복원할 가장 좋은 방법이 무엇인지를 고심하고 있었다. 〈이 가여운 친구는 눈을 뜬 채로 가면을 쓰고서 자야 했다.〉[63] 길리스는 자신의 환자가 세상을 차단할 수 없다는 생각에 심란했다. 비커리지의 삶은 유틀란트 해전 이래로 깨어 있는 악몽이 되었다. 비슷한 고통을 겪고 있는 다른 환자들도 많이 보았지만 그보다 더 최악의 상황은 상상하기 어려웠다.

눈꺼풀처럼 섬세하고 얇은 부위를 복원할 쉬운 방법 같은 것은 전혀 없었다. 눈꺼풀 수술이 언급된 가장 오래된 문헌 중 하나는 서기 1세기에 로마 저술가 아울루스 코르넬리우스 켈수스가 쓴 것인데, 눈꺼풀을 살짝 째서 눈가의 팽팽한 피부를 느슨하게 했다는 내용이었다. 1818년, 독일 외과 의사 카를 페르디난트 폰 그레페는 특정한 눈꺼풀 기형을 복원하는 수술법에 〈눈꺼풀 성형술blepharoplasty〉이라는 이름을 붙였다. 그리스어인 블레파론blepharon, 눈꺼풀과 플라스티코스plastikos, 성형하다를 합친 단어였다. 그러나 비커리지처럼 심하게 손상된 눈꺼풀을 복원하는 데 쓸 수 있는 방법은 마땅치가 않았다. 그때 길리스는 한 가지 착상을 떠올렸다.

그는 전쟁 이전에 파리에서 괴팍한 이폴리트 모레스탱 밑에서 잠시 공부를 한 네덜란드 외과 의사 요하네스 F. 에세르가 창안한 상피 속 넣기epithelial inlay라는 기법을 알고 있었다.[64] 1916년, 에세르는 환자의 허벅지에서 피부 이식편을 떼어 내어 안쪽 면을 바깥으로 한 채 지지하는 단단한 물질, 즉 스텐트에 둘렀다.[65] 그런 뒤 그 이식편이 필요한 부위에 미리 절개하여 주머니처럼 만든 곳에 집어넣었다. 주머니와 이식편의 안쪽 면이 서로 맞붙자 에세르는 스텐트를 빼낸 후 이식편을 봉합한 쪽을 갈랐다. 그러자 그 안의 건강한 피부가 밖으로 드러남으로써 상처 부위는 상피로 잘 덮였다. 상피는 기관과 샘의 안쪽과 바깥쪽 표면을 덮고 있는 중요한 조직층이다.

이 방법이 창안되기 전에는 상피로 덮이지 않은 상처 부위는 으레 감염되었고 흉터가 생기면서 쪼그라들었다. 에세르의 상피 속 넣기는 이식편을 상처 부위에 단단히 고정해서 아무는 동안에 움직이거나 출혈이 일어나지 않도록 막아 이러한 문제들을 해결했다. 그는 자신의 성과를 처음에는 독일어, 나중에는 영어 논문으로 발표했다.[66] 의학 학술지에서 이 방법을 접한 후 길리스는 자기 목적에 맞게 변형해 보기로 했다.

비커리지는 첫 수술을 받고 몇 주 후 다시 퀸스 병원의 수술실로 들어갔다.[67] 길리스는 에세르의 속 넣기 수술을 시작했다.

다만 한 가지 차이가 있었다. 그는 에세르가 했듯이 채취한 피부의 안쪽 면을 바깥으로 향해서 스텐트에 감았다. 그러나 이것을 상처 부위 안으로 집어넣는 대신에 바깥에, 즉 비커리지의 눈 바로 위쪽에 붙인 뒤 말 털로 봉합했다.

길리스의 동료들은 그의 상상력 풍부한 해결책이 정말로 효과가 있을지를 놓고서 〈회의적인 시선〉으로 지켜보았다.[68] 8일 뒤 길리스는 스텐트와 실을 제거하여 말려 있던 새 피부를 펼쳤다. 결과를 본 그는 무척 흥분했다. 〈우리가 지금까지 했던 것 중에서 가장 완벽한 눈꺼풀이 우리 앞에 환하게 펼쳐졌다.〉 비커리지는 유틀란트 해전에서 심한 화상을 입은 지 18개월이 지나는 동안 눈을 감고 바깥 세계를 차단할 수 없었다. 하지만 마침내 그는 밤에 평온하게 잠을 잘 수 있었다. 길리스는 뿌듯한 어조로 적었다. 〈시드컵에 자극을 좀 일으켰다.〉

길리스가 상피 속 넣기라고 부른 것은 이후 수십 년이 흐르는 동안 성형외과 의사들 사이에 점점 더 폭넓게 쓰이게 된다.[69] 제1차 세계 대전 때 그가 이룬 성취들은 제2차 세계 대전 때 화상을 입은 병사들에게 어떤 치료를 할 수 있을지를 결정하게 했다.

9장

파란 벤치에 앉은 소년들

도리스 모드는 아버지를 따라 집에서 멀지 않은 퀸스 병원을 처음 방문했을 때 겨우 열한 살이었다.[1] 그들은 일요일 아침마다 시드컵으로 향하는 빨간 이층 버스에 올랐다. 회복 중인 병사들에게 건넬 담뱃갑 수십 개를 들고서였다.

버스가 시속 20킬로미터 — 1917년의 제한 속도 — 로 덜거덕거리면서 달리는 동안 도리스는 습기가 차서 뿌옇게 변한 유리창 밖을 내다보았다. 병원으로 이어진 도로 옆으로 부상병들이 한두 명씩 산책하는 모습이 보였다. 시드컵 환자들이 입는 남청색 환자복과 선명하게 대조를 이루는 하얀 붕대를 잔뜩 감고 있는 모습이었다. 많은 환자가 이들이나 혹시라도 마주칠지도 모를 사람들로부터 전쟁의 피해를 가리기 위해 얼굴을 거의 다 붕대로 감싸고 있었다.

민간인들에게 얼굴 손상을 입은 병사들은 전선에서 벌어지고 있는 대량 학살을 떠올리게 하는 불편한 증거였다. 신문에 팔다리를 잃은 병사들 — 간호사와 의사의 치료를 받으면서 웃고 있는 — 의 사진이 때때로 실렸지만 얼굴의 일부를 잃은 병사의 사진이 실린 일은 거의 없었다. 그렇다고 해서 기자들이 얼굴 손상 환자들의 실상을 일부러 외면했다고는 할 수 없었다. 『데일리 스케치』의 한 기자는 독자들에게 이렇게 묻는 말로 시작하는 기사를 썼다. 〈《부상당했다》라는 단어를 보거나 들을 때 어떤 장면이 떠오르나요?〉[2]

> 아마 집에 있는 평범한 시민이라면, 파란 환자복을 입고 다리를 절뚝거리거나 웅크린 채 들것에 실려 가는 병사를 떠올릴 것이다. 그러나 본능적으로 마음속에 떠올리지 않으려고 하는 유형의 부상도 있다. 전쟁터에서 돌아와 여전히 멀쩡히 걷고, 손을 쓸 수 있고, 몸에 흉터도 없지만 전쟁의 희생자 중에서 가장 비극적인 이들이 있다. 늘 인내심을 갖고 가장 힘든 나날들을 살아가려고 애쓰는 이들, 친숙했던 주변 사람들로부터 이제 반쯤은 낯선 사람으로 여겨지는 이들, 그토록 갈망하던 귀향길조차도 가기를 망설이는 이들이다. 의학 용어를 쓰자면, 그들은 〈얼굴과 턱 환자〉라고 분류된다. 그 말을 잠시 생각해 보면 무슨 뜻인지를 깨닫게 될 것이다.

대다수의 종군 기자는 얼굴 손상을 〈전쟁이 줄 수 있는 가장 야만적인 타격〉이라고 했다.[3] 밖으로 드러나는 사람의 정체성을 앗아가기 때문이다.

그런 기사를 부정하듯이 많은 병사는 자신의 부상을 집에 알릴 때 의연하게, 심지어 쾌활한 어투로 편지를 썼다. 길리스가 장교와 일반 병사를 차별하지 않고 치료한다는 사실에 놀라움을 드러냈던 레지널드 에번스는 서부 전선에서 야간 정찰을 하다가 다친 직후 모친에게 편지를 썼다. 그는 부상이 심해서 먹을 수도 없었지만 〈조금도 걱정할 필요가 없어요〉라고 알렸다.[4] 모친을 안심시키긴 했으나 에번스가 자신의 외모에 신경을 쓰고 있었다는 점은 명백했다.

웨이벌리 수도원에 들렀을 때 그는 한 목사가 〈이런 좋은 외모를 가꾸고 최대한 아름답게 유지하는 것〉이 모두의 의무라고 설교하는 말을 듣고서 킬킬거렸다.[5] 집에 돌아갔을 때 자신의 손상된 얼굴이 어떤 반응을 이끌어낼지 알고 있었기에 에번스는 다른 편지에서 모친에게 〈전보다 더 못생겨진 새끼 거위를 볼 준비를 해야 할 거예요〉라고 경고했다.[6] 이렇게 가벼운 어투로 쓰긴 했지만 모친을 위한 이런 행동이 과연 얼마나 도움이 되었을까? 에번스는 장난스러운 말로 끝을 맺었다. 〈제가 가짜 이와 인공 턱을 뽐내면서 집에 갈 테니 기다리세요. 좀 놀라게 해드릴 테니까요.〉[7]

대중은 전쟁의 이 금기와 대면하기를 꺼렸으나 퀸스 병원의 환자들은 구내에만 머물러 있지 않았다.[8] 길리스와 직원들은 환자들에게 주변 지역을 산책하면서 신선한 공기를 쐬라고 권했다. 그들은 도시를 돌아다니면서 중심가의 〈휴게실〉에서 모이기도 했다. 휴게실은 빈 상점을 병원에서 오는 환자들에게 음료를 제공하는 공간으로 만든 곳이었다. 회복기에는 술을 마시는 것이 금지되었기 때문이다. 또 휴게실은 사람들의 호기심 어린 시선을 가려주는 역할도 했다.

의료진은 달가워하지 않는 시선이 환자들에게 어떤 영향을 미칠 수 있는지를 잘 알았다. 육군 의무대의 워드 뮤어 하사는 얼굴 손상을 입은 병사를 대할 때의 어려움을 이렇게 적었다. 〈그는 자신이 어떻게 보이는지를 의식하고 있다. 따라서 당신이 의식하고 있다는 사실을 그가 의식하고 있기에 부주의하게 그를 흘깃 쳐다보는 것은 그의 마음을 상하게 할 수 있다.〉[9] 뮤어는 자신의 불편한 심경이 남들에게 영향을 미칠 수 있음을 의식했다. 〈따라서 여기서 당신이 당당하게 바라보기를 두려워하는 대상은 환자다. 당신 자신이 아니라 환자의 마음이 상하지나 않을까 생각해서다.〉[10] 그러나 사람들 대부분은 뮤어만큼 의식하지 않았으며 자신의 반응을 억제하거나 숨기는 일도 쉽지 않았다. 게다가 신문을 통해서든, 만남을 통해서든 간에 대중은 제한적으로나마 손상된 얼굴을 접할 수밖에 없었다. 그런 접촉은 그들과 마주치면 어쩌지 하는 불안감을 증폭시키는 역할만 했다.

퀸스 병원에서 4년 반을 지내면서 20번의 고통스러운 수술을 받은 호레이스 슈얼 준장은 회복하면서 다음 수술을 기다리는 동안 지내는 번햄 온 크럼의 재활원으로 이송될 때를 떠올렸다. 〈그곳의 좋은 사람들은 우리가 그들을 오싹하게 만들었기 때문에 우리가 지낼 수 있는 집을 마련해 달라고 요청했다.〉[11] 왕세자조차도 얼굴 손상을 입은 환자들이 있을 때 자신의 불편함을 숨길 수 없었다. 훗날 에드워드 8세가 될 왕세자가 시드컵을 방문했을 때 병원 측은 가장 상태가 심한 환자들이 모여 있는 병동에는 들어가지 말라고 말렸다. 직원은 그런 심한 중상자를 접해 본 적이 없는 사람이니 몹시 불편한 마음을 느낄 것이라고 우려했다. 그런데도 왕세자는 위문하겠다고 했다. 슈얼은 〈그는 안으로 들어갔고, 내가 들은 바에 따르면 실려 나와야 했다〉고 썼다.[12]

퀸스 병원을 둘러싼 지역에는 대중을 〈보호하기〉 위해서 아주 단순한 수단이 고안되었다. 야외의 벤치 중 일부를 파란색으로 칠했는데, 시드컵 환자 전용이라는 의미였다. 행인은 이런 의자에 누군가 앉아 있는 것을 보면 시선을 돌릴 수 있었다. 남청색 환자복도 대중에게 알림판 역할을 했다. 불행히도 이런 수단은 얼굴 손상 환자들을 소외시키는 역할도 했고, 당시 그곳에 있던 환자 중에는 더 고립되어 있다는 느낌을 받은 이들도 분명히 있었을 것이다.

담배 선물을 안고 가던 버스 승객 도리스 모드와 부친은 얼굴이 손상된 병사들을 보고서 절대 움찔하지 않은 소수의 민간인에 속했다. 애국심이 끓어 넘치는 사람들이었다. 시민의 아주 작은 친절한 행동은 부상에 맞서 싸우고 있는 병사들의 사기에 큰 영향을 미쳤으며, 퀸스 병원을 책임지고 있는 길리스만큼 그 점을 잘 아는 사람은 없었다.

해럴드 길리스는 골프채를 쥔 채 2병동과 3병동 사이의 샛길에서 있었다.[13] 그는 수술실에서 여러 시간을 보낸 후 그곳에서 생각을 정리하곤 했다. 자신을 이끌어 줄 교과서 한 권 없는 상황에서 밤낮으로 얼굴을 재건하면서 받는 스트레스는 압도적일 때가 많았다. 설령 그가 드러내지 않으려고 애썼다고 해도 말이다. 길리스는 두 발을 어깨너비로 벌리고 전문가다운 솜씨로 골프채를 휘둘렀다. 작고 하얀 공이 샛길 너머로 휙 날아가서 포장도로에 떨어져 달그락거리며 굴러갔다. 몇 번 그렇게 채를 휘두른 후 그는 다시 짐을 챙겨서 건물 안으로 들어갔다.

퀸스 병원의 환자들은 골프 가방을 들고서 달그락거리며 복도를 돌아다니는 외과 의사의 독특한 모습에 점점 익숙해졌다. 그는 일하면서 잠깐 시간이 날 때면 스윙 연습을 했을 뿐 아니라 동네 골프장도 자주 들렀다. 친구들과 종종 쳤고, 친구에게 장난을 치기도 했다. 한번은 친구의 공을 석고로 만든 가짜 공으로 몰래 바꿔치기했다.[14] 병원에서 미술가들이 환자의 얼굴 주형을 뜨는 데 쓰는 바로 그 재료로 만들었다. 친구가 채를 휘두르는 순간 하얀 가루가 구름처럼 피어올라 그를 뒤덮었다. 모두가 깔깔 웃었다.

길리스는 골프를 통해 기분을 풀었지만 골프를 치면서 일을 생각할 때도 있었다. 어느 날, 종종 그렇듯이 길리스가 골프장에 늦게 왔을 때 친구는 기분이 괜찮냐고 물었다. 그러자 길리스는 울컥하면서 흐느꼈다. 그날 아침에 환자 한 명이 사망했던 것이다. 훗날 그 친구는 이렇게 회고했다. 〈아무튼 우리는 골프를 쳤고, 내가 그를 이긴 것은 그때가 유일했다.〉[15]

그러나 길리스가 그렇게 깊은 감정을 드러내는 일은 드물었다. 병원에서 회복 중인 병사들의 호감을 얻은 것은 그의 개구쟁이 같고 장난을 좋아하는 성격 덕분이었다. 그곳에 환자로 있었던 한 사람은 이렇게 회고했다. 〈길리스 소령 자신이 《소년 중 한 명》이었다. 그는 그들의 언어로 말했고, 그들의 마음속으로 들어갔다.〉[16] 길리스는 환자들이 몇 달, 몇 년을 병원에서 지내는 동안 사기를 잃지 않도록 열심히 노력했다. 병사의 얼굴을 재건하는 일은 어려웠지만 부상으로 생긴 심리적 손상을 치료하는 일은 더욱 어려웠다. 〈신체 손상이 잠재의식에 입히는 손상은 언제나 치료가 쉽지 않다.〉[17] 그렇다고 해서 그가 시도하지 않은 것은 아니었다.

환자의 정신 건강 상태를 알려 주는 최고의 예측 지표는 재건 수술의 결과 자체였다. 〈우리는 딱한 친구의 재건이 제대로 이루어지지 않으면 그의 성격도 안 좋게 변하는 경향이 있음을 알아차렸다.〉[18] 반면에 수술이 성공하면 환자는 〈예전의 성격과 습관을 회복〉했고 〈행복한 회복기 환자〉가 되었다. 길리스가 볼 때 이는 외모가 개인의 심리에 영향을 미칠 수 있음을 보여 주는 사례였다. 그는 이렇게 농담했다. 〈내 대머리에 갑자기 곱슬곱슬한 붉은 머리털이 수북이 자라고 내 들어간 턱이 두껍고 넓적해진다면, 내 성격이 얼마나 쾌활해질지를 상상해 보라.〉

환자가 좋은 기분을 유지하도록 하는 것이 길리스의 주된 관심사 중 하나였다. 그는 낮에는 엄격한 병원 규칙을 고수했고 남들에게도 지키도록 했다. 그러나 해가 지면 장난기 많은 외과 의사 — 때로 다른 자아가 나오는 척하면서 스스로 〈닥터 스크루지〉라고 불렀다 — 는 소년들에게 규칙을 깨라며 충동질하곤 했다. 예를 들어, 환자들이 때때로 요리를 하는 데 쓰는 휴대용 가스버너는 저녁 8시 정각에 보관장에 넣고 문을 잠갔다. 그러나 밤에 배가 고파지면(밤 11시쯤에 종종 그렇듯이) 움직이는 데 지장이 적은 몇몇 병사가 열쇠를 슬쩍해서 병실로 가져갈 요리를 했다. 길리스는 달걀 부치는 냄새가 나면 주방으로 와 문 뒤에서 장난스럽게 외쳤다. 「달걀 두 개에다가 토스트 두 장. 아니면 여기에 이름과 군번을 적을 거야.」[19] 그러면 몰래 요리하던 병사들은 소리쳤다. 「여기 달걀 두 개 더 있고 빵도 많아요. 와서 직접 해드세요!」

시드컵에는 식량이 풍부했고, 환자들은 다음 수술을 받기 위해 기다리는 지루함을 달래고자 음식에 손을 대기도 했다. 바로 앞에서 포탄이 터지는 바람에 코를 잃은 J. G. H. 버드 대위는 훗날 즐겁게 그 병원 식사를 떠올렸다. 〈우리가 먹었던 아침 식사를 지금도 떠올릴 수 있는데, 어떻게 그것들을 다 해치웠는지 의아하다.[20] 탁자에 늘 거대한 접시 두 개가 놓여 있었는데, 한쪽에는 달걀부침, 다른 한쪽에는 베이컨이 산더미처럼 쌓여 있었다.〉

길리스는 환자들이 틀에 박힌 생활에 매몰되지 말아야 한다고 믿었다. 그래서 〈닥터 스크루지〉로서 때때로 병동에 술을 몰래 들여오도록 부추기곤 했다. 심지어 눈을 잃은 환자에게 도박을 하자고 말하기도 했다. 프랑스 치과 의사 오귀스트 샤를 발라디에에게 치료를 받다가 시드컵으로 온 병사인 필립 소프는 길리스에게 카드 게임인 러미를 가르친 적이 있다고 떠올렸다. 병사들이 길리스의 돈을 싹쓸이하자, 길리스는 병사들의 이름을 한 명씩 읊으면서 당국에 찌르겠다고 위협하는 척했다. 소프는 이렇게 썼다. 〈그러나 우리는 그가 게임에서 졌음을 증명할 수 있었고, 우리 중에 뭔가를 잃은 사람이 아무도 없었으므로 도박이라고 할 수도 없을 터였다.〉[21]

길리스의 성격이 퀸스 병원의 명성과 성공을 이끈 원동력이었다는 점은 의문의 여지가 없다. 병원을 호의적으로 다룬 기사가 전국지에 실린 영향도 있어 전국에서 기부금이 계속 들어왔다. 한 기자는 〈부서진 사람들을 복원하다〉라는 도발적인 제목 아래 〈이 수술의 마법사들은 말 그대로 사람의 얼굴을 재건하고 추한 모습을 좋은 외모로 변신시킬 것이다〉라고 썼다.[22] 신문 기사에는 주머니 깊숙이 든 돈을 꺼내 기부하라고 촉구하는 말도 적혀 있었다. 〈1실링이든 꽤 많은 1백 실링이든 간에 아끼겠다고 당신을 위해 모든 것을 내놓은 이 영웅들이 외롭게 고통에 시달리도록 놔두고 싶은가?〉[23] 50파운드를 기부하면 〈얼굴이 고통스럽게 손상된⋯⋯ 전쟁 영웅〉의 1년 입원비를 댈 수 있었다.[24]

병원은 계속 커졌다. 성당, 매점, 심지어 극장까지 생겼다. 퀸스 병원을 이루는 건물들이 들어선 땅의 면적은 거의 36만 제곱미터에 달했지만, 길리스는 여전히 전선에서 끝없이 밀려드는 부상자들을 수용할 공간을 마련하느라 허덕이고 있었다. 이윽고 콘크리트 건물이 세워지면서 병상 수가 거의 두 배로 늘었다. 환자들은 그곳을 〈정글〉이라고 불렀다. 게다가 가까운 주변

지역의 병원들도 징발해서 회복기 환자들을 위한 병상을 마련했다. 길리스는 이 과정에도 기여했다. 그는 이렇게 주장했다. 〈같은 수의 회복기 병상 없이는 성형 병원이 결코 제 역할을 못 할 겁니다.〉[25] 이 부속 병원들 덕분에 그를 비롯한 외과 의사들은 필요할 때 환자들을 본관 안팎으로 이송할 수 있었다. 길리스는 나중에 이렇게 썼다. 〈전화를 거는 것만으로도 한 환자를 재활 병원으로 옮기고 다음 수술 날짜에 다시 불러올 수 있었다.〉[26]

1917년 가을, 아직 전쟁은 끝날 기미가 보이지 않았다. 진격과 후퇴를 되풀이하며 격전이 계속되면서 사상자만 늘어나고 있었다. 세계 최강의 군대들은 점점 더 깊이 수렁에 빠져들었다. 양쪽 다 서로를 더 효율적으로 죽이고 불구로 만드는 기술만 늘어가고 있었다. 포탄 속에는 수백 개의 작은 쇳조각이나 납 구슬이 채워졌다. 참호 상공에서 폭발하도록 고안된 이 포탄이 터지는 순간, 보호 장비를 쓰지 않고 있던 병사들의 몸과 얼굴은 파편에 난타당했다.

스물두 살의 시드니 벨덤도 이런 포탄의 희생자였다. 3차 이프르 전투 — 전투가 막바지에 이르렀을 때 주된 격전지가 된 인근 마을의 이름을 따서 파스샹달 전투라고도 한다 — 에서 심한 부상을 입었다. 격렬한 참호전을 3개월 1주일 3일간 벌인 뒤에 연합국은 마침내 그 마을을 재탈환했지만 끔찍한 인명 피해가 수반되었다.

시간이 흐르면서 〈파스샹달〉이라는 명칭은 그곳에 있었던 이들의 끔찍한 기억을 상기시키는 역할을 하게 된다. 솜 전투에도 참가했던 캐나다 의사 프레더릭 W. 노이스는 파스샹달이 〈솜보다 열 배 더 격렬하고 지독했다〉고 묘사했다.[27] 전쟁에서 가장 피가 많이 흐른 전투 중 하나였을 뿐 아니라 가장 진창에서 벌어진 전투 중 하나이기도 했다. 격렬한 전투가 벌어지고 있을 때 거의 3개월 동안 비가 계속 쏟아졌다. 앞서 일제 사격 때 쏟아진 약 4백만 발의 포탄과 폭탄으로 여기저기 마구 파였던 전쟁터는 곧 물바다가 되었다. 한 병사는 파스샹달을 이렇게 묘사했다. 〈그 땅 전체가 폭발하는 포탄과 물이 들어찬 구멍으로 뒤덮였고, 포탄에 죽지 않으면 그 구멍에 빠져 죽을 수도 있었다.〉[28]

말, 노새, 총, 기타 장비 모두 깊은 진창 속으로 가라앉았다. 병사들도 발을 디딘 곳에 갇혀서 움직이지도 빠져나올 수도 없어 기관총의 손쉬운 표적이 되었다. 그냥 익사하는 이들도 있었다. 에드윈 챔피언 본은 몸을 피하려고 포탄 구멍을 기어들어 갔다가 빗물이 서서히 차오르고 있음을 깨달은 〈부상병들의 신음과 흐느낌〉을 기억했다.[29] 그는 공포에 질린 어조로 회고했다. 〈움직일 힘조차 없는 그들의 주위로 물이 차올랐고, 그들은 서서히 익사했다.〉 다음 날 아침, 그는 포탄 구멍 가장자리로 물이 넘치고 있는 것을 보았다. 그 안에서 울부짖던 병사들을 모두 삼킨 채였다.

1917년 11월, 벨덤은 이 지옥 같은 전쟁터의 한가운데에 있었다. 수많은 병사처럼 그도 금방 부상을 입었다. 유산탄 한 조각이 곧장 그에게로 날아와 얼굴 오른쪽을 베어 내면서 코의 많은 부분이 뜯겨 나갔다. 벨덤은 엎어지면서 진창에 얼굴을 처박았다. 그 순간에 그는 오히려 다행이라고 느꼈어야 할 수도 있다. 그렇지 않았다면 숨길로 왈칵 흘러드는 피에 숨이 막혀 죽었을 가능성이 높았다. 그는 사흘 동안 그렇게 처박혀 있었다. 쥐를 비롯한 해로운 동물들이 그의 등 위로 지나다니면서 동료들의 시신에 터를 잡았다. 물에 잠긴 전쟁터에서 흔히 볼 수 있는 광경이었다. 한 병사는 이렇게 설명했다. 〈물론 쥐들은 빗물을 피하는 중이었다. 갈비뼈를 덮은 옷은 꽤 아늑한 집이 되었고, 시신을 건드리면 쥐들이 앞쪽으로 쏟아져 나왔다……. 사람이 쥐의 집이 되었다고 생각하면 정말로 오싹했다.〉[30] 파스샹달에서 겪은 일 때문에 벨덤은 평생 쥐와 바퀴를 두려워하게 되었다.[31]

시신을 옮기려고 온 병사 중 한 무리가 벨덤에게 다가왔다. 한 명이 그의 몸을 뒤집기 위해 발을 밀어 넣었다. 그제야 그들은 그가 아직 숨을 쉬고 있다는 사실을 알아차렸다. 「맙소사, 아직 살아 있어.」 그들이 피로 뒤덮인 채 구겨져 있던 더미를 사체라고 생각한 것도 당연했다. 전쟁터에는 부패 정도가 각기 다른 시신들이 널려 있었다. 한 병사는 이렇게 기억했다. 〈한 용사의 사체를 삽으로 떴을 때 뼈 한 무더기와 구더기들만이 올라올 때가 많았다.〉[32] 이 사체 회수 대원들은 전투가 벌어진 뒤의 이루 상상할 수 없는 공포들과 마주해야 했다. 〈인식표를 찾기 위해 부드러운 살과 점액을 뒤적거릴 때 손이 덜덜 떨렸다……. 무명용사로 묻히지 않도록 하기 위해 시신을 잡아당겨서 조각내야 했다. 무명용사로 묻는 것은 무척 가슴 아픈 일이었다.〉[33]

대원들은 부러지고 훼손된 병사를 들어 올려서 참호로 운반했다.[34] 그 뒤에 벨덤은 영국으로 후송되었고, 처음에는 랭커셔 로텐스톨의 한 부속 병원으로 보내졌다. 부상이 심각하고 전반적으로 상태가 좋지 않았기에 의사들은 그가 길어야 6개월밖에 못 살 것으로 판단했다. 아마 그 때문이었는지 그들은 얼굴의 넓은 면적에 걸쳐 조직이 사라졌다는 점을 고려하지 않은 채 서둘러 상처를 봉합했다. 그 결과 윗입술의 오른쪽이 비틀려서 영구히 위로 올라갔고, 코도 삐뚤어져 가라앉은 모습이 되었다.

그러나 행운은 벨덤의 편이었다. 부상을 당하고 몇 달 뒤 당국은 그를 퀸스 병원으로 보내기로 했다. 매일같이 의학적 기적이 일어나고 있다는 소문이 도는 곳이었다. 길리스는 벨덤의 상태를 보고서 바탕 구조를 고려하지 않은 채 얼굴의 상처를 서둘러 봉합하면 안 되는 이유를 다시금 실감했다. 길리스는 그 젊은이에게 비록 고통스럽겠지만 처음 수술 때문에 생긴 일그러진 얼굴을 복원하려면 상처를 다시 열어야 한다고 설명했다. 치밀한 상처 조직을 절개한 뒤 건강한 조직으로 만든 피판을 붙여서 거의 사라지고 없는 뺨을 재건해야 했다. 벨덤은 그 뒤로 길리스에게 거의 40번에 이르는 수술을 받게 된다.

나중에 길리스의 개인 비서가 된 〈빅 밥〉 시모어처럼 벨덤도 점점 늘어나는 길리스의 측근 중 한 명이 되었다. 그는 전쟁이 끝난 뒤 길리스의 개인 운전사가 되었는데, 이 일을 하면서 의외의 상황을 꽤 많이 겪었다.[35] 길리스는 운전면허를 갱신해야 한다는 사실을 깜박했을 때 대리로 벨덤을 군청으로 보내 일을 처리하라고 맡겼다.[36] 그때 그는 벨덤이 빨리 돌아와 그날 늦게 할 수술 일정에 맞추어 자신을 병원까지 태울 수 있도록 아주 꼼꼼하게 지시했다. 군청에 도착했을 때 벨덤은 앞에 대기하는 사람들이 길게 늘어선 것을 보고 한숨을 내쉬었다. 다급해진 그는 서 있던 줄에서 빠져나와 담당자에게 간청했다. 서둘러 돌아가서 상관을 병원까지 태워 주려면 면허증을 빨리 갱신해야 한다고 사정했다. 담당자는 갱신 기한 마지막 날까지 버티지 않고 일찍 왔으면 되지 않냐고 정색했다.

절실한 마음에 벨덤은 길리스의 지인인 앨런 데일리를 찾았다. 그는 마침 그날 군청에서 일하고 있었다. 데일리는 담당자를 불러서 운전사가 〈저명한 성형외과 의사〉 해럴드 길리스를 위해 일하고 있으며, 길리스가 시급히 병원으로 가야 한다고 설명했다. 하지만 데일리의 설득도 먹히지 않는 듯했다. 그가 포기하려는 순간, 담당자가 갑자기 물었다. 「그 사람 골프 선수 아닌가요? 아마추어 선수권 대회에서 우승할 뻔한 그 사람 맞죠?」 데일리는 같은 사람이라고 확인해 주었다. 그러자 담당자가 외쳤다. 「왜 그 얘기를 안 했어요? 그런 뛰어난 골프 선수를 위해서라면 뭐든 해드려야죠. 운전사를 제 사무실로 보내 주세요. 직접 처리해 드릴게요.」 벨덤은 새 면허증을 들고서 시청을 나왔다. 아직 시간이 충분했다.

그러나 이 모든 이야기는 훗날의 일이었다. 벨덤은 아직 회복을 향해 한 걸음씩 나아가는 중이다. 그가 의욕을 잃었을 때 병원에 한 젊은 여성이 오면서 그는 다시 기운을 차렸다. 그녀의 이름은 위니프레드였고 시드컵에 사는 실력 있는 피아니스트였다. 그녀는 얼굴 손상을 입은 병사들이 해럴드 길리스의 병원에서 재건 수술을 받고 있다는 이야기를 듣고 자신의 음악적 재능으로 입원한 병사들에게 도움을 주고자 자원했다. 그녀는 악보를 팔에 끼고서 바쁘게 돌아다니는 사람들 사이를 지나 프로그널 하우스 구내를 걷다가 벨덤과 정면으로 마주쳤다. 그들은 첫눈에 반했다.[37]

길리스의 환자들은 그의 연구로부터 큰 혜택을 보았지만, 그의 연구가 완전히 독창적인 것은 아니라고 보는 이들도 있었다. 관 모양 줄기 피판이 발명된 직후에 그것을 누가 먼저 개발했는지를 놓고 논쟁이 벌어졌으며, 전쟁이 끝난 뒤 길리스와 그의 동료인 존 로 에이머드 대위 사이의 전면전으로 확대되었다.

에이머드는 남아프리카에서 공부한 영국 외과 의사로서 올더숏과 시드컵 양쪽에서 길리스와 함께 일했다. 전후에 에이머드는 자신이 그 기법의 창안자라고 주장하며 길리스와 맞섰다. 그는 『랜싯』에 이렇게 편지를 썼다. 〈나는 길리스 소령에게 그가 그토록 중요하게 여기는 이중 줄기 피판의 역사를 상기시키려 합니다. 시드컵에서 처음으로 이중 줄기 피판을 쓴 것은…… 내 자신이었습니다.〉[38] 에이머드는 더 나아가 1917년 10월에 자신이 한 수술을 상세히 적었다. 길리스가 비커리지를 수술한 바로 그달이었다. 에이머드가 그 수술을 한 지 몇 달 뒤 『랜싯』에 실은 논문에서 다룬 코 성형 환자를 가리킨 것이었다.[39] 에이머드는 그 학술지에 편지를 쓴 이유가 전문가의 질투심에서 비롯된 것이 아니라며 그다지 설득력 없는 주장으로 끝을 맺었다. 〈논쟁을 불러들이려는 의도가 아니라 모든 전쟁 부상자 및 그들과 관련된 당사자들은 생략하고 전쟁의 수술이 민간 영역에 미친 영향을 기술하고자 하는 것입니다.〉[40]

길라스는 에이머드의 주장을 그냥 두고 보지 않고 다음 주에 『랜싯』에 자신의 수술 사례를 언급하는 편지를 보냈다. 이 반박 편지에서 길리스는 〈퀸스 병원의 수술 일지, 수술 기록, 병동 간호사들의 일지 모두 다음 진술이 사실임을 보여 줍니다〉라고 썼다.[41] 즉 에이머드가 언급한 수술이 길리스가 관 모양 줄기 피판을 써서 비커리지를 수술한 날짜보다 2주 뒤인 10월 18일에 이루어졌다는 것이다. 따라서 그 혁신의 창안자는 에이머드가 아니라 그였다. 길리스는 이런 말로 편지를 끝맺음으로써 그 긴장을 완화하려고 시도했다. 〈에이머드 대위가 『랜싯』에 자신의 코 성형 사례를 발표할 당시에 《관 모양》 줄기 피판을 쓴 것이 그가 처음이 아님을 알려 주지 않았다는 것이 내 잘못이지요.〉 유감스럽게도 에이머드는 논쟁을 끝낼 생각이 없었다. 그때쯤 그는 퀸스 병원을 떠나 남아프리카로 돌아가 멀리 있었지만 불만을 품은 예전 동료는 길리스를 상대로 계속 그 문제를 물고 넘어졌다.

에이머드가 『랜싯』에 편지를 보내고 얼마 지나지 않아서 길리스는 관 모양 줄기 피판의 창안자라는 자신의 명성에 도전하는 이가 또 있다는 사실을 알게 되었다. 미국을 방문했을 때 길리스는 블라디미르 필라토프라는 러시아 외과 의사가 1916년에 이미 그 기법을 개발했다는 것을 알게 되었다. 길리스가 윌리엄 비커리지를 수술하기 1년 전이었다. 필라토프는 먼저 토끼를 대상으로 실험을 시작했다고 논문에 썼다. 그런 실험을 통해서 그는 관 모양 줄기 피판의 혈액 순환이 새로운 혈관 형성을 통해 개선된다는 것을 알아냈다. 1916년 9월 9일, 그는 토끼 실험을 그만두고 사람 환자에게서 처음으로 관 모양 줄기 피판을 만들었다. 논문에는 그림과 사진을 비롯하여 이 수술 과정이 상세히 적혀 있었다.

이 소식은 길리스에게 큰 충격을 안겼다. 〈당시에 더욱 쓰디쓴 타격이었음을 인정했다.〉[42] 길리스는 필라토프가 자신이 시드컵에서 관 모양 줄기 피판을 개발하기 전에 독자적으로 동일한 기법을 창안했음을 받아들였다. 이런 상황 변화에 좌절하긴 했지만, 그는 조금 생각을 정리한 후에 더 차분하게 썼다. 〈전체적으로 볼 때 관 모양 줄기 피판은 성형외과에서 일하는 사람이라면 누구든 기회가 생기면 머릿속에 떠올릴 만한 기법이었다.〉

실제로 독일의 치과 의사이자 독학으로 공부한 종군 외과 의사인 후고 간처도 필라토프와 길리스가 한 일을 전혀 알지 못한 채 1917년에 독자적으로 관 모양 줄기 피판을 개발했다. 제1차 세계 대전 때 얼굴 손상을 입은 병사의 수가 엄청나게 많다는 점을 생각하면 3명의 재건 수술 외과 의사가 몸의 한 부위에서 다른 부위로 안전하게 조직을 이식할 방법을 고민하다가 같은 해결책을 개발한 것도 놀랄 일이 아니다. 이런 의미에서 보자면, 관 모양 줄기 피판은 성형외과의 역사에서 혁신적인 발전이라기보다는 전쟁으로 수요가 엄청나게 증가한 결과로 일어난 진화였다.[43] 서로의 연구를 전혀 모른 채 여러 사람이 동시에 의학적 혁신을 이룬 사례가 이것만은 아니었다.

그런데도 길리스의 동료였던 에이머드는 그 뒤로 20년 동안 분노를 표출했다. 1917년, 그는 퀸스 병원에서 그 기법을 처음 쓴 사람이 자신이라는 주장을 계속했다. 그러니 길리스도 때때로 자신을 방어할 수밖에 없었다. 『랜싯』의 편집장인 스콰이어 스프리그에게 사적으로 보낸 편지에서 길리스는 그 비난에 불편한 심경을 드러냈다. 〈에이머드가 자신의 독창적인 발명을 내가 어떤 식으로든 훔쳤다고 생각한다니 너무 끔찍합니다.〉[44]

사실 에어머드가 10월 17일에 비커리지의 두 번째 수술에 참여했으며, 길리스를 대신해서 H. C. 말리슨 중위가 한 수술 때 에어머드가 이 유명한 기법을 처음으로 배웠다는 소문이 오래전부터 돌았다.[45] 길리스는 스프리그에게 편지를 썼을 때 자신의 의심이 옳았음을 확인했다. 〈에어머드가 내 수술을 먼저 본 뒤에 자신의 수술을 하고 그 사례를 곧바로 발표했다는 것은 내가 보기에 우선권을 얻기 위해서다. 내가 진실이라고 믿는 일을 『랜싯』에 차마 알릴 수가 없었어요.〉

에이머드는 여생 동안 관 모양 줄기 피판 개념을 길리스가 훔쳤다는 견해를 고수했다. 길리스는 그 불만에 찬 동료에게 마지막 편지를 썼다. 〈이 일이 당신의 마음에 여전히 그렇게 깊이 응어리져 있다니 너무나 안타깝습니다. 내가 볼 때 사실 자체는

아주 명백합니다…….〉[46]

전쟁 때 출현한 많은 재건 기법과 마찬가지로 관 모양 줄기 피판도 퀸스 병원에서 길리스의 지휘 아래 성형 수술의 주류가 되었다. 훗날 길리스는 이렇게 썼다. 〈나는 관 모양 줄기 피판과 온갖 엄청난 후속 발전의 가치를 독자적으로 알아낸 사람이라는 영예를 얻어 왔으며, 나 자신은 정당하다고 생각한다.〉[47] 길리스와 에이머드의 갈등은 전시에 시드컵에서 외과 의사들 사이에 벌어진 경쟁이 길리스가 묘사한 것과 달리, 언제나 우호적이지는 않았음을 보여 주었다. 하지만 그 뒤로 몇 달 동안 벌어진 일은 전문가들의 논쟁 차원을 넘어 그에게 훨씬 더 어려운 도전 과제들을 안겨 주게 된다.

10장
퍼시

이스트서리 연대 7대대의 퍼시 클레어 병사가 몇 시간째 땅에 몸을 구부리고 있는 동안, 주변에서는 요란하게 캉브레 전투가 벌어지고 있었다.[1] 그는 전투가 시작된 직후 참호에서 7백 미터 떨어진 곳에서 쏜 총알에 얼굴을 맞았다. 뺨의 뻥 뚫린 구멍에서 피가 쏟아져 나와 군복 앞쪽을 흠뻑 적셨다.

클레어는 몹시 당황한 장교 로슨이 목구멍에 쑤셔 넣었던 비상 붕대 꾸러미를 꺼냄으로써 간신히 막혔던 숨길을 열었다. 그러나 목 안쪽에서 계속 피가 흘러나와 그는 몇 분마다 토해 내야 했다. 그는 전투가 끝난 후 만들어질 집단 무덤 속에 자신도 들어가 있을 것으로 생각했다.

클레어는 친구이자 구원자인 웨이먼의 군화가 시야에 들어올 즈음, 자신의 운이 다했음을 거의 체념한 상태였다. 웨이먼이 사람들을 불러서 그를 들것에 묶어 전장 밖으로 옮기는 위험한 일을 하고 있을 때 클레어의 정신은 오락가락했다. 그는 어머니가 준 작은 성경책을 손에 쥐고 있었는데, 책은 그의 피로 물들어 있었다.[2] 훗날 그는 일기에 이렇게 썼다. 〈포격이 빗발치고 있었기에 우리의 이동은 여전히 극도로 위험했다.〉[3]

어느 지점에서 구조대는 길을 잃는 바람에 총알이 빗발치는 곳으로 다시 돌아가야 했다. 〈우리가 지나온 도로의 철조망 방책을 돌아가기 위해서 그들이 둑을 기어오르던 일이 생각난다.〉[4] 그곳에는 포탄에 맞아 쓰러진 시신과 팔다리가 널려 있었다. 들것 운반 대원들이 시신들을 피해 발을 디디며 서둘러 나아갈 때 한 명이 총에 맞았다. 그는 고통스러워하며 갑자기 움직였고, 하마터면 클레어는 굴러떨어질 뻔했다. 다행히도 구조대원들은 자리 배치를 조정한 뒤 그 아수라장 속을 빠져나왔다. 클레어는 바퀴 달린 들것으로 옮겨졌고, 두 독일 포로는 구급차가 있는 곳까지 들것을 밀고 갔다. 그는 그들이 〈울퉁불퉁한 도로에서 들것이 덜거덕거리지 않도록 세심하게 주의를 기울였다〉며 고마움을 기록했다.[5] 다른 중상을 입은 병사 7명과 함께 구급차에 실릴 때 클레어는 웨이먼에게 손을 흔들어 작별 인사를 했다. 나중에야 그는 헤어진 지 얼마 안 되어 그 친구가 원래 입었던 부상 때문에 사망했다는 사실을 알게 되었다.[6] 클레어는 침착했던 웨이먼도 부상을 입은 상태였다는 사실을 알아차리지 못했다.

구급차가 속도를 높이자 실려 있던 부상자들은 이리저리 흔들렸다. 울퉁불퉁한 곳을 지날 때마다 그들은 고통스러워 신음했다. 〈운전사는 무모하다 싶은 속도로 마구 달렸고, 내 밑에 누운 부상병은 신음하면서 깩깩 소리를 질러 댔다.〉[7] 운전사가 서

두른 것은 탓할 일이 아니었다. 미적거릴 여유가 없었다. 주변에서 계속 터지는 포탄을 피해 빨리 빠져나가려고 애쓰던 것이다. 〈우리의 약 10미터 뒤에 포탄이 떨어지기도 했다.〉 구급차는 간발의 차이로 피할 수 있었다.

차는 흙탕물을 튀기면서 진창 속을 달린 끝에 부상자 응급 진료소 바깥에 멈추었다. 클레어는 곧 내려졌고 그의 들것은 바닥에 놓였다. 멀리서 대포 소리가 계속 울리고 있었다. 이제 그는 들것 끝에 군화를 내밀고 피로 얼룩진 담요를 덮은 채 길게 줄지어 기다리고 있는 부상병 수십 명에 속했다. 들것 운반 대원들은 이 몸부림치는 부상병들의 미로를 뚫고 선택된 들것을 들어 올려서 정신없이 수술이 진행되고 있는 수술실로 운반했다. 한 간호사는 이렇게 썼다. 〈하얀 가운을 입은 외과 의사들이 수술대 주위로 빽빽하게 모여 있어서 무엇을 하는지 전혀 보이지 않았다.〉[8] 바깥에서는 구급차들이 계속 도착하면서 부상병들을 잇달아 내려놓았다.

클레어가 자기 차례를 기다릴 때 한 군의관이 몸을 굽혀 그의 얼굴을 살펴보았다. 「괜찮네, 넘어가고.」[9] 그는 옆에 있는 하사관에게 그렇게 중얼거리고는 다음 병사에게 향했다. 클레어는 그 말이 무슨 뜻인지 알아차리고는 철렁했다. 그는 자신이 그저 다쳤다는 사실만 모호하게 알고 있었을 뿐이었다. 〈내가 정확히 어디를 다쳤는지 말할 수가 없었다. 당시에는 알지 못했다.〉[10] 나중에야 클레어는 총알이 오른쪽 귀 바로 앞을 뚫고 들어와 비스듬히 아래로 나아가면서 오른눈을 거의 스치듯이 지난 뒤 턱을 몇 군데 부러뜨리고 왼쪽 뺨을 뚫고 나갔다는 것을 알았다.[11] 하사관은 표찰에 뭐라고 적은 뒤 클레어의 웃옷에 핀으로 꽂았다. 그 뒤로 몇 주 동안 그를 보러 오는 이들은 모두 표찰을 읽었다. 〈그들은 단지 표찰을 읽고는 마치 내가 고기 시장에서 이미 무게를 재고, 설명이 적히고, 가격이 붙은 사체인 양 이곳에서 저곳으로 옮기라고 지시할 뿐이었다!〉[12]

클레어의 부상은 심각했지만 그래도 운이 좋은 편이었다.[13] 많은 부상자는 적에게 붙잡혀서 포로수용소로 보내졌고 제대로 치료받지 못한 채 지냈다. 얼굴이 흉측하다고 조롱당하기까지 했다. 1914년 몽스 전투에서 맬컴 비비언 헤이 소령이 두 발의 총알을 맞자 대원들은 그를 오덴쿠르 마을 인근에 남겨 두고 떠났다. 들것 운반 대원들이 없었기 때문이다. 그는 한 프랑스 주민에게 구조되고 주민은 그를 캉브레에 있는 병원으로 데려갔다. 독일군에게 점령된 지역이었다. 4개월쯤 지났을 때 그는 뷔르츠부르크의 포로수용소로 이송될 것이라는 말을 들었다. 독일행 기차에 오를 때 그는 경비병이 얼굴에 총상을 입은 아일랜드 포로 쪽으로 시선을 돌리는 것을 지켜보았다. 그 부상병은 〈한쪽 눈이 사라졌고, 눈구멍에서 고름이 흘러나왔고, 찢겨 나간 뺨은 뚫린 채 끔찍한 흉터가 생기는 중이었고, 입과 코는 한쪽으로 비틀려 있었다〉. 경비병은 바닥에 누워 있는 포로 중에서 그 부상병을 끌어냈고, 주위에 선 다른 경비병들은 그에게 손가락질하며 조롱했다. 헤이는 병사들이 총에 맞는 모습도 보았지만 〈이 젊은 아일랜드인 병사의 애처로운 모습과 그를 괴롭히는 잔인한 경비병들〉만큼 마음을 아프게 한 광경은 없었다고 썼다.

클레어는 자신이 수레에 실려 이리저리 운반되는 쇠고기 같다고 느꼈을지 모르지만 적어도 적군의 수중에 떨어지지는 않았다. 부상자 임시 치료소에서 그는 온정 어린 간호를 받았다. 간호병들은 그를 씻기고 붕대를 감아 주고 파상풍 주사도 놓았다. 부상의 특성 때문에 한 군의관은 그에게 영국으로 후송되어야 할 것이라고 말했다. 전쟁터와 가깝고 매일 매분 부상자들이 밀려드는 그곳에서는 그를 위해 할 수 있는 일에 한계가 있었다.

클레어는 집으로 돌아간다는 생각에 흥분했다. 〈곧 영국으로 돌아간다는 것을 알았을 때의 심경은 도저히 말로 표현할 수 없을 정도였다.〉[14] 얼마 전까지만 해도 그는 자신의 무덤을 상상하고 있었다. 〈아침에 전장에서 부상을 입고 처박혀 있을 때 모든 희망을 포기했는데, 몇 시간 만에 이렇게 상황이 변하다니 이보다 놀라운 일은 없을 듯했다.〉 불행히도 회복을 향한 길고도 힘든 길을 걷기 시작하면서 그의 희망은 다시 시험대에 오른다.

부상병 임시 치료소에서 클레어는 루앙에 있는 기지 병원으로 옮겨졌고, 그곳에서 처음으로 허가를 받아 자기 얼굴을 거울에 비춰 볼 수 있었다. 〈내 빳빳한 턱수염은 1.2센티미터쯤 자라 있었고, 거기에 피와 흙이 말라붙어 있었는데 면도를 해야 없앨 수 있을 듯했다. 얼굴이 너무나 흉측하고 달라져 있어서 몹시 기분이 안 좋았다.〉[15] 간호사는 이발사를 불러 꼼꼼하게 면도를 해 달라고 했다. 면도를 한 뒤 그는 다시 거울을 보았다. 피와 수염을 제거하고 나니 얼굴이 얼마나 손상되었는지 아주 뚜렷이 드러났다. 클레어는 자신의 얼굴에 그토록 심한 손상을 입힌 입구와 출구 상처를 처음으로 보고 충격을 받았다.

며칠 뒤 클레어는 병원선에 올랐다.[16] 전쟁 때 운항한 병원선 77척 중 하나였다. 가장 큰 아키타니아호는 병상이 4,182개였다. 다르다넬스에서 출항하여 영국으로 갈 때면 부상병이 너무나 많이 실려 있었기에 구급 열차 20편이 동원되어 전국에 있는 병원으로 환자를 운송했다.

병원선은 전투에 직접 참여하지 않으므로 제네바 협약에 따라 보호받았다.[17] 그러나 새하얗게 칠하고 커다랗게 적십자를 그려 넣은 이 떠다니는 병원도 위험에 처하곤 했다. 1915~1917년에 병원선 7척이 수뢰에 충돌하여 가라앉거나 심하게 파손되었다. 1915년 11월 17일, 정오 직전에 앵글리아호가 수뢰에 부딪혔을 때 의료진은 서둘러 환자의 다리에 붙인 부목을 떼어 내는데 매달렸다. 부목을 맨 상태라면 환자가 물에 빠졌을 때 다리는 물에 뜨지만 몸통은 물에 잠길 것이기 때문이다. 걸을 수 있는 환자들은 걸어서, 걷지 못하는 환자들은 들것에 실려서 갑판으로 이동한 후 구명정으로 옮겨 탔다. 배는 서서히 물속으로 가라앉았다. 그날 승선한 388명 중 130명이 사망했고, 육군 의무대원 9명도 포함되었다.

영국 병원선 브리타닉호는 전시에 가장 큰 인명 피해를 입은 병원선 중 하나였다.[18] 전쟁 직전에 화이트 스타 라인이 운항했던 유명한 타이태닉호의 자매선으로서, 현재 그리스 앞바다 케아 해협의 수심 122미터에 잠들어 있다. 1912년 타이태닉호가 침몰할 때 살아남은 후 브리타닉호에 탑승한 간호사 바이올릿 제섭은 그 거대한 배가 침몰하면서 30명이 사망하는 광경을 지켜보았다. 〈갑판에 있던 온갖 기계들이 장난감처럼 튀어 나가 물속으로 빠졌다.〉[19] 이어서 〈뱃고물이 수십 미터 높이로 공중으로 솟구쳤다가 굉음과 함께 무시무시하게 물속으로 쑥 들어가면서 사라졌다. 꿈속에서조차 들어보지 못한 섬뜩한 굉음이 물속에서 울려 퍼졌다〉. (이 유달리 운이 나쁜 제섭은 세 척의 자매선 중 가장 먼저 건조된 올림픽호가 1911년 호크호와 충돌할 때도 타고 있었다.)

병원선을 위협하는 것이 수뢰만은 아니었다. 온통 새하얗게 칠한 병원선은 바다와 하늘의 파란색과 회색을 배경으로 눈에 확 띄었기에 사냥감을 찾아 해로를 바쁘게 돌아다니는 독일 잠수함 U보트의 손쉬운 표적이 되었다. 1917년, 추축국은 국제법을 무시하기로 결정했다. 눈에 잘 띄는 표시를 한 병원선도 그들의 공격 표적이 되었다. 1917~1918년에 부상병을 싣고 가던 많은 배가 어뢰의 공격을 받았다. 가장 비극적인 사례는 랜도버리캐슬호의 침몰이었다. 핼리팩스에서 리버풀로 가다가 1918년 6월 27일 밤에 U보트의 공격을 받았다. 그 배에 환자는 한 명도 타고 있지 않았지만 많은 간호사가 타고 있었다. 구명정과 뗏목을 띄우긴 했으나 독일 잠수함은 무자비하게 포격하고 들이받아서 결국 구명정도 한 척만 남고 침몰했다. 탑승자 258명 중 살아남은 사람은 24명에 불과했다.

적어도 퍼시 클레어는 그 해협을 안전하게 통과했다. 비록 긴장하긴 했지만 말이다.[20] 배에 탄 뒤 그는 전기 승강기를 통해 배의 아래쪽으로 운반되었고 천장에 맨 밧줄로 지탱되는 흔들리는 해먹에 놓였다. 간호사가 떨어지지 않도록 안전띠를 매주었다. 수면 아래 숨어 있는 위험을 극명하게 떠올리게 하는 조치였다.

어둠이 깔리자 병원선은 증기를 내뿜으면서 항구를 떠났다. 날씨도 안 좋고 U보트도 위협하고 있기에 배는 천천히 움직였다. 사우샘프턴에 도착하기까지 13시간이 걸렸다. 클레어의 발쪽 해먹에 누운 부상병은 밤새도록 고통에 겨워 비명을 질러 댔다. 그는 배에 총상을 입었고 총알이 콩팥에 구멍을 냈다. 간호사가 최선의 노력을 다했음에도 그는 아침 무렵에 사망했다. 클레어는 〈간호사의 뺨으로 눈물이 흘러내렸고, 나는 전혀 모르는 사람을 어떻게 그토록 정성껏 보살필 수 있는지 경외심을 느꼈다〉라고 썼다.[21]

배는 다음 날 아침 일찍 해가 수평선에 막 떠오를 때 영국 해안에 도착했다. 많은 적십자 자원봉사자가 부상병들을 내리기 시작했다. 클레어는 부상병 약 3천 명과 함께 다시 땅에 놓였다. 기자인 필립 깁스는 비슷한 광경을 보았던 일을 잊지 못했다. 〈네모난 벽돌 건물 바깥에〉, 그는 기록을 이어 갔다.[22] 〈《상태가 안 좋은》 환자들이 내려졌다. 허파와 배에 쇳조각이 박혀서 피를 왈칵왈칵 토하는 이들, 팔다리가 떨어져 나간 이들, 코가 사라진 이들, 부서진 머리뼈 사이로 고동치는 뇌가 보이는 이들, 얼굴 없는 이들이.〉

클레어의 군복에 꽂은 표찰에는 시드컵을 뜻하는 〈런던 특수 병원〉으로 보내라고 적혀 있었다.[23] 그런데 불행히도 그는 정반대 방향으로 향하는 열차에 잘못 태워졌다. 그 말을 듣게 된 클레어는 멍들고 부서진 얼굴을 창 쪽으로 돌린 채 소리 없이 울기 시작했다.

해럴드 길리스가 퀸스 병원에서 병사들을 수술하고 있을 때 클레어는 약 1백 킬로미터 떨어진 시설에 누워 있었다. 1914년 10월, 프렌섬 힐 군 병원은 루인 부인이라는 사람의 보통 크기의 집에 세워졌고 프렌섬 구급 간호 봉사대의 인력으로 운영했다. 시간이 흐르면서 밀려드는 부상병들을 수용하기 위해 집 주변에 간이 막사가 세워졌다. 그런데도 프렌섬 힐 군 병원은 당시의 다른 의료 시설에 비하면 작은 외곽 시설에 해당했다. 중요한 점은 그곳에서는 클레어의 얼굴 손상에 절실히 필요한 전문 치료를 할 수 없었다는 것이다.

클레어는 일기에 이렇게 썼다. 〈프렌섬의 병원은 《거북이 저속 연소》 난로가 한가운데에 놓인 목조 임시 건물들만 있는 허름한 곳이었다.〉[24] 직원들은 수간호사가 관리했다. 클레어는 그녀를 〈찌푸린 표정의 늙은 《고양이》〉라고 묘사했다.[25] 방에 들어올 때마다 부상병들이 모두 일어서서 차렷 자세를 취하기를 원했고, 불복종한다고 느껴지면 식사 때 마가린을 제공하지 않는 걸로 처벌을 했다. 시드컵에서 많은 환자가 누렸던 유쾌한 분위기가 이 병원에는 없었다. 피아노 소리도, 카드 게임도, 밤늦게 몰래 먹는 간식도 없었다. 클레어는 이렇게 불평했다. 〈환자들에게 오락거리도, 지루한 시간을 보낼 수단도 전혀 없었다.〉[26] 그는 하루하루가 〈지독히도 지루하다〉고 했다. 그를 비롯한 환자들은 거의 온종일 따뜻한 난로 주위에 모여 앉아 담배를 피우며 하릴없이 전쟁에 대해 잡담하면서 시간을 보냈다.

그러나 클레어에게는 지루함보다 훨씬 더 심각한 문제가 있었다. 그는 턱이 손상되었기에 병원에서 나오는 음식을 거의 먹을 수가 없었다. 끼니마다 나오는 딱딱한 빵 덩어리는 아예 씹을 수가 없었다. 〈나 같은 환자를 위한 음식은 전혀 없었다. 내 턱은 붓고 굳어서 아예 입을 벌릴 수조차 없었다.〉[27]

의료진은 그를 어떻게 치료해야 할지 전혀 몰랐다. 클레어의 상처를 닦아 내고 붕대로 감긴 했지만 전문적인 치료는 하지 못했다. 게다가 치료가 늦어질수록 흉터 조직이 형성되고 감염이 심해지면서 상황은 더욱 악화할 뿐이었다. 한 의사는 클레어에게 엉뚱한 곳으로 보내진 것이라고 인정했다. 〈그 군의관은 내가 가능한 한 빨리 회복하여 병원에서 걸어 나가기를 원했다. 전문 병원까지 여행할 수 있을 정도로 말이다……. 그는 자신이 나 같은 환자를 치료할 수 없으며…… 나를 그곳으로 보냈으면 안 되었다고 말했다.〉[28]

이송되기를 기다릴 때 클레어는 자기 중대의 또 한 명이 프렌섬 힐 군 병원으로 이송되어 다른 막사에 있다는 것을 알았다. 클레어는 그를 찾아갔고, 그 병사는 자신과 클레어가 다친 날 전투가 한창일 때 자신이 지휘관을 살해했다고 무심코 자백했다.

〈그는 자신을 처벌해 달라고 몇 번이나 부대장 앞에 끌고 갔던 H 중위에게 같은 횟수만큼 갚았다고 빼기면서 말했다.〉[29] 나중에 클레어는 그 장교가 정말로 등에 몇 차례 총상을 입었음을 확인할 수 있었다.

그곳에 머무는 동안 그를 심란하게 만든 소식은 더 있었다. 부상을 당한 그의 입에 야전 구급품 주머니를 쑤셔 넣었던 장교 로슨은 클레어에게 캉브레 전투에서 그의 동료 대원 대부분이 죽었다고 알리는 편지를 보냈다. 그 추운 한 달 동안 그렇게 클레어는 때때로 죽음을 생각하곤 했다. 클레어는 진격한 지 몇 분 만에 얼굴에 총을 맞고 쓰러지지 않았다면, 자신의 운명이 어떻게 되었을지 생각했다. 〈다치지 않았다면…… 과연 살아남을 수 있었을까?〉[30]

몇 주 동안 프렌섬에서 무력하게 지낸 후 마침내 클레어는 퀸스 병원으로 이송될 것이라는 말을 들었다. 12월 초에 그는 보호자 역할을 할 장교와 함께 구급차에 실렸다. 구급차가 자갈길을 덜컹거리며 달리는 동안 장교는 그에게 시내에 있는 런던 브리지역에서 시드컵으로 가는 열차를 타야 한다고 알려 주었다. 클레어는 귀를 쫑긋했다. 그는 도중에 잠시 아내 비어트리스를 만날 수 있게 해달라고 부탁했다. 다친 뒤로 한 번도 아내를 본 적이 없었다. 그녀는 이스트런던에 있는 컬리&통 대형 매장에서 고객 담당자로 일하고 있었다. 장교는 허락하면서도 클레어에게 마지막 열차를 타려면 오후 늦게까지 런던 브리지역으로 꼭 와야 한다고 주의를 시켰다.

〈《입대》하고 곧바로 1916년 9월에 프랑스로 떠나는 바람에 오랫동안 못 본 아내를 만난다는 생각에 내 마음이 얼마나 싱숭생숭했는지 상상해 보라.〉[31] 그러나 매장에 다가갈 즈음에 그는 지쳐서 거의 쓰러질 것 같았다. 게다가 아내가 오늘 비번이라는 말을 들었다. 지치고 낙심한 상태로 그는 〈아주 씁쓸하게〉 런던브리지역으로 향했다. 그가 역에 도착했을 때 시드컵행 열차는 이미 떠난 뒤였다.[32]

모든 고비마다 클레어는 좌절을 겪었지만 갑작스럽게 행운이 찾아왔다. 낙심하고 멍하니 서 있는데 뒤에서 또각또각 다가오는 구두 소리가 들렸다. 한 무리의 여성들이 붕대로 칭칭 감긴 그의 얼굴을 보고는 도움이 필요한지 물었다. 그는 그들에게 열차를 놓쳐서 지금 난감한 상황에 놓였다고 설명했다.

상황을 이해한 여성들은 클레어를 역 밖으로 데려갔다. 그들은 빅토리아 역에서 〈육해군 병사 무료 급식소〉를 운영하고 있었다. 여성 자원봉사자 수백 명이 2교대 근무를 하면서 도시를 드나드는 군인들에게 음식을 제공하는 곳이었다. 1915~1919년에 그 단체는 8백만 명 이상의 식사를 수도에 주둔한 병사들에게 제공했다.[33] 그들은 클레어에게 기운을 차리라며 차를 대접하고는 시드컵으로 긴급 전신을 보냈다. 그날 저녁 늦게, 그들은 클레어에게 다른 열차를 탈 수 있도록 조치를 했다며 작별 인사를 건넸다. 〈전시에 너무나도 친절한 호의를 받았다.〉[34]

퀸스 병원은 흥겨운 휴일 분위기에 휩싸여 있었다.[35] 몇 주 뒤면

크리스마스였고 병동에서는 어디가 가장 멋진 장식을 하는지를 놓고 한창 열띤 경쟁을 벌이는 중이었다. 축음기가 계속 돌아가는 동안, 환자들은 서까래 아래로 커다란 화환을 걸고 있었다. 병원의 마스코트인 앵무새도 낮 시간이 짧아졌음에도 더 기운이 넘치는 듯했다.

1917년 12월, 마침내 시드컵에 온 클레어는 따뜻한 환영을 받았다. 〈환자들이 내 침대 주위로 문병을 했다. 모두 행복한 한 가족 같았고 서로의 건강을 걱정했다.〉[36] 그는 시드컵과 프렌섬 힐의 분위기가 전혀 다르다는 것을 즉시 알아차렸다. 짙은 녹색의 광택을 입힌 침대에는 따뜻하고 포근해 보이는 〈새하얀〉 리넨으로 덮여 있었다.[37] 각 침대의 발치에는 자주색 양털 담요가 있었고, 각 병동의 녹회색 벽과 대조를 이루었다.[38] 이 색깔 조합 덕분에 병원은 한겨울임에도 상쾌해 보였다. 한 간호사가 그를 침대로 데려가서 옷을 갈아입도록 도와주고 따뜻한 우유 한 잔을 건넸다.[39] 이전 병원에서 복종하지 않는 부상병에게 음식을 제한하고 처벌하던 〈찡그린 표정의 늙은《고양이》〉가 하던 훈계와 정반대되는 친절한 행동이었다.

간호사들은 퀸스 병원의 모든 사람에게 칭찬받았다. 한 병사는 〈우리가 현재 누리는 평화를 비롯한 모든 것이 그들에게 빚지고 있는 것처럼 느껴질 만큼 간호사들이 열심히 일했다〉고 썼다.[40] 간호사들은 병사들에게 최고의 간호를 제공하기 위해 최선을 다했다. 퀸스 병원이 문을 연 직후부터 그곳에서 일하기 시작한 넬리 크라이어는 〈이러한 환자들에게 이보다 친절하고 좋은

장소는 찾을 수 없었을 것이다〉라고 믿었다.[41]

사소한 접촉도 큰 차이를 빚어냈다. 클레어가 도착하고 몇 시간 뒤 한 야간 간호사가 병동으로 들어와서 각 침대 끝에 있는 램프에 붉은 갓을 씌웠다. 그는 〈나는 병동의 중심부까지 은은하게 따스한 빛을 비추며 윤기 나는 나무 바닥으로 퍼지는 갓등을 바라보면서 누워 있었다〉라고 썼다.[42] 〈너무나도 아늑하고 편안할 만치 널찍하며 밝고 호의적인 많은 동료와 함께 있는 첫날 밤이 너무나 행복해서 피곤함에도 도무지 잠이 오지 않았다.〉

개원 이래 퀸스 병원은 환자와 직원이 늘면서 점점 활기가 넘쳤다. 그들은 모두 서로 깊은 친밀감을 느꼈다. 그 병원을 탄생시킨 세계정세가 암울하긴 했지만 병원은 유쾌한 분위기를 유지할 수 있었다. 클레어는 모친에게 보낸 편지에 이렇게 썼다. 〈이곳 부상병들은 즐겁게 지내고 있어요.〉[43] 그는 병실 끝에 있는 젊은이와 절친이 되었는데, 두 눈이 〈튀어 나간〉 병사였다.[44] 그런 고초를 겪으면서도 그는 유머 감각을 간직했고, 기회가 생길 때마다 간호사들에게 농담하며 장난을 치곤 했다.

환자들이 미약한 난로 앞에 옹기종기 모여 앉아 온종일 담배나 피우면서 시간을 보내는 것 말고는 할 일이 거의 없던 프렌섬 힐과 달리, 시드컵의 환자들은 다양한 활동을 하면서 시간을 보냈다. 환자들이 모두 얼굴 손상을 입었다는 공통점 때문에 서로 터놓고 지내기가 더 쉬웠다. 얼굴 손상 환자는 다른 유형의 부상자들 사이에 있으면 자신의 외모를 의식할 수밖에 없겠지만 시드컵 환자들과 있으면 당혹스러워할 필요가 없었다. 한 간호

관련 출판물에는 이렇게 실렸다. 〈혼잡한 병원에서 벗어나면 환자들은 실외 운동을 꺼리고 부상 부위가 고통스럽기는 하지만 다른 환자들과 섞여 지내는 것을 피할 수 있다. 그러면 그들이 완전히 치유하고 회복하는 데 걸리는 기간은 3분의 1로 줄어들 것이다.〉[45]

움직일 수 있는 환자들을 위해 운동회도 열었는데, 그들은 축구와 크리켓 같은 운동을 할 수 있었다. 크로키를 하거나 아마추어 극단을 만들어서 병원 사람들이 즐길 공연을 하는 사람들도 있었다.

여가 활동뿐 아니라 환자들은 작업장에서 전쟁이 끝난 뒤 직장을 구하는 데 도움이 될 만한 기술을 배울 수 있었다. 시계 수리 기술을 배우거나, 미용과 이발 기술을 배웠다. 장화와 모터를 수리하는 기술이나 제본, 사진, 제도를 배울 수도 있었다. 심지어 외국어도 공부할 수 있었다. 프랑스어는 가장 인기 있는 과목에 속했다. 병원을 둘러본 한 기자는 이렇게 탄복했다. 〈회복 단계에 있는 환자들은 넓은 뜰에서 온갖 야외 전문 기술을 배울 수 있었다〉.[46] 원예, 숲 관리, 양계 같은 것들이었다. 양계는 특히 유용했다.[47] 환자들이 매일 먹는 달걀 수백 개를 제공하는 수많은 닭을 병원 뜰에서 키우는 데 도움을 줄 수 있기 때문이다.

장난감을 만드는 법을 배우는 과정은 참석률이 꽤 높은 편에 속했다.[48] 휴가철에 그들은 런던의 여러 상점에서 팔릴 만한 다양한 장신구를 만들었다. 그런 소일거리는 병원에도 수익을 안겨 주었지만 환자들에게도 자긍심을 불어넣었다. 왕실도 이런 장신구들을 좋아했다. 『타임스』는 왕비가 메리와 헬레나 공주와 함께 〈퀸스 병원 부상병들이 만든…… 장난감 전시회〉에 참석했다는 소식을 전했다. 개, 오리, 원숭이, 낙타 등 잘 만든 다양한 동물 장난감들을 구매할 수 있었다. 한 기자는 코끼리가 〈다리에 교묘하게 장착된 스프링으로…… 코끼리다운 근엄함은 거의 찾아볼 수 없을 만큼〉 손님들 뒤쪽으로 펄쩍 뛰어오를 수 있다고 신이 나서 적었다. 왕비는 작은 회색 침팬지를 골라 왕궁으로 가져왔고, 한 시녀는 헬레나 공주에게 〈불꽃 색깔의 오리〉를 안겨 주었다.

퀸스 병원은 회복기 환자들에게 강좌를 제공하는 것을 비롯하여 여러 면에서 다른 의료 시설들과 달랐다. 또 해럴드 길리스는 환자들이 회복 과정에 참여한다고 느끼기를 원했다. 이를 위해 그는 재건 수술 전·중·후의 모습을 비교할 수 있도록 환자들에게 치료 단계별로 사진을 제공했다. 그는 이러한 방법으로 환자들이 여러 차례의 고통스러운 수술을 받는 동안 의지를 유지할 수 있다고 믿었다. 비록 환자 자신이 이런 사진을 보고 의지가 솟았는지는 불분명하지만 말이다. 병원은 다른 측면에서도 환자들의 복지를 생각했다. 병원에는 얼굴에 난 깊은 흉터, 사라진 조직, 관 모양 줄기 피판 등을 고려하여 특수한 면도 기술을 익힌 이발사도 있었다.[49]

클레어가 다른 시설에 있을 때와 퀸스 병원에 있을 때의 경험을 비교하면서 이렇게 선언한 것도 당연하다. 〈시드컵은 내게 정말로 낙원이었다.〉[50]

〈비밀 하나 털어놓아도 돼요?〉[51] 클레어는 모친에게 보낸 편지에서 가장 겁나는 일이 무엇인지 고백했다. 〈나아지는 게 겁나요. 더 빨리 회복될수록 더 일찍 《저기로》 다시 가야 하잖아요. 솔직히 말해서 가고 싶지 않아요.〉

그 말이 다시 전쟁터로 돌아가고 싶지 않다는 의미였는지 모르겠지만, 클레어는 의사들이 얼굴을 재건하는 동안 퀸스 병원에서 회복하며 겨울을 보내게 되어 너무나도 기뻤다. 그의 얼굴을 재건하려면 해야 할 일이 많이 있었다. 시드컵에 온 직후 그는 군의관인 치과 의사를 만났고, 치과 의사는 굳어 버린 그의 턱을 열려고 시도했다. 클레어는 모친에게 이렇게 썼다. 〈일단 입을 벌려야 치료든 뭐든 할 수 있대요.〉[52] 지루한 작업이었지만, 치과 의사는 마침내 수술할 수 있을 만큼 클레어의 턱을 느슨하게 만드는 데 성공했다.

클레어가 받은 첫 수술은 마취제 없이 이루어졌다. 부상의 위치와 특성 때문일 가능성이 크다. 뺨에 뻥 뚫린 구멍으로 인해 마스크를 얼굴에 씌워 약물을 투여하기가 어려웠을 것이기 때문이다. 이 수술은 치료가 늦어짐으로써 나타났던 문제들을 해결하는 사전 치료에 해당했다. 그 뒤로 환각을 일으키는 클로로폼으로 마취를 한 상태에서 짧은 간격을 두고 두 차례의 턱 수술이 이루어졌다. 〈마취제 효과 때문에 수술을 받으러 수술실로 들어가는 병사들은 《영화를 보러 간다》고 말하곤 해요…….〉[53] 클레어는 모친에게 이렇게 썼다. 〈병동 침대에 있는 환자들과 들것에 실려 병동에서 나가는 환자는 깔깔거리며 농담을 주고받아요.〉[54] 클레어는 환자가 웃으며 떠났다가 대개 신음하면서 돌아온다고도 적었다. 회복으로 나아가는 길은 길고도 고통스러울 때가 많았다.

클레어는 퀸스 병원에 있을 때 단지 수동적인 관찰자가 아니었다. 수술을 받지 않는 시기에 그는 스스로 나서서 다른 환자를 도왔다. 한번은 마취제에서 깨어나는 환자가 질식하지 않도록 혀를 붙잡고 있기도 했다. 〈오른손으로는 그의 혀가 말려들지 않도록 부드럽게 잡아당겼고, 왼손으로는 피와 피딱지를 계속 닦아 내야 했다.〉[55] 환자는 의식이 오락가락하는 동안 클레어에게 뺨이 뚫려 있어 연기가 빨아들여지지 않아 담배를 못 피운다고 불평했다.

그 뒤로 몇 주 동안 클레어의 턱은 다시 굳어 갔다. 의사는 그에게 온종일 입을 벌리고 다무는 연습을 하라고 했다. 입을 움직이기가 거의 불가능할 때도 종종 있기에 쉽지 않은 일이었다. 그래도 꾸준히 나아졌고 느리긴 했지만, 마침내 회복의 길로 들어선 것처럼 보였다.

덩달아 심리적 회복도 빨라졌다. 어느 날 오후, 병원 마당을 거닐고 있는데 기온이 뚜렷하게 내려가면서 눈이 내리기 시작했다. 그는 프로그널의 본관으로 향하는 길을 따라 늘어선 키 큰 느릅나무의 얼어붙은 가지 아래로 몸을 피했다. 그때 멀리서 익숙한 형체가 자신을 향해 다가오는 것을 알아차렸다. 그의 심장이 마구 두근거렸다. 그는 런던에서 아내인 비어트리스를 못 보고 와 몹시 낙심했었다. 그토록 오랫동안 온갖 불행을 겪으며 보지 못했던 아내가 지금, 그의 앞에 서 있다. 머리카락에 눈송이가 하나둘 내려앉고 있었다. 〈우리는 길가의 커다란 느릅나무 아래 어둑한 곳에서 서로 꽉 껴안았다.〉[56]

두 사람이 다시 만나게 된 상황 자체는 슬펐지만 그래도 다시 만나 행복했다. 밤늦게 그는 너무나도 흡족한 마음으로 침대에 누웠다.

불행히도 그 흡족함은 오래가지 못했다.

퀸스 병원 앞쪽의 얼어붙은 땅을 병사들이 행군할 때 군화에 눈이 밟히는 뽀드득거리는 소리가 울려 퍼졌다.[57] 유리창 안에서 새어 나오는 따스한 불빛은 바깥에 있는 이들에게 실내의 아늑함을 떠올리게 했다. 저녁 6시 반, 퍼시 클레어를 포함한 병사들은 〈복귀하게〉 될 것이라는 통보를 받았다. 그의 가장 큰 두려움이 현실이 되었다.

치료가 덜 된 채 전선으로 돌아가게 된 병사는 클레어가 처음이 아니었다. 퀸스 병원에서 치료를 다 마친 사람에게도 행복한 결말을 언급하는 것은 시기상조였다. 관자놀이에서 턱까지 깊이 베인 상처를 치료하기 위해 여러 차례 고통스러운 수술을 받은 한 장교는 전선으로 돌아갔다가 다시 부상을 입었다. 길리스는 그 장교가 〈무릎 관절에 관통상을 입었고, 얼굴을 다쳤을 때 갔던 바로 그 부상자 응급 진료소에서 사망했다〉고 적었다.[58] 시드컵에서 이룬 수술의 위업은 전쟁터에서 재개된 비극 앞에 빛이 바래기 일쑤였다.

복귀 명령은 클레어에게 충격으로 다가왔다.[59] 그는 여러 차례 고된 수술을 받았음에도 여전히 턱을 벌릴 수가 없었고, 다시 전선으로 돌아갈 수 있을 만큼 회복되지 않았다. 하지만 그 명령은 길리스가 내린 것이 아니었다. 제1차 세계 대전 때 이루어진 이해할 수 없는 수많은 결정과 마찬가지로, 그 명령도 상부의 보이지 않는 손들을 통해 전달되었다. 클레어가 받은 명령은 새 환자들을 위해 침대를 비워 주고 전쟁 기계에 인간이라는 연료를 계속 공급하라는 것이었다. 1918년 1월에도 전쟁은 여전히 끝날 기미가 보이지 않았다. 클레어는 치료가 덜 끝난 자신 같은 부상병들을 전선으로 돌려보내는 것이 〈영국의 명예에 오점〉이 된다고 느꼈지만 왈가왈부할 여지가 없음을 잘 알았다.

그리하여 클레어는 치료받다가 만, 멍들고 부은 상태로 다시 싸우러 갔다.

11장

영웅적인 실패

회복 중인 장교들은 조종사의 〈살이 없는 손가락〉이 피아노 건반 위를 우아하게 움직이는 모습을 지켜보았다.[1] 그들은 붕대를 감은 얼굴로 병원 본관인 프로그널 하우스의 거실에서 빨대로 위스키를 마시며 느긋하게 연주자의 경쾌한 연주를 듣고 있었다. 자신이 몰던 항공기가 추락하면서 붙은 불에 양손이 타버린 조종사는 중상을 입었음에도 아름다운 연주를 하고 있었다. 시드컵에 도착한 직후에 그는 자신의 간호사와 사랑에 빠졌고, 죽을 고비를 넘긴 이들이 종종 느끼는 다급한 마음에 곧 혼례를 올렸다. 조종사는 잔잔한 멜로디의 마지막 몇 마디를 연주한 뒤 갑자기 흥겨운 곡을 연주하기 시작했다. 「이제 나는 장모님을 얻었습니다. 비록 빨대로 위스키를 마시고 있지만…….」 그러자 방 안에 있던 흔들거리는 턱들에서 킬킬거림과 한쪽으로 치우친 웃음이 번졌다.

해럴드 길리스는 흥겨운 분위기의 거실에서 멀리 떨어진 자신의 집무실에 앉아 있었다. 때는 1918년 2월의 추운 날이었고, 그는 헨리 랠프 럼리 소위의 비참한 손상을 어떻게 치료하는 것이 최선인지를 고심하고 있었다. 같은 영국 비행대 소속인 럼리도 복무하려는 열정의 대가를 치렀다.

제1차 세계 대전이 일어났을 때 동력 비행은 아직 유아기에 있었다. 그래서 항공기는 대부분 정찰용으로만 쓰였다. 일부 조종사는 총과 수류탄 같은 무기를 갖고 탔지만 위험했을 뿐 아니라 대개 무용지물이었다. 조종사는 적군의 참호 위를 날며 정보를 수집한 뒤 무거운 주머니에 메시지를 넣어 아군 쪽에 떨어뜨렸다. 그러나 이런 정찰 임무는 몹시 위험했다.

전쟁이 이어지고 있을 때, 〈프레디〉 웨스트 대위는 그런 임무에 나선 참이었다.[2] 그가 적의 방어선까지 날아갔을 때 독일 항공기 7대가 나타나서 공격했다. 총알이 한쪽 다리에 박혔고, 다른 쪽 다리는 폭발탄에 맞으면서 잘려 나갔다. 그 결과 그의 발은 조종 페달을 계속 누른 채로 남았다. 다리가 잘린 뒤에 그는 항공기의 방향을 돌렸고, 그 틈에 윌리엄 해슬람 중위는 적을 겨냥해 사격 후 쫓아냈다. 그런 뒤 웨스트는 바지를 꼬아서 임시 지혈대로 삼아 출혈을 막고 필요한 첩보를 갖고 아군 전선으로 귀환하여 안전하게 착륙했다. 그 직후 그는 실신했다. 다시 정신이 들었을 때 그는 보고서를 써야 한다며 고집을 피웠다. 결국 그는 빅토리아 십자 훈장을 받았고, 의족을 맞추었다.

나중에 웨스트는 비좁고 지저분한 참호에서 지내는 것보다 프랑스 상공을 자유롭게 나는 쪽이 훨씬 더 매혹적이었다고 회상했다. 한편 헨리 랠프 럼리도 쌍발기 조종석에서 자기 역할을 하겠다고 자원한 젊은이였다. 어느 여름날 오후, 럼리는 1인승 B. E. 12기에 올라탔다. 업에이본에 있는 중앙 비행 학교의 졸업식 날이었고, 그는 첫 단독 비행에 성공하겠다는 열의에 넘쳤다. 그러나 축하 행사가 벌어지던 곳은 곧 비극의 현장이 되었다. 날아오르고 얼마 지나지 않았을 때 럼리의 비행기는 파국적인 기계 고장을 일으켰다. 그는 넓게 펼쳐진 백악질의 솔즈베리 평원 위에서 점점 고도를 낮추다가 고장 난 항공기로 밭 한가운데에 동체 착륙했다. 항공기 앞쪽에 달려 있던 연료통이 충격에 폭발했고 비행기는 곧 화염에 휩싸였다.

럼리는 심한 화상으로 얼굴의 모든 피부와 피부밑 조직 대부분이 파괴되었다. 다리, 팔, 손에도 영구 화상을 입었다. 처음에 그는 티드워스의 군 병원으로 후송되었고, 그곳 의사들은 그의 왼쪽 눈을 적출했다.[3] 결국 그는 런던 중심지에 있는 킹 에드워드 7세 병원으로 이송되었다. 이 병원은 세기 초 보어 전쟁이 벌어질 때 애그니스와 패니 카이저 자매가 설립했다. 애그니스는 럼리를 보고 특히 울컥했다. 그녀는 한 편지에 이렇게 썼다. 〈그의 얼굴은 타서 알아볼 수 없을 지경이에요. 한쪽 눈은 떼어냈고, 다른 쪽도 사실상 멀었어요.〉[4] 그러나 그 병원의 의사들은 딱히 할 수 있는 일이 없었다. 그는 집으로 보내졌고 깊은 우울증에 빠져들었다.

애그니스 카이저는 럼리를 잊으려고 애썼지만 그의 모습이 계속 떠올랐다. 결국 그녀는 갖은 노력 끝에 그를 시드컵으로 보낼 수 있었다. 그때쯤 그는 이미 1년 넘게 아무런 수술도 받지 못한 채 방치되어 있었고, 얼굴 전체에 여기저기 깊은 흉터가 생겼다. 길리스는 고심 끝에 가슴 피부판을 써서 그 조종사의 얼굴 피부 전체를 교체할 필요가 있다고 판단했다. 유틀란트 해전에서 넓은 부위에 거쳐 화상을 입은 윌리엄 비커리지에게 썼던 방법이었다.

길리스는 가슴 피부판을 만들기 위해 1차 수술을 했다. 이때쯤 그는 럼리가 모르핀에 중독되어 있다는 것을 알아차렸다. 이 조종사는 전반적으로 건강이 급속히 악화하는 중이었다. 길리스는 이렇게 썼다. 〈이 불행한 조종사를 1년 더 쉬게 할지, 아니면 지금 수술할지 결정해야 했다. 후자를 택하면 성공하지 못할 수도 있음을 알았기 때문이다.〉[5] 길리스는 쇠약해진 럼리가 다시 큰 수술을 할 때 견디지 못할 수도 있음을 우려했다. 럼리에게 그렇게 말하자, 그는 〈다시 오래 기다려야 한다는 생각에 몹시 실망하고 침울해졌다〉. 결국 길리스는 당장 수술하는 차선책을 택하기로 했다.

수술은 한 시간 뒤에 이루어질 예정이었다. 길리스는 입술 사이에 담배를 끼운 채 책상 위로 몸을 웅크리고 앉아 자신이 크나큰 실수를 저지르고 있는 것이 아닐까 걱정했다. 당시 그는 하루에 25개비씩 담배를 피웠고, 말년에 건강이 나빠지는 바람에 그 습관을 버려야 했다. 훗날 그는 이렇게 농담했다. 「49년간 꽤 많이 피웠으니까…… 내가 피운 담배를 늘어세우면 도버에서 칼레까지 닿거나 하이드파크를 다섯 번이나 감을 수 있을 거야.」[6]

큰 수술을 앞두고 있을 때마다 길리스는 부산하게 돌아가는 병동을 피해서 병원 부지의 한가운데에 있는 오래된 대저택 내 자신의 〈작고 좁은 방〉에 틀어박혀 마음을 가라앉혔다.[7] 그곳에서 그는 작은 공책에 피부판, 줄기 피판, 이식편을 스케치했다. 때로는 가위로 그 모양에 따라 자르기도 했다. 그런 뒤 자른 조각들을 책상 위에 늘어놓고 조각 그림 퍼즐처럼 세심하게 끼워 맞추곤 했다. 그는 이렇게 묻기도 했다. 〈우리 일반 외과 의사와 내과 의사 친구들은 이런 수술을 맡아서 돌이킬 수 없는 첫 절개를 할 때마다 느끼는 두려운 책임감을 과연 알 수 있으려나?〉[8]

길리스는 마음속으로 수술 과정을 처음부터 끝까지 계속해서 진행하고 또 진행하면서 모든 세세한 부분까지 하나하나 따지고 어떤 문제가 발생할 수 있을지를 예견하려고 애썼다. 그는 수술하는 모든 환자에게 이른바 〈구명정〉을 마련해 두었다. 이는 위급할 때 쓸 수 있는 예비용 피부판이나 이식편을 의미했다. 길리스는 일단 얼굴 재건을 시작하면 아무리 잘 짠 수술 계획도 어긋날 수 있다는 것을 경험을 통해 알고 있었다. 그는 〈피부판이 들어맞거나, 잘 정착하거나, 생존할지를 확신하기가 불가능할 때도 있다〉고 고백했다.[9] 〈상상할 수 있는 모든 계획을 다 짠 뒤에도 택한 계획에 따라 실제로 수술에 들어가면 계획을 바꿔야 하는 상황이 종종 발생한다.〉

길리스는 더 지체할 수 없을 때가 되자 스케치를 내려놓고 담배를 끈 뒤 엄숙하게 수술실로 향했다. 럼리는 이미 와 있었다. 조종사를 마취한 후 길리스는 칼을 들어서 피부판을 만들기 위해 가슴 피부를 갈랐다. 수술은 복잡했고 몇 시간이 걸렸다. 피부판을 만든 다음, 호주 구역의 책임자인 헨리 심프슨 뉴랜드 중령이 한 자원봉사자로부터 채취한 피부 이식편을 럼리의 드러난 가슴에 이식했다. 외과 의사들은 수백 년 전부터 기증자의 피부를 환자에게 이식하기도 했는데 성공 여부는 사례마다 달랐다. 가장 두드러진 사례는 뉴욕 외과 의사 존 하비 거드너가 한 것으로, 그는 1880년에 한 죽은 기증자의 피부를 환자에게 이식했다. 그러나 이런 유형의 이식은 많은 위험을 안고 있었다. 길리스는 나중에 그 과정이 〈지나치게 지루하다〉고 평했다.[10] 하지만 진짜 문제는 이식편을 제자리에 붙이고 꿰맨 뒤에야 생겼다. 럼리의 허약한 몸이 그 새로운 공격에 대처하지 못한다는 사실이 명확해졌다.

길리스는 바로 다음 날 이렇게 썼다. 〈환자는 상당히 쇠약해졌고, 피부판 자체도 혈액 순환이 전반적으로 줄어들었으며, 36시간 사이에 창백해졌다.〉[11] 곧이어 럼리의 수술 부위에 괴저가 일어났고 가슴 이식편에도 거부 반응이 일어났다. 24시간 돌보았지만 몇 주 사이에 조종사의 상태는 빠르게 악화했다. 길리스는 이렇게 적었다. 〈가슴 부위와 박피된 얼굴 부위 모두 감염이 일어났고 여러 부위에서 고름집이 전이되면서 악화했다.〉[12] 1918년 3월 11일, 헨리 랠프 럼리의 심장이 멎었다.

온갖 교훈을 터득하고 혁신을 이루었음에도 퀸스 병원의 길리스 곁에는 환영받지 못하는 동료가 늘 함께했다. 바로 실패였다. 전쟁의 막바지에도 초창기 못지않게 환자의 죽음은 심한 타격을 안겨 주었고, 그는 조종사의 죽음에 황망해했다. 길리스는 스스로를 비난했고 〈완벽한 결과를 얻으려는〉 욕망에 빠진 바람에 수술 시기를 제대로 판단하지 못했다고 나중에 인정했다.[13] 그는 럼리의 얼굴 전체를 한꺼번에 재건하려고 시도하는 대신 얼굴의 4분의 1씩을 단계적으로 재건했어야 한다고 회상했다. 그는 럼리에게 〈아주 단호한 태도를 취해서〉 수술 시기를 미루자고 설득했다면 결과가 어떻게 달라졌을지 생각하며 마음속으로 온갖 질문을 했다. 무거운 심경으로 그는 이렇게 토로했다. 〈이 용감한 친구가 좀 더 행복한 죽음을 맞이했다면 좋았을 것을.〉[14]

럼리가 죽기 며칠 전에 러시아는 추축국과 평화 조약을 맺으면서 전선에서 물러났다. 러시아의 결정 — 1917년 3월 차르 니콜라이 2세의 폐위와 8개월 뒤 일어난 볼셰비키 혁명에 어느 정도 영향을 받았다 — 으로 동부 전선에서는 전투가 사실상 종식되었다. 이는 서부 전선의 연합국이 곧 수십만 명 더 불어난 독일군과 맞닥뜨린다는 의미였다. 영국 장교 리처드 토빈은 당시에 느낀 불길한 예감을 이렇게 회상했다. 〈밤에 참호에 있을 때 바람이 알맞은 방향으로 불면 독일의 기차가 우리를 물속에 수장시킬 대규모 군대를 싣고 덜컹거리며 오는 소리를 들을 수 있었다. 우리는 비장했고 결의를 다졌다. 우리 뒤로는 예전 솜 전쟁터가 펼쳐져 있었다. 거의 2년 내내 격렬한 전투가 이어지면서 영국인의 피로 흠뻑 적셔진 곳이었다.〉[15]

이런 세계정세의 안 좋은 변화 — 그리고 고통을 견디는 환자들의 죽음 같은 더 가까이에서 일어나는 일들 — 는 길리스에게 자신이 두 곳 이상의 전선에서 나름의 전쟁을 벌이고 있다는 느낌을 주었을 것이 틀림없다. 이렇게 경험이 냉혹한 교사이긴 했지만 그로부터 얻은 교훈은 깊이 새겨졌다. 럼리의 사망 이후 길리스는 재건 수술에 더 점진적인 접근법을 채택하기 시작했다. 럼리에게서 배웠듯이 수술 계획을 짤 때는 각 환자가 원하는 것이 무엇인지도 고려해야 했다. 비커리지에게 효과를 본 방법이 럼리에게는 먹히지 않았고, 향후 환자들에게도 그럴 수 있었다. 그는 경고했다. 〈결코 틀에 박힌 방식에 안주하지 말라.〉[16] 그 좌절을 준 사례는 내일 할 수 있는 일을 오늘 하지 말라는 길리스의 철학이 옳았음을 재확인시켜 주었다.

그는 두 번 다시 같은 실수를 저지르지 않았다.

헨리 통크스는 대릴 린지의 어깨너머로 들여다보고 있었다.[17] 이 호주 화가 — 억센 어깨와 뭉개진 코 때문에 표정에서 〈싸움꾼 분위기〉를 풍기는 〈커다란 남자〉 — 가 이젤 앞에서 몸을 숙이고 있으면 그림자에 캔버스가 가려지기도 했다.[18]

린지는 종군 화가 윌 다이슨의 조수로 있었는데, 시드컵에서 호주 구역을 맡은 헨리 심프슨 뉴랜드 중령을 위해 의학 그림을 그리라는 명령을 받고 왔다.[19] 린지는 회상했다. 〈그다음 날 프랑스로 돌아갈 예정이었는데, 사령부에서 휴가 연장 조치를 했다.〉 나중에야 린지는 자신의 전속 서류가 프랑스의 담당 부서로 전달되지 않았고, 자신이 30일 동안 탈영자 명단에 올라 있었음을 알았다. 사형에 처해 질 만한 범죄였다.

퀸스 병원에서 일하는 많은 사람처럼 린지도 뜻하지 않게 이곳에 왔다가 곧 정신없이 돌아가는 상황에 휘말렸다. 첫날 그는 수술실로 가다가 뉴랜드와 부딪쳤다. 린지는 나중에 이렇게 썼다. 〈그는 장갑 낀 두 손을 마주 쥔 채 마취실에서 오는 환자를 기다리며 서 있었다.〉[20]

린지가 뉴랜드에게 자신을 소개하자, 의사는 다음 수술을 참관하라고 초대했다.[21] 〈그는 코를 복원하는 코 성형술의 2단계를 진행할 예정이라고 설명했다. 그는 보기 거북하면 나가도 된다고 말했다.〉 린지는 전선에서 꽤 오래 보냈기에 피와 끔찍한 장면에 익숙했다. 뉴랜드가 수술하는 모습을 지켜보는 그의 머릿속은 다른 생각으로 가득했다. 〈살과 피로 뒤범벅된 것 같은 장면을 학생이 이해할 수 있는 그림 형태로 담을 수 있지 않을까?〉

그 뒤에 린지는 뉴랜드와 함께 점심을 먹었다.[22] 린지는 자신을 시드컵으로 전속시킨 상관들이 〈당신을 속인 것〉이라고 그 외과 의사에게 말했다. 그는 자신이 해부학을 전혀 모르며, 과연 그 일을 맡을 자격이 되는지 의심이 든다고 털어놓았다. 뉴랜드는 부드럽게 미소를 지었다. 여기서 사람의 얼굴을 재건하는 획기적인 일을 맡을 자격이 된다고 생각할 사람이 과연 한 명이라도 있을까. 그는 린지에게 시도라도 한번 해본 뒤에 결정하라고 했다. 린지는 마지못해 그러겠다고 했고, 곧 그는 호주 구역의 화가 일이 마음에 들기 시작했다.

지금 린지는 환자의 초상화를 그리기 위해 부산을 떨고 있으며, 통크스는 앞에 있는 젊은 화가를 쳐다보고 있었다.

「뭐 하는 거야?」 통크스가 물었다.

「그려 보려고 하죠.」[23] 린지는 뒤에 있는 남자에게 특별한 주의를 기울이지 않은 채 대꾸했다.

「뭘 《해보려고 한다》라고 말하니 기쁘군. 그것이 뭔가에 관해 말할 수 있는 가장 나은 표현이거든.」[24] 통크스는 되쏘았다. 이어서 통크스가 재빨리 덧붙인 말에 린지는 멋쩍어졌을 것이 틀림없다. 「내가 도와줄 수 있을 것 같은데.」

그래서 대릴 린지는 매주 하루 런던의 슬레이드 미술 대학에서 헨리 통크스에게 미술을 배웠다.[25] 〈통크스는 꿰뚫는 듯한 매 같은 눈을 한 위협적인 사람이었다. 슬레이드의 학생들은 그를 무서워했다.〉 그러나 또래들과 달리 린지는 겁먹지 않았다. 기가 꺾이지 않는 태도 덕분에 그는 통크스로부터 두 번 이상 저녁 식사 초대를 받기도 했다. 통크스는 친한 이들만 식사에 초대했고, 참석자는 4명을 넘지 않았다. 그는 대화하기에 완벽한 인원수가 4명이라고 생각했다. 〈그는 최고를 요구했고, 뭐든지 이류라고 생각되는 것은 두고 보지 않으려 했다.〉 이윽고 린지의 의학 초상화는 위대한 헨리 통크스에게 노골적인 칭찬까지는 아니었지만 승인을 받았다. 두 사람은 평생 친구가 되었다.

일찍이 해럴드 길리스는 남들이 배울 수 있도록 자기가 하는 일을 기록하는 것이 중요함을 인식했다. 〈성형외과의 발전에서 기록 편찬은 결코 사소한 일이 아니다.〉[26] 이는 시드컵에 있는 미술가들의 도움이 없었다면 불가능했을 것이다. 이 초상화들은 환자들의 수술 기록을 처음부터 끝까지 제공했고, 수술 그림들은 다른 이들이 병사 얼굴의 형태와 기능을 복원하는 복잡한 수술을 재연하도록 도왔다. 시간이 흐르면서 퀸스 병원의 미술가들은 재건 의료진의 핵심 인력이 되었다. 창작 분야와 의료 분야의 협력은 성형 수술에 독특하면서도 핵심적인 역할을 했다.

린지와 통크스 같은 화가뿐 아니라 캐슬린 스콧 같은 조각가도 있었다. 통크스는 1915년에 프랑스에서 스콧을 만났다. 당시 그녀는 서부 전선 근처에서 소규모 응급 구조대를 이끌고 있었고, 퀸스 병원이 설립되자 그들은 행복한 재회를 했다. 파리에서 공부할 때 그녀는 현대 조각으로 나아가는 길을 연 세계적인 미술가인 오귀스트 로댕과 친구로 지냈다. 로댕의 영향은 유체 같은 특성을 보여 주는 지닌 스콧의 초기 작품에서 찾아볼 수 있다. 그녀는 불행한 운명을 맞이한 남편인 남극 탐험가 로버트 팰컨 스콧뿐 아니라 타이태닉호 선장 에드워드 스미스 같은 인물들의 유명한 조각상을 만들었다. 한편 그녀는 시드컵에서는 덜 유명하지만 마찬가지로 영웅적인 이야기를 간직한 부상병들의 얼굴 석고 주형을 제작했다.

퀸스 병원에는 사진사도 있었다.[27] 그들의 책임자는 시드니 월브리지였는데, 그는 1916년 12월에 올더숏에서 길리스를 처음 만났다. 길리스가 시드컵으로 옮길 때 월브리지도 함께 왔다. 사진은 외과 의사가 각 환자의 기록을 남기는 신속하면서 효율적인 방식이었다. 월브리지는 환자를 머리 받침이 있는 의자에 앉힌 뒤 여러 각도에서 사진을 찍었다. 자세와 각도가 정확해야 재건 수술 과정의 단계별 변화를 정확히 비교할 수 있다. 이윽고 이 사진들은 현대 성형외과가 어떻게 탄생했는지를 알려 주는 역사 기록이 된다.

물론 사진을 써서 환자 수술 과정을 기록한 의사는 길리스 이전에도 있었다. 얼굴 손상을 입은 환자의 가장 오래된 의료 사진은 1848년의 것이다.[28] 화상으로 얼굴과 목이 일그러진 환자를 찍은 사진이다. 얼마 후 미국 남북 전쟁 때 부상자들은 수술하기 전과 후의 모습을 사진으로 찍기도 했다. 19세기 말에 많은 의사는 카메라 렌즈가 객관성을 확보하는 강력한 도구라고 믿었다. 그 결과 의료계는 사진술이 잠재력이 아주 큰 기술이라고 받아들였다. 사진은 비교적 쉽고 적은 비용으로 찍을 수 있었기에 더욱 그러했다. 그런 사진에 윤리적인 문제가 제기된 것은 나중에서였다.

퀸스 병원에 사진사, 조각가, 화가가 있음에도 길리스는 계속 그림 그리는 연습을 했다.[29] 그의 그림 실력은 비범하기보다는 적당한 수준이었다. 비록 그 자신은 더 재능이 있다고 여기곤 했지만 말이다. 어느 날, 길리스는 통크스에게 배운 의학 전문 화가인 게이 타이더먼에게 자기 그림 두 점을 자랑스럽게 보여 주었다. 타이더먼은 1분도 지나지 않아서 〈꽤 평범한 사진 같은 그림을 그리는 화가〉라고 평했다. 길리스는 양 손에 그림을 들고 뚱한 표정으로 방을 나왔다. 그가 떠나자 한 직원이 타이더먼에게 가서 말했다.「아예 싹을 짓밟으셨네요.」

타이더먼은 길리스를 화가로서는 높게 평가하지 않았지만 그의 수술 실력에는 경외심을 드러냈다. 〈그는 착상이 넘쳤다.

그런 착상은 성공할 때면 장엄한 규모였다. 실패할 때도 영웅적인 규모였다.〉[30]

길리스 자신도 그렇다는 것을 너무나 잘 알았다.

봄이 되니 프로그널 하우스 주위의 나무들이 꽃을 활짝 피우고 있었다. 그러나 올해 봄이 더 화창할 것이라는 예보는 유럽의 전쟁터 상황이 더욱 안 좋아짐에 따라서 별 의미가 없어 보였다. 동부 전선에 있던 군대를 서쪽으로 돌리면서 독일은 1918년 봄에 놀라운 승전보를 잇달아 올렸다. 연합군의 사상자는 대폭 늘어났고 길게 이어지던 교착 상태도 끝나가고 있었다. 한 영국 병사는 대규모로 독일군이 대형을 이루어 밀려드는 광경을 보면서 이렇게 생각했다고 한다. 〈맙소사, 이제 끝이군.〉[31] 독일군이 엄청난 승리를 이룰 것처럼 보이기 시작했다. 전황을 바꿀 힘을 지닌 나라는 미국뿐이었다. 1917년 4월 참전한 이래로 미국은 수십만 명을 징병하여 훈련해 왔다. 그러나 전선으로 보내는 과정은 비교적 느리게 진행되었다. 5월 2일, 유럽 전선에 투입되는 미군들의 사령관인 존 J. 퍼싱 장군은 신병 수만 명을 전선으로 보내어 프랑스 및 영국 군대와 함께 독일군과 맞서 싸우기로 했다. 연합군에게 다시 희망이 보이는 듯했다.

길리스는 의자에 등을 기댄 채 담배를 피우며 책상에 놓인 편지를 흘깃 쳐다보았다. 롤스로이스를 이동 치과 진료실로 개조하여 총알이 빗발치는 전선에서 몰고 다닌 프랑스 치과 의사인 옛 동료 오귀스트 샤를 발라디에가 보낸 것이었다. 〈벨 사병은 아주 훌륭한 친구이므로 선생님의 치료를 받을 자격이 있습니다.〉[32] 옛 동료가 이렇게 편지를 보낸 것은 처음도, 마지막도 아니었다. 하지만 이 편지는 길리스에게 특히 더 고민을 안겨 주었다.[33]

1915년, 길리스가 영국으로 돌아간 뒤 발라디에는 프랑스의 전문 병동에서 일을 계속했다.[34] 그는 밤낮을 가리지 않고 뼈 이식을 비롯한 혁신적인 기법을 써서 사라진 조직을 복원하려는 시도를 계속했다. 그러나 시간이 흐르면서 발라디에는 전선 가까이에 있는 병원에서, 거기에 자원도 부족한 상황에서 자신이 할 수 있는 일에 한계가 있다는 사실을 뼈저리게 느꼈다. 또 직업상의 장벽도 마주쳤다. 그의 치과 자격증은 다른 의사의 감독을 받아야만 진료할 수 있는 종류였기 때문이다. 전쟁 말기에 당국이 발라디에의 직무 범위를 축소하는 바람에 그의 병동은 얼굴 부상자들의 응급 진료소 역할만 할 수 있었다.[35] 그는 자신의 환자를 다른 곳으로 이송해야 하는 선택권이 주어지면 길리스의 병원으로 보내는 쪽을 택했다.

킹스 리버풀 연대의 필립 소프도 그렇게 이송되었다. 그는 포탄에 맞아 아랫입술의 대부분과 턱의 상당 부분이 잘려 나갔다. 소프가 이송되기 전에 발라디에는 아래턱의 양쪽 끝을 철사로 묶고 경질 고무판에 박은 확장 나사에 연결했다.[36] 그런 후 새 뼈가 더 빨리 자랄 수 있도록 부서진 양쪽 끝을 서서히 조금씩 벌렸다. 이 방법은 성공했지만 발라디에가 더는 할 수 있는 일이 없는 시점에 다다랐다. 결국 그는 소프를 시드컵으로 보냈다. 그곳에서 소프는 처음에 캐나다 구역에서 수술을 받았다. 몇 차례 수술이 별 성과가 없자 그는 좌절했고 퇴원시켜 달라고 요구했다. 바로 그때 해럴드 길리스가 나타났다. 〈그는 직접 집도하겠다고 했고, 한 번의 수술로 끝낼 것이라고 약속했다.〉[37] 소프는 나중에 이렇게 회상했다. 〈그는 약속을 지켰다.〉

발라디에가 가장 최근에 보낸 편지에는 제임스 벨 사병의 끔찍한 부상이 상세히 적혀 있었다. 벨은 시드컵에 도착하기 전 제83 종합 병원에서 치료를 받았다. 그곳 의료진은 전쟁터에서 사라진 넓은 면적의 조직 손상은 그냥 놔둔 채 얼굴에 깊이 갈라진 부위를 서둘러 봉합했다. 이번에도 길리스는 얼굴의 바탕 구조까지 훼손된 부상을 서둘러 봉합했다는 사실에 화가 났다.

게다가 벨의 윗입술과 코도 심하게 손상되었고 반쯤 썩어 가고 있었다. 의사들이 최선을 다했지만 입 주위의 살은 뭉개져서 떨어져 나갔고 남아 있던 입술까지 사라졌다. 퀸스 병원에 도착할 무렵 그의 얼굴은 엉망진창이었다. 길리스는 사례집에 이렇게 적었다. 〈그의 작은 입은 수직으로 벌어졌고 옆에서 보면 엉망이 된 코가 한눈에 들어왔다.〉[38] 벨은 꼼꼼하게 계획을 세운 뒤 재건 수술을 하면 부상자가 어떤 혜택을 받을 수 있는지를 잘 보여 주는 또 하나의 사례가 된다.

길리스는 직면한 과제가 쉽지 않으리라는 것을 잘 알았다. 벨의 얼굴을 재건하려면 그가 앞서 받았던 수술로 생긴 문제들부터 바로잡아야 했다. 그 말은 흉한 얼굴을 더 낫게 바꾸려면 먼저 더 흉하게 만들어야 한다는 의미였다. 길리스는 이렇게 썼다.

〈환자가 이 상태로 있을 수 없다는 것은 분명하지만, 그에게 했던 모든 수술을 되돌리는 일을 시작할 때 겁이 나지 않은 건 아니었다.〉[39] 그러나 그는 환자에게는 결코 불안감을 드러내지 않았다.

길리스는 으레 그랬듯이 수술을 앞두고 자신의 집무실에 틀어박혀 있었다. 그는 발라디에의 편지를 옆에 두고서 벨의 얼굴을 재건할 계획을 마음속으로 연습하고 또 연습했다. 가장 걱정되는 부분은 코였다. 코는 감염되었음에도 기적처럼 남아 있었다. 하지만 코가 허약해진 상태이기에 사소한 실수만 해도 아예 망가질 수 있다는 것도 알았다. 시간이 흐르면서 수술 시간이 다가오자 길리스는 자신이 적고 스케치한 내용들을 살폈다. 더는 지체할 수 없을 시간이 되었을 때 그는 자리에서 일어나 예전 프로그널 땅의 중심이었던 본관을 나섰다. 그는 새로 깎은 잔디밭을 가로질러서 새로 지어진 건물로 향했다. 환자들이 지내고 있는 병실과 그가 많은 시간과 노력을 쏟아붓는 수술실이 거기에 있었다.

길리스가 들어갈 때 수술실에는 햇빛이 가득 쏟아지고 있었다. 그는 곧장 세면대로 가서 손과 팔을 빽빽 문질러 닦고 수술 장갑을 끼는 수술 전 의식을 시작했다. 간호사가 모슬린으로 감싼 멸균된 수술복이 들어 있는 리넨 주머니를 건넸다.[40] 길리스가 조심스럽게 목 끈을 들어 올려서 착용하자 조수가 나머지 끈들을 묶었다. 벨은 이미 수술대에 누워 있었고 그 주위에 의료진이 서 있었다. 마취 의사가 투여하는 약물의 힘으로 그의 눈꺼풀은 감기기 시작했다.

벨이 마취되자 길리스는 꼼꼼하게 수술칼을 골랐다. 그는 잠시 멈추었다가 〈돌이킬 수 없는 첫 절개〉를 시작했다. 길리스가 입 주위에서 오그라들어 치밀해진 흉터 조직을 잘라 내기 시작하자 밀려나 있던 입술의 가장자리가 정상 위치로 돌아왔다. 그러나 코는 여전히 〈창백한〉 상태였다.[41] 흉터 조직을 계속 제거하는 길리스의 이마에 땀이 배어 나오기 시작할 즈음에 조금씩 얼굴 한가운데로 돌아오고 있던 코도 마침내 정상적인 색깔을 회복했다. 수술이 끝나고 벨은 이동 침대에 실려서 복도를 지나 병동으로 돌아갔다.

길리스가 예측했듯이 벨은 수술을 받은 뒤 더 흉해졌다. 물론 그는 알지 못했다. 겹겹이 붕대로 둘러싸여 있고 거울을 보지 못하게 했기 때문이다. 벨의 얼굴은 퉁퉁 부어서 알아볼 수 없을 지경이었지만, 길리스는 개의치 않았다. 그는 퉁퉁 부은 얼굴 너머로 재건 과정이 끝났을 때 벨의 모습을 내다볼 수 있었다. 길리스는 수술 결과에 흥분했다. 성형 수술의 기본 원리가 옳았음을 보여 준다고 느꼈기 때문이다. 그는 〈사라진 조직을 채우는 첫 단계는 정상적인 위치에서 정상적인 상태가 유지되도록 하는 것이었다〉라고 썼다.[42] 〈벨 사병의 사례에서는…… 조직을 원래의 정상 위치로 돌려보내어 그 자리를 지키도록 하는 것이었다.〉 그는 이것이 낯선 신기술의 주춧돌이라고 믿었다.

첫 수술 뒤 치과 의료진은 자기 치아를 끼운 경질 고무 보철물을 끼워 벨의 위턱에서 사라진 뼈를 대체했다. 그렇게 입의 자연스러운 윤곽을 복원한 후 길리스는 윗입술을 새로 만들었다. 벨의 뺨과 턱에서 순차적으로 피부판을 만들어 입술의 안쪽과 바깥쪽을 복원했다. 긴 시간에 걸쳐서 여러 차례의 수술을 하고, 더욱 긴 시간에 걸쳐서 회복이 이루어진 뒤에야 비로소 길리스는 이렇게 쓸 수 있었다. 〈흡족한 결과가 나와서 너무나도 감사하다.〉[43]

조직이 상당히 많이 사라졌을 뿐 아니라 발라디에의 병원에서 부상 부위를 서둘러 봉합하는 바람에 더 악화한 터라 벨의 수술은 어려운 축에 속했다. 그 재건 수술에는 당시의 대다수 외과 의사에게는 없던 전문 기법이 필요했다. 크게 베인 다리를 봉합하는 일은 얼굴에 깊이 뜯겨 나간 부위를 봉합하는 섬세한 일에 비하면 아무것도 아니었다. 길리스는 이렇게 썼다. 〈좋은 양식을 갖추면 다 헤쳐나갈 수 있을 것이다. 수술 양식은 손가락의 움직임을 통해 드러나는 성격과 훈련의 표현이다. 능숙함과 부드러움의 지표다.〉[44] 해럴드 길리스가 시드컵에서 계속하여 보여 주었듯이 그 성형외과 의사는 단지 유능한 장인이 아니었다. 무엇보다도 그는 예술가였다.

12장
모든 역경에 맞서서

수술실의 높이 달린 유리창을 통해 햇빛이 쏟아지면서 닿는 곳마다 환하게 타오르는 듯했다.[1] 이렇게 환한 와중에도 길리스는 갑자기 졸음이 쏟아지는 것을 느꼈다. 눈꺼풀이 무거운 납처럼 내려앉기 시작하자 손에 쥔 수술칼이 환자의 몸 위쪽에서 허우적거렸다. 환자가 내쉬는 숨을 통해 공기로 빠져나온 에테르가 지금 주변에 있는 사람들까지 마취시키려 하고 있었다. 길리스의 몸은 병사의 얼굴 위로 엎어지려고 했지만, 그는 계속 버텼다.

길리스가 수술실에서 엄청난 도전 과제들과 맞서고 있을 때 시드컵의 마취 의사들은 더욱 큰 난제에 직면해 있었다.[2] 의학의 많은 측면이 그랬듯이 마취도 제1차 세계 대전 당시에는 거의 이해가 안 된 상태였다. 마취 방식은 에테르가 마취 성질을 지닌다는 것이 처음 발견된 19세기 중반 이래로 거의 달라지지 않았다. 마취학과라는 전문 분야는 아직 생기지 않은 상태였다. 이는 적어도 전쟁 초기에는 중상을 입은 병사에게 마취제가 어떤 효과를 일으키는지를 제대로 이해하고 있는 전문의가 아니라 후임 의사가 처방했다는 의미다. 사실 영국에서 마취가 의학 교과 과정에 포함된 것은 겨우 1912년부터였다.

전선에서 마취의 수요가 대폭 늘어난 것도 놀랄 일이 아니다. 전쟁 기간에 영국에서만 에테르 약 18만 7,245킬로그램과 클로로폼 약 11만 3,246킬로그램이 쓰였고, 아산화질소도 수십만 리터가 쓰였다.[3] 마취해야 할 상황이 워낙 많이 발생하는 바람에 환자를 마취할 때 비의료 인력까지 동원되기도 했다. 종군 신부인 레너드 피어슨은 솜 전투 때 제44 부상자 응급 진료소에서 그 일을 했다고 회상했다.

> 나는 시간 대부분을 마취제를 투여하면서 보냈다.[4] 물론 그 일을 할 자격은 전혀 없었지만 그 정도로 다급했기 때문이다. 부상자는 병원까지 오는 데 시간이 지체되었고, 이 가여운 사람들이 전쟁터에서 병원까지 오는 여정은 끔찍했다. 그러니 가능한 한 빨리 수술하는 것이 중요했다. 정상적인 방식으로 자신의 수술 차례를 기다려야 했다면, 즉 외과 의사가 다른 의사가 마취제를 투여하는 가운데 수술할 수 있는 상황이 될 때까지 기다려야 했다면 많은 부상병은 이미 시기를 놓치게 되었을 것이다. 실제로 그러다가 많은 병사가 죽었다.

그러나 마취를 필요로 하는 환자의 수가 워낙 많다는 점은 의료진이 직면한 수많은 문제 중 하나일 뿐이었다. 얼굴 부상 환자들을 마취하려고 할 때 또 다른 문제들이 생겨났다.

에테르나 클로로폼을 투여하는 기존 방식, 즉 얼굴에 거즈 마스크를 덮는 방식은 수술할 부위를 가리곤 했다. 고무관을 코나 입으로 넣어서 손풀무로 에테르나 클로로폼 증기를 뿜어 넣는 방식도 외과 의사와 마취 의사가 둘 다 환자의 얼굴을 직접 접해야 하므로 서로의 동선을 방해할 수 있었다. 이로 인해 수술실에서 환자를 마취하는 일 자체가 움직임을 가로막는 악몽이 되기도 한다. 올더숏과 시드컵에서 길리스의 마취 의사로 일한 루벤스 웨이드 대위는 이렇게 썼다. 〈그 외과 의사는 대개 마취 의사의 영역이라고 여겨지는 곳까지 어쩔 수 없이 손대야 했다.〉[5]

마취제 자체도 문제였다. 환자에게 극심한 구토를 일으켰기 때문이다. 얼굴에 중상을 입은 환자의 수술을 더욱 곤혹스럽게 만든다. 길리스는 이렇게 농담했다. 〈다음 주 월요일에 수술할 예정이라고 알리면 환자는 토요일부터 토하기 시작했다.〉[6] 환자들은 수술 자체보다 마취를 더 두려워하기도 했다. 〈하얀 가운을 입고 한 손에 클로로폼 병과 다른 한 손에 거즈를 든 사람이 위에서 어른거리는 모습은 수술실에 실려 온 환자들을 공포에 질리게 만들었다.〉[7] 또 병사 중에는 골초가 많았는데 그런 이들은 에테르나 클로로폼으로 마취시키기가 어려웠다. 니코틴은 몸이 특정한 약물을 대사하는 방식에 영향을 미칠 수 있기 때문이다. 만성 기관지염이나 상부 호흡기 질환을 지닌 이들도 있어서 상황은 더욱 복잡해지기도 했다.

하지만 그런 것들보다 훨씬 더 어려운 도전 과제 중 하나는 얼굴에 있는 많은 혈관 때문에 생겼다. 환자의 혈압이 너무 높으면 피가 지나치게 많이 흘러나올 수 있다. 피는 수술할 부위를 가릴 뿐 아니라 목을 통해 허파로 흘러들어서 환자를 질식시킬 수도 있다. 환자를 똑바로 앉히는 것이 해결책이다. 그러나 그 자체도 여러 가지 문제를 안고 있었다. 시드컵의 마취 의사 이반 매길은 이렇게 말했다. 〈혈액이 기관으로 들어가는 것을 막으려면 양압을 가해야 했다. 그러다가 의사는 에테르가 섞인 날숨을 쐬고 때로 뿜어지는 피를 뒤집어쓰기도 했다.〉[8] 길리스는 이 불쾌한 경험을 종종 했다.

전쟁이 막바지로 접어든 시기에도 의학은 현대 무기가 인체에 끼칠 수 있는 당혹스러울 만치 다양한 손상을 파악하기 위해 애쓰고 있었다. 게다가 외과 의사들이 직면한 문제 중 일부는 전쟁이 끝날 때까지도 해결하지 못하게 된다. 1919년에 매길 의료진은 환자의 기관에 끼운 카테터를 통해 모터 펌프로 에테르 증기를 밀어 넣는 방법을 써서 마취제 투여 방식을 개선했다.[9] 현재, 기관 내 통기법endotracheal insufflation이라고 하는 이 방법은 환자에게 투입하는 약물의 양을 조절할 수 있게 함으로써 마취 쇼크가 일어날 가능성을 줄였다. 매길은 결국 자신의 장치에 관을 하나 추가하기에 이르렀다. 기존의 마취제를 투여하는 관에다가 환자의 허파에서 나오는 에테르와 피가 섞인 날숨을 빼냄으로써 외과 의사의 얼굴에 뿜어지는 것을 막는 관을 추가했다. 길리스가 전후에 성형외과라는 대의를 설파하는 데 앞장선 것처럼, 매길은 마취를 독립된 전문 분야로 설치하자고 주장하며 20세기에 그 분야에서 가장 중요한 인물 중 하나가 된다.[10]

그러나 현재 퀸스 병원에 입원한 환자들은 그런 발전의 혜택을 보려면 한참을 더 기다려야 했다.

전쟁과 그 결과는 분명히 의학 혁신을 추진했고, 길리스 의료진은 종종 유용한 새로운 방법들을 내놓았다. 그러나 퀸스 병원의 그 어떤 방법도 성공이 보장된 것은 결코 아니었다.

프랑스 내 제72 시포스 하일랜더스 연대에서 싸우다가 중상을 입은 스탠리 걸링 사병은 부상을 입은 직후에 시드컵으로 이송되었다.[11] 아마 얼굴 손상이 심각했기 때문인 듯하다. 그러나 시드컵에 도착할 무렵에 그는 출혈량이 심각하여 우려스러운 상태였다. 길리스는 출혈이 지속되는 응급 상황에 대처해야 하는 일을 자주 겪지는 않았지만 수혈 방법의 개선에 관심이 많았다. 얼굴 조직에는 혈관이 아주 많기 때문이다. 제1차 세계 대전이 발생했을 때 마취법이 아직 덜 발달했던 것처럼, 수혈도 당시에는 많은 위험이 수반되었기에 거의 쓰이지 않았다. 하지만 전선에서 부상병을 치료하는 의사들에게는 더 안전하고 효과적인 수혈법을 찾아내는 것이 반드시 해내야 할 과제가 되었다.

기록상 수혈은 1666년에 영국 의사 리처드 로어가 처음 시도했다. 그는 개의 피를 다른 개에게 수혈했다. 그 뒤에 동물의 피를 사람에게 수혈하려는 시도들이 이루어지면서 여러 사람이 죽었고, 자연의 법칙을 어긴다는 비난이 뒤따랐다. 수혈자에게

뿔이 돋아난다는 기괴한 부작용을 염려하는 이들까지 나타났다. 그 여파로 수술 시도는 대체로 중단되었다.

처음으로 사람 대 사람의 수혈이 시도된 것은 19세기가 되어서였다. 1818~1829년에 영국의 제임스 블런델은 여러 차례 수혈을 시도했는데, 살아남은 이는 절반도 안 되었다. 블런델은 이 결과를 도저히 설명할 수 없었다. 20세기 초 오스트리아 의사 카를 란트슈타이너가 드디어 이 수수께끼를 풀었다.[12]

의사들은 수십 년 전부터 서로 다른 사람들의 피를 섞으면 혈구가 엉긴다는 것을 알았다. 그런 피를 주로 아픈 사람에게서 채취했기에 의사 대부분은 그런 엉김을 조사할 가치가 없는 비정상적인 현상이라고 치부했다. 그러나 란트슈타이너는 건강한 두 사람의 피는 어떻게 상호 작용할지 궁금했다. 그는 자신과 동료들의 피를 채취하여 섞어 보았다.[13] 그러자 기증자의 건강과 상관없이 특정한 사람들의 피를 섞었을 때만 엉김이 일어난다는 것이 드러났다. 그는 이 결과를 토대로 자신이 채취한 피를 세 집단으로 나누어서 A형, B형, C형이라고 했다(C형은 네 번째 집단인 AB형이 발견된 뒤에 O형이라고 이름이 바뀌었다). 같은 형의 피는 섞어도 엉기지 않았다. 그러나 A형과 B형을 섞으면 엉김이 일어났다. 반면에 A형이나 B형을 C형(즉 O형)과 섞으면 엉김이 일어나지 않았다.

란트슈타이너는 이 현상이 면역계와 관련이 있음을 깨달았다. 혈액에는 항원이 들어 있으며, 항원은 몸이 바이러스 같은 침입자와 맞서 싸울 항체를 생산하도록 자극한다. 혈액형마다 들어 있는 항원이 다르다. 서로 다른 혈액형을 섞으면 면역계는 외래 항원을 공격하며, 그 결과 혈구가 엉긴다. 이런 일이 일어나면 수혈자의 몸에서는 피떡이 생기고 이 피떡은 치명적일 수 있다. 반면에 O형은 항원이 전혀 없으므로 다른 세 혈액형과 섞일 수 있다.

그러나 혈액형을 구분하게 되었다고 해서 수혈이 갑자기 안전하거나 쉬워진 것은 아니었다. 의사는 피부를 째서 혈관을 드러낸 뒤에 고무관을 써서 헌혈자와 수혈자의 혈관을 서로 연결해야 했다. 직접 수혈direct transfusion이라는 방식이었다. 이때 연결이 끊기지 않도록 두 사람은 서로 몇 시간 동안 나란히 누워 있어야 했는데, 실제로 두 사람 사이에 피가 얼마나 전달되었는지는 측정하기가 거의 불가능했다.

1913년, 뉴욕의 에드워드 린더먼은 덜 침습적인 방법을 고안했다. 먼저 그는 헌혈자의 정맥에 삽입관을 꽂았다. 그런 뒤 삽입관을 유리 주사기에 연결했다. 그럼으로써 헌혈자의 피를 정해진 양만큼 빼낼 수 있었다. 주사기에 피가 꽉 채워지면 그는 주사기를 떼어 내 마찬가지로 수혈자의 몸에 꽂은 삽입관에 연결해서 피를 주입했다. 이 방법을 씀으로써 그는 두 사람 사이에 정확한 양으로 피를 옮길 수 있었다. 그러나 이 과정은 시간을 아주 잘 맞추어야 했다. 지체하면 주사기 안의 피가 엉길 수 있었다. 제1차 세계 대전이 발발하기 직전에 바로 이 문제를 해결할 발전이 이루어졌다.

벨기에 의사 아돌프 후스틴은 시트르산 나트륨을 피와 섞으면 항응고제 역할을 한다는 것을 발견했다. 따라서 수혈할 피를 더 오래 보관할 수 있게 되었다. 전쟁이 나기 겨우 4개월 전인 1914년 3월, 후스틴은 브뤼셀에서 시트르산 나트륨을 섞은 피를 처음으로 수혈했다.[14] 훗날 영국 외과 의사 제프리 케언스는 이렇게 썼다. 〈수혈법의 이 대도약은 전쟁 발발과 거의 동시에 이루어졌다. 마치 전쟁의 부상자를 치료할 때 필요하다는 것을 예측하고서 그런 연구를 한 것처럼 비칠 정도였다.〉[15] 그러나 전선에서 피를 보관한다는 것은 아직 실현 불가능했기에 의사들은 직접 수혈을 하곤 했다. 수혈이 가능한 상황이라면 말이다.

전쟁 때 처음으로 수혈을 받은 병사는 프랑스군 제45 보병 연대에서 싸운 25세의 앙리 르그랭이었다.[16] 이 하사는 마리쿠르 인근의 참호에서 집중포화가 일어난 날 부상을 입고서 비아리츠의 호텔 뒤 팔레를 개조한 병원으로 이송되었다. 그는 이미 많은 피를 흘린 상태였고, 출혈이 금방 멎을 기미도 전혀 보이지 않았다. 그는 유산탄에 다리가 찢긴 뒤 회복 중인 이시도르 콜라 사병 옆 침대에 누워 있었다. 그때 의사인 에밀 장브로가 콜라에게 헌혈을 해달라며 요청했고, 그는 기꺼이 응했다. 1914년 10월 14일, 콜라와 르그랭의 혈관이 은으로 만든 관으로 연결되었고 두 시간 동안 혈액이 섞였다. 르그랭의 얼굴에 조금씩 혈색이 돌아왔다. 수혈이 끝나자 그는 훨씬 몸이 나아진 기분이었고, 고맙다며 콜라의 양쪽 뺨에 뽀뽀를 했다. 르그랭은 놀라울 만큼 운이 좋았다. 아주 다급한 상황이었고 도구도 없었기에 그 의사는 혈액형 검사를 하지 않은 채 혈관을 연결했기 때문이다.

산발적인 성공 사례들이 있긴 해도 전쟁이 시작될 무렵에 수혈은 드물게 이루어졌다. 실패율이 높아서다. 1916년에 앤드루 풀러턴이라는 외과 의사는 불로뉴의 부상자 응급 진료소에서 부상병 19명에게 간접 수혈을 했다.[17] 그는 체외에서 피가 엉기는 것을 막기 위해 파라핀을 바른 관에 헌혈자의 피를 받은 후 옆방으로 들고 가서 누워 있는 부상병들에게 수혈했다. 그러나 풀러턴이 영웅적인 노력을 했음에도 15명은 사망했다. 사실 직접적이든 간접적이든 기존의 수혈법들은 너무나 어렵고 시간이 많이 소요되어 일을 분담해서 할 전문 의료진이 필요했다.[18] 전선에서는 그런 조건들을 충족시킬 수 없었다. 풀러턴은 위험이 크다는 점을 고려해서 가장 절실한 상황에서만 수혈을 했지만 수혈이 〈지금보다 훨씬 더 폭넓게 쓰여야 한다〉고 보았다.[19]

1917년, 새로운 기술의 발전이 이루어지면서 수혈은 더 쉬워졌다.[20] 이 발전에 중요한 역할을 한 사람은 뉴욕 록펠러 연구소 병원의 혈액학자 오즈월드 호프 로버트슨이었다. 로버트슨은 프랑스의 제5기지 병원으로 배속되어 저명한 신경외과 의사 하비 쿠싱의 지휘를 받았다. 이 젊은 혈액학자는 임상 경험이 거의 없었고 쏟아지는 부상병들 앞에서 허둥지둥했다. 그는 고국에 있는 동료에게 이렇게 편지를 썼다. 〈연구실에서 평온하게 지내다가 쓸 만한 장비나 비품도 거의 없는 상태로 병상이 1백 개에 달하는 병원에서 가능한 한 빨리 환자를 내보내는 것을 주된 목적으로 삼아서 바쁘게 움직이고 있으니까 좀 심란해.〉[21]

로버트슨을 가장 고민하게 만든 것은 의사들이 수혈할 때 직면하는 문제들이었다. 〈다급한 상황에서 충분한 피를 확보하는 것의 어려움, 수혈하는 데 걸리는 시간, 수술실에 가능한 모든 군의관을 동원해야 하는 필요성이 모두 가능할 수 있는 수혈 횟수를 줄이는 경향이 있다.〉[22] 그는 어떻게 하면 〈필요할 때 언제든 혈액〉을 공급할 수 있을지 고심하기 시작했다.[23] 결국 그는 직접 수혈 기구를 고안했고, 미리 피를 저장해 두었다가 필요할 때 쓸 수 있는 방법을 찾기 시작했다.

1917년 11월, 로버트슨은 캉브레 전투(퍼시 클레어가 부상당한 전투)에 대비하여 서부 전선의 부상자 응급 진료소로 전속되었다. 떠나기 전에 그는 두 탄약 상자를 개조해서 만든 상자에 얼음을 채운 뒤 혈액이 든 유리병을 넣었다. 여러 헌혈자로부터 받은 혈액을 시트르산 나트륨과 섞은 것이었다. 캉브레에 도착한 뒤 그는 보관한 피를 써서 수혈을 시작했다. 그런데 전투 사흘째가 되자 혈액이 동났고, 그는 다른 방법을 써야 했다. 훗날 그는 이렇게 썼다. 〈그때쯤 나는 저장된 혈액이 엄청난 이점을 지닌다는 것을 깨달았다.〉[24] 그는 자신의 방법이 〈아주 큰 효과〉를 보았다고 덧붙였다. 실제로 캉브레 전투 때 로버트슨이 즉석에서 확보한 혈액은 많은 병사의 목숨을 구했다.

수혈의 가치와 헌혈자의 필요성을 확신한 로버트슨은 동료 의사들에게 힘써 달라고 촉구했다. 그는 그 주제로 강연을 할 때 한 대령을 설득해서 헌혈하게 했다.[25] 그렇게 헌혈자들로부터 미리 혈액을 채취하여 〈혈액은행〉을 만든 덕분에 전선에서 헌혈을 필요로 하는 이들에게 피를 공급할 수 있었다. 영국군은 더 나아가 헌혈을 한 병사에게 휴가를 주는 조치까지 시작했다. 또 수술 이전과 이후에 수혈을 담당하는 소생 팀까지 구성했다. 대개 의사 한 명과 조수 한 명으로 이루어진 이 팀은 헌혈자와 수혈자를 수술실로 옮길 필요 없이 환자의 병상 옆에서 재빨리 수혈할 수 있었다. 이 방식은 더 쉬웠을 뿐 아니라 다른 수술들을 위해 수술실 공간을 비울 수 있었다. 훗날 페니실린을 발명할 스코틀랜드 의사 알렉산더 플레밍이 소생 팀을 이끌었다.[26]

이런 긍정적인 변화들을 일으켰음에도 일부 동료들은 수혈에만 집착한다면서 로버트슨을 조롱했다. 〈진지한 과학자에게 전쟁은 오로지 피, 피로 가득했다.〉[27] 한 비평가는 이렇게 썼다. 〈살육이 그의 호기심을 충족시키지 못하게 되자 그는 자원봉사자들을 끌어모아서 자신을 흡족하게 만들도록 했다. 기존의 그 어떤 거머리도 한 대상에게 이토록 꽉 달라붙어서 아주 많은 것을 뽑아낼 만치 오래 매달린 적이 없었다.〉 조롱을 받기도 했지만 로버트슨이 이룬 발전은 부정할 수 없었다. 완벽한 체계는 아니었지만 전쟁이 시작될 때 있었던 그 어떤 체계들보다도 훨씬 나았다.

그 결과 스탠리 걸링 사병은 왼쪽 어깨와 턱을 다쳐 심한 출혈을 일으킨 상태로 퀸스 병원으로 왔지만 더 앞서 온 병사들보다 생존 가능성이 훨씬 높았다. 의사들은 역사상 그 어느 때보다도 수혈을 통해 더 많은 것을 이룰 수 있는 단계에 이르렀다. 게다가 시드컵에서 멀지 않은 울위치의 병기고에서 걸링의 형인 레너드가 일하고 있었다는 사실 덕분에 걸링의 생존 확률은 더 높아졌다. 병동에 득실거리는 부상병들 사이에서 헌혈자를 찾을 필요가 아예 없었다. 튼튼하고 건강하면서 질병도 전혀 없고 가족이기에 혈액형도 들어맞을 가능성이 높은 형이라는 헌혈자가 있었기 때문이다.

레너드는 동생이 중상을 입었다는 소식을 듣자마자 시드컵으로 달려왔다. 의사는 그에게 헌혈을 해줄 수 있는지 물었고, 그는 주저하지 않고 하겠다고 대답했다. 몇 시간이 지나지 않아서 레너드는 스탠리 옆 침대에 누웠고, 그의 정맥에서 흘러나온 피가 동생의 정맥으로 들어가고 있었다. 안타깝게도 첫 수혈로는 부족했기에 2차 수혈이 이루어졌다. 스탠리는 서서히 기력을 회복했다. 그러나 그의 건강 회복에는 큰 대가가 따랐다. 건강하고 인정 많은 그의 형에게 문제가 생겼기 때문이다. 피를 잃어서인지 아니면 다른 이유 때문인지는 몰라도 레너드는 하루 뒤에 쓰러져서 돌연사했다. 신문에는 그 젊은이가 동생의 목숨을 구하기 위해서 〈눈부신 희생〉을 했다고 실렸다.[28]

형의 죽음에 스탠리가 어떤 기분이었는지는 언급되어 있지 않았다.

1918년 7월 즈음에 헨리 통크스는 모든 것을 본 상태였다.[29] 짓이겨져서 흐물거리는 턱, 삐져나온 눈알, 깊은 구멍만 남은 코. 그는 개인적인 상실도 겪었다. 슬레이드 미술 대학에서 가르쳤던 학생 한 명이 전투에서 사망했다는 소식을 최근에 들었다. 그러나 전투가 막바지에 이르렀을 때 그는 공식 종군 화가로서 서부 전선으로 향했고, 그곳에서 더욱 가슴 아픈 광경들을 목격하게 된다.

세계 대전의 기록물을 만들기 위해 동시대 미술 작품을 의뢰하는 일을 맡은 정부 기관인 영국 전쟁 기념관 위원회의 요청을 받아서 통크스는 아내, 아이들과 함께 프랑스로 향했다. 볼셰비키 혁명이 일어나서 러시아 차르 니콜라이 2세가 처형된 지 며칠 뒤였다. 통크스는 응급 진료소의 그림을 그리기 위해 조사하는 일을 맡았다. 의료진이 가장 먼저 부상자의 상태를 살펴보고 붕대를 감거나 수술을 하는 곳이었다. 당대의 손꼽히는 초상화가라고 여겨지는 해외 체류 미국인 존 싱어 사전트도 함께했다. 사전트는 곧 역사상 가장 기억에 남을 전쟁 미술 작품 중 하나를 그리게 된다.

남들의 고통에 민감하게 반응하는 영혼을 지닌 통크스는 전선으로 돌아갈 때 마음이 불안했다. 그러나 신중한 낙관론을 펼칠 이유도 있었다. 그해 초에 독일군은 어느 정도 진격에 성공했지만 봄 공세를 펼치면서 지친 상태였다. 6월 내내, 그리고 7월 초에 독일군은 프랑스의 연합군 방어 전선을 돌파하는 데 실패했다. 미국의 지원군이 도착한 영향도 있었다. 통크스가 도착할 즈음에 독일군은 사기가 떨어지기 시작한 상태였다. 7월 18일, 프랑스군은 마른에서 기습 반격에 나섰고, 연합군은 이 마른 전투에서 승리를 거두었다. 길고도 길었던 전쟁의 종식이 시작된 순간이었다.

이렇게 전황이 유리해지고 있긴 해도 통크스는 몇 년 전에 접한 바 있는 군사 작전을 다시금 눈앞에서 목격하자 전쟁의 끔찍함에 가슴이 아파 왔다. 그는 친구에게 〈아주 가까이에 3분마다 발사되어 정말로 열불 나게 하는 대포〉가 있다고 편지를 썼다.[30] 그러나 가치 있는 작품을 내놓으려면 이런 신경을 거슬리는 것들도 견뎌야 했다. 그와 사전트는 응급 진료소에서 계속 들어오는 부상병들을 치료하는 광경을 스케치했다. 대부분 독가스 공격에 당한 병사들이었다. 보이지 않는 화학 무기에 당한 부상병들이 붕대를 감은 채 줄지어 걸어가는 — 말 그대로 눈먼 병사가 눈먼 병사들을 이끌고 — 도저히 잊지 못할 광경은 이윽고 사전트의 걸작 「독가스에 당한Gassed」을 낳았다. 이런 취재를 통해서 통크스도 폐허가 된 성당 앞에 설치된 응급 치료소를 담은 비슷한 작품을 내놓았다. 팔다리나 머리에 붕대를 감은 부상자들이 앞쪽에 모여 있고 들것 운반 대원들이 계속 부상자들을 그쪽으로 운반하는 장면이다. 퀸스 병원에서 일할 때처럼 통크스는 자신의 의학 전문 지식을 활용하여 전선에서 부상자들이 어떻게 관리되고 있는지를 자세히 묘사했다.

영국으로 돌아온 직후에 통크스는 이렇게 토로했다. 〈내 생애의 마지막 장면까지 충분히 목격했다.〉[31] 그만 그런 것이 아니었다. 양쪽은 여전히 격전을 벌이고 있었지만, 그때쯤에 전 세계는 전쟁이 지긋지긋하다고 여기고 있었다. 그러나 전쟁보다 더욱 끔찍한 일이 곧 일어나게 된다.

그것은 귀에 거슬리는 기침으로 시작되었다. 애니 엘리너 버클러는 좀 더 살펴볼 생각을 하지 않았을지도 모른다. 퀸스 병원의 소모열 병동에 있는 환자들을 치료하느라 너무 바빴기 때문이다. 게다가 마흔세 살인 그녀도 평생 계절에 따라 수없이 감기에 걸렸다. 그 기침을 그해 가을에 유럽을 휩쓸고 있던 치명적인 새로운 바이러스와 연관 지을 이유가 전혀 없었다.

사실 그 병원의 직원이나 환자 중에서 이 〈스페인 독감〉이 국내외에서 끔찍한 피해를 일으키고 있다는 사실을 알아차린 사람은 거의 없었을 것이다. 1918년 봄, 그 독감이 출현했을 때 군 의료진은 그것이 어디에서 기원했는지 알지 못했다. 피해자가 점점 늘어나자 그들은 그것을 〈3일 열〉이라고 부르기 시작했다. 그 바이러스의 잠복기가 3일이고, 3일 동안 열이 나다가, 3일에 걸쳐 회복되는 특성을 보였기 때문이다. 하지만 그 바이러스가 확산하고 있다는 보고는 아직 산발적이고 엉성한 양상으로 이루어지고 있었다. 의료계 내에서도 그러했다. 그리고 또 다른 문제가 있었다.

제1차 세계 대전에서 싸운 대다수 국가처럼 영국도 국민의 사기에 영향을 미칠 나쁜 소식을 막기 위해서 언론 통제를 했다. 따라서 그 바이러스의 소식이 가장 먼저 신문에 보도된 것은 스페인이었다. 당시 중립국이어서 언론 통제를 하지 않았기 때문이다. 스페인에서는 국왕이 그 바이러스의 확산 초기에 걸렸기 때문에 그 소식이 대중의 관심을 사로잡았다. 그 뒤로 그 질병은 〈스페인 독감〉이라고 불리게 되었다.[32] 실제로는 3월 4일에 앨버트 깃첼이라는 병사가 캔자스의 군 기지에서 독감과 유사한 증상을 보인 것이 최초의 발병 사례라고 여겨지지만 말이다. 출현한 바이러스는 병사들 사이로 전파되다가 이윽고 유럽으로 퍼져 대량 학살을 시작했다.

그 바이러스가 처음 출현했을 때 독감의 대발생이 전쟁 자체보다 더 많은 목숨을 앗아 가게 될 것이라고 상상한 사람은 없었을 것이다. 18개월 사이에 민간인과 군인을 합쳐서 5천만 명에서 1억 명이 사망했다. 영국군에게 독감은 새로운 것이 아니었다. 사실 전쟁이 시작된 이래로 독감을 앓은 사람은 수만 명에 달했다. 그러나 1918년에 출현한 균주 — 현재 인플루엔자 A(H1N1)라고 하는 — 는 유달리 지독했고, 군대의 열악한 생활 조건도 급속한 확산에 기여했다. 병사들은 비좁은 참호 안에서 다닥다닥 웅크리고 있었고, 몇 년째 전투를 벌이다 보니 영양실조에 걸리거나 면역력이 떨어진 이들이 많았다. 예전에 건강했던 젊은이들은 바이러스의 주된 표적으로 변했다. 게다가 유럽 전역에서 전쟁으로 민간인과 군대의 이동이 활발해졌고, 그 결과 독감이 더 멀리까지 빠르게 퍼질 수 있었다.

이 세계적 유행병에 놀라지 않은 이들도 있었다. 일찍이 1914년부터 공중 보건 책임자들은 세계 대전이 시민들에게 새로운 질병을 퍼뜨릴 수 있다고 우려의 목소리를 높이기 시작했다. 이 전문가들은 이전까지 서로 격리되어 있던 집단들 사이에 지속적인 접촉이 이루어질 때 역사상 가장 치명적인 감염병이 번졌다는 사실을 알고 있었다. 6세기에 비잔티움 제국을 휩쓴 유스티니아누스 역병은 곡물 운송 선박을 통해 북아프리카에서 들어왔고, 14세기 중반의 흑사병은 제노바 교역선을 통해 아시아에서 유럽으로 전파되었다. 이 교역선은 흑해와 지중해를 지나는 장기간의 위험한 항해를 한 끝에 메시나의 시칠리아 항구에 도착했다. 환영하기 위해 항구에 모인 사람들은 섬뜩한 광경을 목격하고 경악했다. 선원들 대부분이 죽어 있었고, 남은 사람들도 간신히 숨만 쉬고 있을 뿐이었다.

당연한 말이지만 유행병은 군대와 함께 이동하기도 한다.[33] 스페인 군대가 아스테카 제국과 잉카 제국을 침략할 때 〈신대륙〉으로 천연두까지 옮긴 것이 대표적인 사례다. 마찬가지로 제1차 세계 대전 때 이루어진 군대의 이동은 질병을 전파하는 완벽한 매개체였다. 나중에 캐나다 육군 의무대 의무감이 되는 가이 칼턴 존스는 전쟁이 일어났을 때 이렇게 경고했다. 〈감염된 군대는 행군할 때 여성과 아이들, 그리고 비전투원들에게 질병이라는 슬픈 이야기를 남긴다. 법과 규제는 전쟁 수행 과정을 통제할 수 있겠지만, 질병과 감염은 그런 법규를 알지 못하며 전투원에게만 퍼지는 것을 거부한다.〉[34] 그의 우려는 4년 뒤 이 새롭고 유별나게 병독성이 강한 독감이 군인과 민간인 양쪽 집단을 휩쓸면서 수많은 목숨을 앗아 감으로써 최악의 형태로 실현되었다. 〈따라서 우리는 전쟁이 민간인에게, 천진난만한 아이에게, 집에 머물러 있는 비전투원에게 위력을 발휘하는 것을 본다……. 전쟁이 일단 한 나라를 장악했을 때 누가 그 희생자가 될지를 과연 말하거나 셀 수, 아니 알아볼 수나 있을까?〉

1918년에 독감의 세계적 대유행은 세 번의 물결 형태로 들이닥쳤다. 첫 번째 물결은 봄에 시작되었는데, 두 번째 물결이 없었다면 알아차리지 못했을 수도 있다. 두 번째 물결은 바이러스가 더 치명적인 형태로 돌연변이를 이룬 뒤인 가을에 밀려들었다. 시드컵의 퀸스 병원에서 애니 엘리너 버클러가 기침을 시작한 바로 그 무렵이었다. 증상이 너무나 특이해서 의사들은 그 병을 뎅기열이나 콜레라, 장티푸스로 착각하기도 했다. 이렇게 쓴 사람도 있었다. 〈가장 놀라운 합병증 중 하나는 점막, 특히 코, 위장, 창자의 점막에서 일어나는 출혈이었다……. 귀의 출혈과 피부의 점 출혈도 일어났다.〉[35]

마지막 세 번째 물결은 다음 해 봄에 밀려들어서 1920년까지 머물렀다. 가장 강력한 형태일 때 그 바이러스는 전파되는 속도만큼 빠르게 사람을 죽일 수 있었다. 아침에 멀쩡했다가 저녁에 죽을 수도 있다는 말이 떠돌았다.[36] 시신이 우려될 만큼의 속도로 늘어났다. 미 육군 기지의 한 의사는 동료에게 이렇게 편지를 썼다. 〈몇 시간마다 사망자가 발생해……. 끔찍해. 한 명이나 두 명, 아니 20명이 죽어 가는 것은 보고도 견딜 수 있겠지만, 이 가여운 친구들이 파리처럼 쓰러지는 모습은 도저히 볼 수가 없어……. 하루에 평균 1백 명씩은 죽어 가고 있어.〉[37]

이 비극에 피해를 보지 않은 사람은 거의 찾아볼 수 없을 정도였다. 병원마다 의사와 간호사는 병들고 죽어 가는 환자들이 쉴 새 없이 밀려드는 바람에 정신이 없었다. 환자들을 계속 접해야 하는 바로 그 직업의 특성 때문에 많은 의료진도 쓰러졌다. 간호사인 버클러도 그러했지만, 그 세계적 대유행 기간에 쓰러진 길리스 의료진은 그녀만이 아니었다.[38] 그녀가 사망한 지 11일째에 프랑스의 부상자 응급 진료소에서 2년 동안 일하다가 퀸스 병원으로 배속된 서른세 살의 치과 의사 어니스트 가이 로버트슨 대위가 그 바이러스에 굴복했다.

놀라운 일도 아니지만 가장 취약한 이들은 환자들이었고, 영국의 병동에 바이러스가 침투하기 시작했을 때 환자 중 상당수는 오랜 회복기를 거치는 동안 이미 기력이 쇠한 상태였다. 유산탄에 입을 맞은 에이브러햄 클레그 사병은 재건 수술을 받기 위해 퀸스 병원으로 왔는데 독감에 걸렸다. 입대한 지 겨우 몇 개월밖에 안 된 상태에서 그는 사망했다. 시드컵에서 19번의 수술을 받은 레지널드 어니스트 트리즈도 사망했다. 그의 나이 겨우 스물아홉이었다. 많은 병사는 전쟁의 지옥을 헤쳐 나오는 데 성공했지만, 결국 이 새로운 질병에 목숨을 잃었다.

이 세계적 유행병에 살아남은 많은 사람이 그런 것처럼 해럴드 길리스도 자신은 살아남았지만 많은 지인을 잃었다. 나중에야 그는 전쟁이 시작될 때 파리의 수술실 앞에서 자신을 가로막았던 성깔 있는 외과 의사 이폴리트 모레스탱도 그 긴 희생자 명단에 올랐음을 알게 되었다. 죽음은 빠르게 무차별적으로 찾아왔고, 남들의 목숨을 구하는 일을 하는 사람들이라고 예외가 아니었다. 그러나 언제나 그래왔듯이 퀸스 병원은 하던 일을 계속했다.

유행병이 맹위를 떨치고 있었지만, 평화는 가까워지고 있었다. 7월에 2차 마른 전투에서 승리한 뒤 영국, 벨기에, 프랑스, 미국의 연합군은 독일군을 계속 밀어붙였다. 이 시기는 1백 일 공세라고 불리게 되었다. 전투는 격렬하고 쉴 새 없이 진행되었으나 9월 말에 연합군은 마침내 서부 전선에서 독일군의 마지막 방어선인 힌덴부르크 전선을 돌파하는 데 성공했다. 이제 종전은 필연적으로 곧 다가오게 된다.

13장

반짝이는 모든 것

대릴 린지는 약국으로 향하는 비탈길을 오르다가 시드컵에서 호주 구역을 담당하고 있는 헨리 뉴랜드 대령과 마주쳤다.[1] 뉴랜드는 자신의 감정을 철저하게 억제하기에 때로는 무념무상 상태에 빠져 있는 것처럼 보이기도 했다. 두 사람이 엇갈릴 때 뉴랜드는 중얼거렸다. 「흥미로운 소식이야.」 마치 세계 대전의 종식이 아니라 신문에서 스포츠 기사를 평하는 양 들렸다.

독일은 1918년 11월 11일 오전에 전쟁을 끝내는 조약에 서명했다. 오전 11시 정각에 서부 전선에서는 총성이 멎었고, 저녁 무렵 런던 거리는 자발적으로 몰려 나와서 축하를 하는 사람들로 가득했다. 신문에는 〈하릴없이 몰려다니면서 온갖 야단법석을 떨어 대는 대중〉이 가득했다고 기사가 실렸다.[2] 집, 사무실, 가게에서 남녀 모두 〈모자도 잃어버릴 정도로 숨 가쁘게〉 뛰쳐나와서 환호성을 질러 댔다. 도로마다 꽉꽉 막혔고, 수도는 승리의 외침으로 활기에 넘쳤다. 〈종을 치고 나팔을 불고 깡통을 두

들겨대는 소리가 울려 퍼졌다.〉

그러나 이 환호하는 분위기는 죽은 이들을 애도하는 수많은 사람의 슬픔 앞에서 가라앉았다. 아직 온기가 가시지 않은 채 무덤에 묻혀 있는 이들도 있었다. 아들, 남편, 형제의 시신이 돌아오기를 열망하는 이들은 오랜 시간을 기다려야 했다. 무수한 병사가 쓰러진 그 자리 근처의 임시 묘지에 서둘러 묻혔다. 목에 표준 양식의 인식표를 걸고 있는 사망자도 많았지만 이 작은 금속판에는 이름, 군번, 계급, 연대, 종교만 적혀 있을 때가 많았다. 그런데 병사가 사망하면 행정 처리를 위해 인식표를 회수했기에 시신은 누구인지 알아볼 수 있는 표시가 전혀 없는 상태로 그냥 묻히곤 했다. 따라서 사망자를 본국으로 돌려보내는 일은 쉽지 않았다. 발굴은 1920년대 내내 계속되었고, 당시 프랑스에서만 영국으로 일주일에 평균 40구씩 시신이 운구되었다.[3] 제1차 세계 대전 때의 사망자를 찾아내고 신원을 확인하는 작업은 지금까지도 계속되고 있다.

죽은 사람은 적어도 더는 고초를 겪지 않았다. 그러나 부상병들의 대다수는 그렇지 않았다. 그중 일부는 시드컵으로 이송되었고, 그런 와중에 퀸스 병원의 복도에 종전 소식이 전해졌다. 약국 앞에서 뉴랜드는 린지에게 〈흥미로운 소식〉을 전했다. 린지는 이렇게 썼다. 〈이야기를 나눌 때 그는 손에 든 약통을 무의식적으로 쥐어뜯고 있었고, 알약들이 비탈길로 굴러떨어졌다.〉[4] 시드컵의 많은 사람이 그렇듯이, 뉴랜드도 〈전쟁의 모든 단계를 지켜보았는데, 이제 그 전쟁이 끝난〉 것이었다. 병원에는 믿지 못하겠다는 반응과 안도하는 분위기가 뒤섞여 있었다.

뉴랜드처럼 해럴드 길리스도 그 소식을 듣고 얼떨떨했다. 마치 전등 스위치가 갑자기 꺼진 듯했다. 나중에 그 순간을 돌아볼 때도 그는 여전히 몇 마디로밖에 말할 수 없었다.[5] 〈전쟁이 끝났다.〉 그러나 휴전 협정이 이루어진 그날, 그의 마음이 다른 곳에 가 있었다고 해도 탓할 일이 아니었다. 그는 더 사적으로 축하할 일이 있었기 때문이다. 전쟁이 끝나기 5일 전에 아내가 딸 조앤을 출산했다. 퀸스 병원의 병동에서 환호성이 터져 나오는 가운데 길리스는 셋째 아이의 출생을 신고하러 등록소로 향했다.

그에게 1918년은 죽음과 고통으로 점철되었지만 새로운 시작에 대한 희망이 그 암울함을 아주 조금 덜어 준 해였다.

11월 중순, 날은 점점 추워지며 어둑해지고 있었으나 그 어떤 것도 데이지 케네디의 기분을 우울하게 만들 수는 없었다.[6] 그녀는 메이페어에서 열리는 오찬회에 참석했다. 종전을 축하하는 수많은 행사 중 하나였다. 피아니스트 베노 모이세비치의 아내인 호주 바이올리니스트 케네디는 옆자리에 앉은 멋진 젊은 장교의 이야기에 푹 빠졌다. 그는 전쟁이 끝날 때까지 서부 전선에서 싸웠는데 아무런 부상도 입지 않아 보였다.

유리가 쨍그랑거리고 은식기가 달그락거리는 가운데 케네디는 같은 영연방 국가의 동료인 해럴드 길리스를 언급했다. 그때쯤 길리스는 세계적인 저명인사가 되어 있었다. 그녀는 같은 남반구 출신이라는 점에서 해럴드가 자랑스럽다고 말했다. 그러자 젊은 장교는 음식을 먹다 말고 말했다.「그렇게 말씀하시니 너무나 고맙습니다.」

케네디는 깜짝 놀라 고개를 들어 그를 쳐다보았다. 자신이 그 유명한 외과 의사 옆에 있으면서도 알아보지 못했나 생각했다.「어? 당신은 길리스 소령님이 아니잖아요?」

그러자 장교는 흠 하나 없는 얼굴로 대답했다.「아닙니다. 그분의 환자였지요.」

케네디는 훗날 회상했다.〈나는 너무나 감동을 받아서 아무 말도 할 수 없었다. 그의 얼굴에는 수술을 받았다는 흔적이 전혀 없었다.〉

1919년 6월 28일, 베르사유 궁전 거울의 방에 있는 길쭉한 유리창을 통해서 오후 햇살이 들어오고 있었다. 제1차 세계 대전을 공식적으로 끝내는 조약의 서명이 이루어질 장소다. 상이군인 대표단이라는 얼굴 손상을 입은 프랑스 병사 몇 명이 반짝이는 보석 상자 같은 방으로 들어갔다. 그들은 수상의 초청으로 전쟁의 끔찍함을 가시적으로 증언하는 역할을 맡았다. 알베르 쥐공이 대표를 맡았다.

5년 전 쥐공은 전쟁이 벌어진 지 몇 주 사이에 참호 가장자리에서 죽어 가고 있었다.[7] 포탄 조각이 그의 얼굴 반쪽과 목을 찢고, 턱뼈를 으깨고, 오른쪽 눈에 구멍을 냈다. 상태가 너무나 끔찍했기에 한 사제는 전쟁터에 그 젊은이를 위해 마지막 병자성사까지 했다.

그해 2월까지 쥐공은 파리의 발드그라스 군 병원에서 이폴리트 모레스탱의 치료를 받았다. 독감에 쓰러지기 전에 모레스탱은 자신이 치료한 환자 수백 명 가운데 쥐공을 그 행사 참석자로 뽑았다. 그리고 쥐공은 베르사유 궁전까지 함께 갈 동료 4명을 골랐다. 외젠 에베르, 앙리 아고게, 피에르 리샤르, 앙드레 카발리에였다.

이들이 반질거리는 방으로 들어가자 고위 인사, 기자, 시민 대표 등 수백 명이 그들을 맞이했다. 모두 평화 조약의 서명을 지켜보기 위해 온 사람들이었다. 전쟁의 참화를 상기시키기 위해 참석한 이들은 쥐공과 동료들만이 아니었다. 기쁜 행사 자리이긴 했지만, 참석자들은 대부분 전쟁이 벌어지는 동안 사망한 수백만 명을 기리는 차원에서 검은 옷을 입었다. 상이군인 대표단은 방 중앙에 가까운 작은 탁자에 앉았다. 그랬기에 전권 대사들은 역사적 문서에 서명하려면 그들의 앞으로 지나가야 했다. 역설적이게도 회복될 때 상당 기간을 거울 없이 지내야 했던 이 병사들은 더는 자신의 손상된 얼굴을 회피할 수 없게 되었다. 357개의 거울에 둘러싸여 있었기 때문이다. 게다가 이들의 손상된 얼굴을 누구나 볼 수밖에 없었다.

쥐공과 동료들이 자리에 앉아 있는 동안 사람들은 조약에 서명할 대사들을 찾아서 여기저기 돌아다녔다. 한 기자는 이렇게 썼다. 〈유명 인사들이 같은 유명 인사들의 서명을 받기 위해 아주 길쭉한 방의 한쪽 끝에서 다른 쪽 끝까지 열심히 돌아다니는 모습을 보고 있자니 재미있었다.〉[8] 서명을 받으러 다니는 이들은 그날 오후의 모든 순간을 사진으로 담고자 하는 사진사들과 동선이 서로 겹치기도 했다. 다른 기자는 이렇게 썼다. 〈거의 모든 사람이 카메라를 갖고 있는 듯했고, 방의 모든 곳에서 사진을 찍는 소리가 계속 울려 퍼졌다.〉[9]

연합국의 주축인 네 국가의 지도자들은 거리에 모여든 구경꾼들을 뚫고 궁전으로 들어갔다. 프랑스 총리 조르주 클레망소, 미국 대통령 우드로 윌슨, 영국 총리 데이비드 로이드 조지, 이탈리아 총리 비토리오 올란도였다. 〈빅 포〉라고 불린 이들은 평화조약의 주된 설계자였다. 이 나라의 다른 사절들과 협력한 국가의 대사들은 부수적인 역할을 했고, 추축국의 대표단은 발의된 안건에 거의 아무 말도 하지 않았다. 결국 추축국은 매우 불리한 방식으로 조약을 맺었고, 그런 혹독한 조건은 더욱 큰 참화를 불러올 제2차 세계 대전이 발발하는 토대가 된다.

도착한 지도자들은 연합국의 다른 사절들과 함께 늘어서 앉았다. 3시 직후에 방에는 불편한 침묵이 깔렸다. 바깥 멀리서 자동차 소리가 들렸다. 실내의 참석자들은 불안한 기색으로 서로를 쳐다보며 속삭였다. 「저기 오네요.」

독일 대표단인 외무 장관 헤르만 뮐러와 식민 장관 요하네스 벨은 프랑스, 영국, 미국 장교들의 호위를 받으면서 거울의 방으로 들어섰다.[10] 두 사람이 자리에 앉자 클레망소가 일어나서 조약을 발표했고, 마지막에 그는 독일 대표단에 서명하라고 요청했다. 두 사람은 서둘러 서명을 하려다가 공식 통역사가 총리의 말을 영어로 번역하기 시작하자 멈췄다. 통역사가 〈독일 국가〉라고 말하자 누군가가 항의했다. 「독일 제국.」 통역사는 즉시 수정했다.

나름 절차를 지키는 행사이긴 했지만 이렇게 오래 이어진 참화의 종식을 알리는 공식 행사라면 모두 그렇게 지리멸렬해 보일 수밖에 없었을 것이다. 한 기자는 장소는 장관이었지만 〈행사는 신기할 만큼 시시했다〉고 썼다.[11] 독일 대표단이 문서에 서명하자 다른 사절들도 차례로 줄을 서서 서명을 했다. 이윽고 클레망소와 프랑스 사절들이 평화 조약에 서명하기 위해 일어났다. 총리는 방 한가운데로 걸어가다가 상이군인 대표단 앞에서 멈추었다. 「많이 고생하셨지요.」 그는 앞으로의 삶이 결코 전과 같을 수 없는 이들에게 말했다. 그런 뒤 역사적 문서가 서명을 기다리고 있는 탁자를 가리키면서 덧붙였다. 「하지만 저기에 보상이 있습니다.」 서명의 잉크가 마르면서 평화 조약은 이루어졌다.

4년간의 세계 대전이 공식적으로 종료되는 데는 겨우 37분이 걸렸다.

웅장한 베르사유 궁전과 멀리 떨어진 영국에서 해럴드 길리스는 스케치를 내려놓고 담배를 비벼 껐다.[12] 그는 적어 놓은 내용을 마지막으로 훑은 뒤 일어섰다. 환자들이 있는 임시 막사를 향해 걸어가면서 그는 곧 하게 될 수술을 단계별로 머릿속에 떠올렸다. 수백 명의 얼굴을 수술하긴 했지만, 길리스는 안주하는 순간 패배한다는 것을 잘 알았다. 성형 수술에도 지침이 되는 일반 원리 집합이 있긴 하지만 가장 중요한 것은 사례마다 상황이 다르기에 그에 맞추어야 한다는 점이다.

그는 수술실 문을 열고 들어가 세면대로 가서 손과 팔을 박박 문지르며 씻기 시작했다. 그런 뒤 두꺼운 고무장갑을 끼었다. 그리고 환하고 천장 높은 수술실 한가운데에 누워 있는 환자에게 향했다. 부상을 입지 않은 채 잘 버티다가 전쟁이 끝나기 직전에 다친 젊은 병사였다.

「애야, 걱정하지 마.」 그는 전쟁의 피해를 본 채 누워 있는 병사를 향해 부드럽게 웃으며 말했다. 「다 잘될 거고, 앞서 수술받은 친구들 못지않게 멋진 얼굴을 갖게 될 거야.」

에필로그

길을 내다

베르사유 조약으로 전쟁은 끝났지만 얼굴 손상을 입은 많은 병사는 여전히 고통스러운 수술이 반복되는 기나긴 길을 가야 했다. 해럴드 길리스의 육군 의무대 복무는 공식적으로 1919년 10월 8일 자로 끝났지만, 그는 시드컵에서 6년 더 수술을 계속했다. 전후의 이 시기에 그는 많은 도전 과제에 직면하고 더 많은 돌파구를 열게 된다.

직원들이 환자들과 그들의 의료 기록과 함께 자국으로 복귀함에 따라서 퀸스 병원의 인원은 줄어들기 시작했다. 소수의 외과 의사를 제외하고 많은 이가 성형 수술 쪽은 아예 손을 놓고서 본업으로 돌아갔다. 호주 구역을 맡고 있던 헨리 뉴랜드는 멜버른으로 돌아가서 다시 일반 외과로 복귀했다. 다른 이들도 비슷한 경로를 따랐다. 1920년 봄, 병원은 소속이 바뀌어서 연금부 산하 기관이 되었다.[1] 길리스는 남아 있는 병사들에게 얼굴 재건 수술을 계속했고, 병원은 일반 진료와 수술 환자도 받기 시작했다.

성형 수술 환자가 줄어들고 있긴 했지만, 퀸스 병원은 여전히 창의성과 혁신을 이끄는 중심지 역할을 했다. 마취 의사 이반 매길이 기관 내 마취법을 고안한 것도 이 시기였다. 또 그는 삽입관을 후두로 집어넣는 데 쓰는 휘어진 집게를 설계하는 등 다양한 수술 기구를 고안하고 적용했다. 이 〈매길 집게〉는 지금도 수술실에서 쓰인다.

1925년, 시드컵에 남아 있던 얼굴 손상 환자 8명은 약 30킬로미터 떨어진 로햄프턴에 있는 퀸 메리 병원으로 옮겨졌다.[2] 길리스는 〈한 시대가 끝났구나〉 하고 느꼈다. 길리스가 영구히 시드컵을 떠나기 직전의 어느 날, 토머스 킬너 — 전시에 그에게 배웠고 나름 중요한 성형외과 의사로 자리를 잡게 된다 — 는 프로그널 하우스의 집무실로 가서 스승을 만났다. 〈그는 눈물을 글썽이며 우리가 지금까지 했던 전문 수술을 누군가 계속 이어받지 않는다면 자신이 시드컵에서 이룬 모든 것이 사라지지나 않을까 걱정했다.〉[3]

성형 수술의 미래는 아직 불확실했다.

전쟁이 끝난 뒤 오귀스트 샤를 발라디에는 밀랍과 석고 주형, 틀, 사진 건판, 인쇄물 등 자신의 모든 기록물을 런던 왕립 외과 대학에 기증했다. 길리스보다 수술 횟수는 더 적었지만, 발라디에는 초기 성형 수술의 중요한 개척자였고 그의 기록은 당시 프랑스에서 그가 정말로 믿어지지 않는 수준의 재건 수술을 했음을 보여 준다.

전쟁의 포화가 멎자 발라디에는 파리로 돌아가서 새 치과 의원을 열었지만 안타깝게도 그는 도박에 중독되고 말았다. 1920년대 말에 그는 진료를 그만두었고, 빚은 계속 늘어갔다. 그는 혈액병(아마 백혈병이었을 것이다)에 걸렸고 1931년 8월 31일, 노르망디 해안의 르투케에 있는 자택에서 무일푼으로 사망했다.

아내인 앨리스는 그의 빚을 갚느라 허덕여야 했다. 프랑스 정부가 그녀의 집을 압류하겠다고 통보하자 그녀는 파리의 영국 대사관을 찾아 전시에 발라디에가 무급으로 일했으니 그 봉급을 돌려 달라고 했다. 많은 논란이 벌어진 뒤 자선 단체인 영국 장교 협회가 그녀에게 40파운드를 내놓았다. 힘들게 받아 냈지만 발라디에가 진 많은 빚을 갚기에는 턱없이 모자란 수준이었다. 다행히 그의 환자였던 인도의 마하라자가 큰돈을 기부한 덕분에 앨리스는 곤경에서 벗어날 수 있었다.

제1차 세계 대전 때의 공로로 기사 작위를 받은 치과 의사는 단 두 명이었는데, 발라디에가 그중 한 명이었다.[4] 이런 영예까지 얻었지만 생전에 그는 성형 수술에 기여한 공로를 거의 인정받지 못했다.

올더숏과 시드컵에서 헨리 통크스는 재건 수술 전·중·후의 얼굴 모습을 담은 병사들의 파스텔화를 72점 그렸다. 독일에서는 반전 운동의 하나로 얼굴 손상을 입은 병사들의 모습을 담은 그림과 사진이 출판되었다. 그러나 영국에서 통크스의 초상화는 대중에게 널리 알려진 적이 없다. 20세기에 영국의 전쟁 미술 작품전에서 손상된 얼굴을 담은 작품은 거의 제외되었다.[5] 퀸스 병원에서 그려진 독특한 초상화들도 마찬가지였다.

전쟁이 끝나기 전에 통크스는 슬레이드 미술 대학 교수로 임용되었고, 그는 12년 동안 재직한 후 퇴직했다. 그는 교사로서의 자기 역할에 만족했다. 자신의 학생들이 그가 교실에서 드러내는 비판적인 눈과 날카로운 혀를 두려워하며 그의 매서운 몇 마디 말에 자신감이 무너진다는 사실을 몰랐던 듯하다. 통크스의 전기를 쓴 조지프 몬셀 혼은 이렇게 적었다. 〈통크스는 자신이 그토록 날카롭게 사람을 괴롭히는 능력을 지녔단 사실을 알아차렸다면 소스라쳤을 것이다.〉[6] 그러나 대릴 린지를 비롯한 많은 제자는 훗날 자신들을 미술가로 만든 것이 통크스의 통렬한 비판이었다고 증언하게 된다. 1930년 퇴직할 때 통크스는 환송식에 매우 감명받아 슬레이드 미술 대학을 다시 방문한다면 울음이 터질 것이라고 느꼈다. 그는 친구에게 이렇게 편지를 썼다. 〈학생들을 무척 사랑했어.〉[7]

퇴직한 뒤 통크스는 기사 작위를 주겠다는 제안을 받았다. 그는 명성이나 재산에 전혀 관심이 없다는 이유로 거절했고 자신이 전쟁 때 한 역할을 굳이 인정받을 필요는 없다고 느꼈다. 그에게 중요한 것은 미술뿐이었다. 〈내게 그림은 단지 좋아서 하는 일이 아니다. 내 삶이다.〉[8] 1937년, 그는 세상을 떠나기 직전에 그렇게 선언했다.

퍼시 클레어는 1918년 1월 추운 겨울밤에 시드컵에서 일찍 퇴원한 후 전선으로 돌아가지 못했다. 퀸스 병원의 아늑한 병동으로도 돌아오지 않았다. 시드컵에서 퇴원한 뒤 그는 복귀하기 위해 도버로 향했다. 그러나 얼마 지나지 않아 턱이 다시 굳어 버렸다. 재건 수술을 너무 단기간에 했기 때문이었을 것이다. 길리스가 최선을 다했더라도 그의 병동을 거쳐 간 모든 사람이 다 가장 행복한 결말을 맞은 것은 아니었다.

클레어는 결국 다른 병원으로 이송되었고 그곳에서 턱 수술을 더 받았다. 그는 이렇게 말했다. 〈시드컵 같지는 않았지만 막사에서 지내다 가니 꽤 편안한 안식처였다.〉[9] 그는 다른 곳에서 치료를 받고 있었음에도 일기에 길리스와 퀸스 병원을 칭찬하는 말을 계속 썼다. 전쟁이 끝나기 4개월 전인 1918년 7월 10일에는 이렇게 썼다. 〈군복을 비롯하여 나를 군인으로 인식시킬 것들을 모두 내놓고 평상복을 입고 자유인이 되어 집으로 갔다.〉[10] 부상이 심했기에 그는 명예 제대를 했다.

전후에 클레어는 영국 무공 훈장과 승리 훈장을 받았다. 그가 나중에 턱 수술을 더 받았는지는 불분명하다. 그는 전쟁이 끝나자 더는 일기를 쓰지 않았다. 클레어는 아내 비어트리스와 아들 어니스트가 지켜보는 가운데 1950년 4월 30일, 예순아홉의 일기로 세상을 떠났다.

시드컵의 해럴드 길리스와 동료들이 수행한 혁신적인 업적은 전쟁이 끝난 뒤 곧바로 인정받은 것이 아니었다. 길리스가 퀸스 병원을 건립하도록 도왔던 윌리엄 아버스넛 레인도 그 사실을 알고 〈놀랍게도 그런 부상과 영예가 따르는 훈장들은 오로지…… 싸운 장군들에게만 돌아갔다〉며 일침을 놓았다.[11] 〈목숨을 구한 이들은 목숨을 앗아가는 일을 한 이들만큼 인정도 보상도 받지 못하고 있다.〉

이런 소홀함은 1930년 6월에 이윽고 바로잡혔다. 길리스가 제1차 세계 대전 때의 공로로 기사 작위를 받으면서였다. 길리스의 넷째이자 막내 자녀인 믹은 부친의 뒤를 이어 의사가 되었고, 주로 열대에서 말라리아의 전파를 연구했다. 그는 어릴 적 부친이 기사 작위를 받는다는 뉴스가 나왔을 때 교장실로 불려 간 일을 상세히 기억했다. 교장은 『타임스』를 소년의 코앞에서 흔들며 설명했다. 〈이제 아빠에게 더는 길리스 소령이라고 적으면 안 되겠다. 앞으로 편지 쓸 때 해럴드 길리스 경이라고 적으렴.〉[12] 길리스와 가장 가까운 지인들은 그가 너무 오랫동안 무시되었다고 여겼다. 수필가 E. V. 루카스는 친구에게 이렇게 축하 편지를 썼다. 〈안녕, 얼굴 제작자. 왕이 제정신을 차린 것 같아 너무 기쁘네.〉[13] 레인은 너무 늦게 주었다고 화를 냈다. 〈안 주는 것보다는 낫지만.〉

늦긴 해도 준다고 하니 길리스는 반가웠다. 비록 인터뷰를 할 때 기사 작위가 〈개인적인 영예가 아니라 그 선구적인 일을 함께한 모든 이와 공유하는 것〉이라고 말하긴 했지만 말이다.[14] 반면 그의 환자들은 그 영예가 전쟁 내내 매일같이 기적을 일구어 낸 사람이 이룬 개인적인 승리라고 여겼다.

그 소식이 알려지자 수십 통의 편지가 도착했다.[15] 한 사람은 길리스가 기사 작위를 받자 이렇게 썼다. 〈선생님께서 제게 보여 준 경이로운 친절과 제 삶을 살 가치가 있게 만들어 준 모든 일을 결코 잊지 못할 겁니다.〉 또 한 환자는 자신의 위턱 일부가 사라진 적이 있다고 말해도 사람들이 믿지 않는다고 편지를 보냈다. 〈너무나 멀쩡해 보여서 11년 전에 거의 불에 타 죽을 뻔했다고 말하면 믿으려 하지 않아요.〉 길리스의 노련한 손이 닿지 않았더라면 자신의 삶이 과연 어찌 되었겠냐고 말하는 편지도 많았다. 이렇게 쓴 사람도 있었다. 〈선생님이 있는 곳으로 가기 전의 나 자신을 생각하면 정말로 어떻게 감사를 드려야 할지 모르겠습니다.〉 길리스는 그들의 얼굴을 복원했지만 비유적으로 말하자면 그들이 워낙 많았기에 그에게는 얼굴 없는 이들로 남았다. 한 병사는 이렇게 썼다. 〈선생님이 저를 기억할 거라고 생각하지는 않습니다. 많은 부상병 중 한 명이었으니까요. 하지만 상관없어요. 우리가 선생님을 기억하니까요.〉

전후에 퀸스 병원에서 길리스가 담당하는 환자의 수가 줄어들자, 그는 수지 타산을 맞추기 위해 자신의 전문성을 민간인에게까지 확대할 방안을 모색했다. 전쟁은 끝났을지 몰라도 성형외과가 의학의 정식 분야로 인정받기 위한 싸움은 이제 겨우 시작된 상태였다. 길리스는 개업해서 성형 수술을 한다면 어떤 위험에 처할지를 알고 있었다. 나중에 그는 이렇게 토로했다. 〈민간 성형외과라는 좀 새로운 분야로 뛰어드는 것은 분명히 도박이

었다.〉[16]

길리스에게 대안이 없는 것 같지는 않았다. 유명한 오페라 가수들의 목을 가라앉히는 약물을 분사하는 일로 한 재산을 모은 예전의 고용주 밀섬 리스는 업퍼 윔폴 스트리트 18번지에서 길리스의 자리를 여전히 비워 두고 있었다. 길리스는 예전 자리로 돌아오라고 초청을 받은 상태였다. 〈특허권 및 확실한 경제적 성공과 재결합한다는 의미였다.〉[17] 그러나 그는 안락하면서 손쉬운 생활로 돌아가고 싶다는 유혹에 저항했다. 그의 결심에 의료계의 적잖은 사람들이 인상을 찌푸렸다. 리스는 비웃었다. 「어리석게 굴지 마. 평생을 기형 환자들을 다루면서 보낼 거야.」[18] 마치 그의 수술 재능을 낭비하는 꼴이 된다는 투였다.

세계적인 의학 잡지 『랜싯』은 길리스의 전망에 더욱 부정적인 견해를 보였다. 〈종합 병원에 성형외과가 들어설 날이 과연 올지 의심스럽다〉라고 주장하는 기사도 실렸다.[19] 그러나 길리스는 결코 도전을 앞두고 위축되지 않았다. 그는 성형외과 의사로 성공함으로써 그 분야를 독립시키는 것이 잘못된 일이 아님을 증명하기로 결심했다.[20] 그래서 그는 런던 포틀랜드 플레이스 7번지에 의원을 차렸다. 〈명판을 걸고, 비서를 구했어요.〉[21] 그는 통크스에게 이렇게 편지를 썼다. 〈이제 성형 수술이라는 돛대에 자신의 운명을 — 그리고 부인과 네 자식의 운명까지도 — 걸 만치 제정신이 아닌 의사의 손에 자신을 기꺼이 내맡기겠다는 환자 몇 명만 있으면 돼요.〉

고객의 범위를 더 넓히기 위해 길리스는 시드컵에서 계속 일을 하는 와중에도 개인 진료실에서는 미용 수술까지 했다. 더 많은 치료비를 낼 만한 고객을 끌어들이려는 목적도 얼마간 있었다. 그러나 길리스가 도전할 만한 새로운 외과 영역을 개척하는 일에 매료되었다는 점도 분명하다. 〈재건 수술은 정상으로 되돌리려는 시도이고, 미용 수술은 정상을 넘어서려는 시도다.〉[22] 〈미모 수술beauty surgery〉이라고도 불리는 것을 처음으로 시도한 사람이 길리스는 아니었다. 사실 19세기 후반에 마취제의 발견과 소독제의 발전 이래로 미용 수술을 향한 관심도 커져 왔다. 수술이 더 안전해지고 덜 고통스러워진 덕분이었다.

전쟁 전에 유대인 고객들에게 코 성형술을 시작한 독일의 유대인 외과 의사 자크 요제프가 한 일과 판박이라고 할 일을 뉴욕의 외과 의사 존 올랜도 로도 했다.[23] 그는 1887년에 흉터 없이 코끝을 바꾸는 코안 수술법을 개발했다. 그들 외에도 그 무렵에 막 출현한 미용 수술 분야에 많은 관심을 가진 외과 의사들이 전 세계에 몇 명 있었다. 그중에 가장 두각을 나타낸 인물은 찰스 콘래드 밀러였다.[24] 그는 미국에서 〈미화beautification〉에 전적으로 몰두한 최초의 미용 외과 의사 중 한 명이라고 여겨진다. 그는 20세기에 들어설 무렵에 얼굴 미용 수술을 시작했는데, 결과는 좋을 때도 있고 나쁠 때도 있었다. 그는 1970년에 발표한 『얼굴 결함의 교정*The Correction of Featural Imperfections*』에서 보조개 생성, 도드라진 입술, 눈가 주름 제거, 튀어나온 귀 누르기의 수술법을 자세히 적었다. 많은 의사는 밀러를 사기꾼이라고 여겼지만 적어도 한 의학 학술지는 그를 〈이런 의술을 향상시키려는 정직한 노력을 토대로〉 평판을 쌓은 사람이라고 평했다.[25]

길리스는 밀러 같은 외과 의사들이 할 수 없었던 미용 수술 경험을 전쟁 때 풍부하게 쌓았다. 사실 그는 재건 수술과 미용 수술 양쪽에 숙달되지 않는 한 어떤 의사도 자신을 성형외과 의사라고 소개할 수 없다고 여겼다. 〈재건 수술에서는 만드는 것보다 줄이는 것이 더 쉽지만 미용 수술에서는 줄인 뒤에 다듬는 것이 거의 언제나 필요하다.〉[26] 그는 이렇게 경고했다. 〈따라서 코나 유방의 일부를 잘라 내는 일은 누구라도 할 수 있지만 흡족한 결과를 얻을 수 있는 사례는 그리 많지 않다.〉

사업이 자리를 잡기까지는 시간이 걸렸다. 개인 고객을 진료하고도 진료비를 받기가 수월하지 않을 때도 있었다. 1919년, 그는 미국에 갔다가 돌아오는 길에 배에서 한 매력적인 여성을 만났는데 그녀는 자신의 긴 매부리코가 마음에 안 든다며 코 성형술로 바꾸고 싶어 했다. 수술비는 그녀의 연인인 런던의 저명한 금융가가 대기로 했다. 하지만 그 여성은 자신이 휴고라는 다른 남자와 사랑에 빠져 있다며 길리스에게 몰래 털어놓았다. 휴고와 금융가는 서로 다른 시기에 길리스를 찾아와서 그녀의 코를 어떤 모양으로 할지 논의했다. 〈휴고는 그리스인의 코를 원했고, 금융가는 좀 오뚝한 코를 원했다.〉[27] 물주가 누구인지를 고려하여 길리스는 그녀의 코끝이 살짝 위로 향하도록 했다. 그런데 유감스럽게도 치료비를 받을 즈음에 금융가는 그녀가 〈새로운 분야를 정복하겠다고 떠나는 바람에 자신과 딱한 휴고가 난처

한 상황에 내몰렸다〉면서 치료비 지급을 거부했다. 길리스에게는 알리지도 않은 채였다.

치료비를 못 받는 사례는 길리스가 이 초창기에 처한 문제 중 가장 사소한 축에 속했다. 한번은 미용사를 통해서 얼굴에 파라핀 왁스를 주입한 여성이 찾아왔다. 왁스가 피부밑에서 흐르면서 그녀의 얼굴 여기저기에 고통스러운 궤양이 생겨났다. 길리스는 파라핀 왁스를 제거해 본 적이 없었지만 돕기로 했다. 안타깝게도 처음 제거를 시도했을 때는 문제를 해결하지 못했다. 어느 날 오후, 몹시 화가 난 남편이 길리스를 찾아왔다. 「이런 일은 시간이 걸립니다.」[28] 길리스의 설명은 흡족하지 않았다. 그러자 남편은 화가 치밀어서 주머니에서 권총을 휙 꺼내더니 길리스를 겨냥하며 아내의 얼굴을 그가 〈망쳤다〉고 욕했다. 그 끔찍한 순간을 회상하면서 길리스는 이렇게 비꼬았다. 〈그 뒤에 더 경험 많은 동료들이 잘 맞춘 방탄조끼를 입고 있으면 안심할 수 있을 거라고 조언을 해주었다.〉[29]

길리스는 어떤 일을 하든 언제나 농담거리를 찾아냈다.[30] 길리스는 개업 초기의 일화를 들려주며 사람들을 즐겁게 했다. 교통사고로 얼굴이 흉해진 젊은 여성이 도움을 요청하자 그는 그녀의 얼굴을 재건하기로 했다. 길리스는 여성의 남편에게 재건하려면 넓은 피부 이식편이 필요한데 남편의 엉덩이에서 떼어도 되겠냐고 했다. 남편은 흔쾌히 동의했다. 몇 년 뒤 길리스는 우연히 그 남자와 마주쳤고 남자는 아내의 외모를 복원해 준 것에 대해 고맙다고 호들갑을 떨었다. 남편은 자신의 엉덩이 피부를 제공한 것을 후회하지 않는다고 덧붙였다. 아니, 사실은 정반대였다. 그는 낄낄거리며 말했다. 「장모님이 주말에 우리와 지내다가 아내에게 작별 인사로 뽀뽀할 때마다 내 엉덩이에 뽀뽀를 받는 느낌이 들어요.」

길리스가 미용 수술을 좋아했다는 것은 분명하다. 그는 고객이 알아서 찾아올 때까지 기다렸지만 드물게 넌지시 해보지 않겠냐고 찔러 댈 때도 있긴 했다. 〈한 환자에게 낚시질을 한 것에 유죄를 인정한다.〉[31] 낚시 여행을 갔다가 그는 여관 주인의 딸을 보았는데, 그녀를 〈무서운 코를 지닌 아름다운 소녀〉라고 묘사했다. 그가 낚시하러 갈 때 앉는 자리를 청소하는 것이 그녀의 일이었기에 그는 자신이 재건한 코의 이전과 이후 사진이 든 책자를 그 자리에 두기로 했다. 그는 신이 나서 썼다. 〈잡혀 올라온 송어는 작아진 코를 지닌 채 물로 돌아갔다.〉

의원 운영이 잘되다 보니 길리스의 미용 수술이 그저 돈벌이에 불과하다고 보는 이들은 그를 콕 찍어서 비판하고 나섰다. 전쟁 때 길리스와 함께 일했던 간호사 프랜시스 스테걸은 한 동료가 이렇게 말하는 것을 들었다. 「해럴드 경은 귀부인들의 얼굴 주름 성형술로…… 곧 떼돈을 벌 거야.」[32] 스테걸은 길리스가 오로지 돈을 벌기 위해 그 일을 한다는 말에 벌컥 화를 냈다. 그녀는 그 간호사에게 얼굴에 심한 화상을 입어서 직장을 구하지 못하던 런던 이스트엔드의 어느 젊은이의 이야기를 들려주었다. 「해럴드 경이 흉터를 없애 주었어. 남 앞에 번듯하게 나설 수 있게 해주었지. 그는 원하는 직장을 얻었고.」 길리스는 그 젊은이에게 청구서를 내밀지 않았다.

전후에 길리스에게 무료 수술을 받은 사람은 그만이 아니었다. 예전에 길리스가 케임브리지 대학교 골프 동아리에 들어가려고 열차에서 뛰어내렸던 곳인 샌드위치에서 골프 경기가 열릴 때 한 동네 의사가 인파를 뚫고 길리스에게 다가와 자기 환자를 살펴봐 달라고 부탁했다. 〈내 차례가 오기까지 시간이 좀 있어 보였다.〉[33] 길리스는 이렇게 회상했다. 〈나는 그를 따라 어니를 만나러 갔다. 어니는 윗입술이 아주 팽팽한 열다섯 살의 캐디였다.〉 길리스가 인사를 하자 어니는 당황해서 머리를 숙이며 흉한 얼굴을 가리려고 했다. 〈입안을 들여다보지 않고서도 흉터로 짧아진 입천장이 인두에 닿기 위해 헛되이 애쓰고 있는 모습을 상상할 수 있었다.〉[34] 길리스는 그 자리에서 어니를 돕기로 했다. 소년의 입을 복원하는 데 성공한 뒤로 길리스가 샌드위치의 골프장을 찾을 때면 그 캐디는 웃는 얼굴로 그를 따라다녔다.

길리스는 더할 나위 없이 관대해질 수도 있었다. 그의 주변에 있는 이들은 그가 〈다른 의사들은 5파운드면 충분하다고 여길 때 젊은 조수에게 50파운드를 주곤 했다〉고 말했다.[35] 또 길리스는 돈에 쪼들리는 친구와 집안사람들을 그때그때 도와주었다. 무엇보다도 그는 환자들과 돈 문제로 씨름하는 것을 혐오했다. 그는 이 불쾌한 일은 개인 비서에게 맡겼다. 솜 전투에서 코를 잃고 올더숏으로 왔던 〈빅 밥〉 시모어였다. 그는 환자를 진료실 밖으로 내보내면서 이렇게 말했다. 「그 문제는 비서하고 이야기하세요. 시모어 씨가 표준 치료비를 알려 줄 겁니다.」[36]

빅 밥은 길리스의 경제적 이익을 지키기 위해서 최선을 다했다. 그러나 그의 고용주는 다방면으로 재주가 많긴 했지만 돈을 버는 재주는 없다는 것이 드러났다. 길리스는 온갖 환자에게 치료비를 깎아 주곤 했다. 〈먹일 아이들이 있고 직장을 유지하기 위해 젊은 모습을 유지하거나 개선할 필요가 있는 여성〉,[37] 늙은 외모 때문에 남편을 잃을까 봐 걱정하는 아내 같은 이들이 그랬다. 〈그녀는 단순히 얼굴이나 유방, 코 또는 세 곳 모두의 주름을 제거한다고 해서 남편이 남아 있을 것이라고 보장할 수는 없다는 경고를 들었다. 그러나 도움이 될 수 있는 것이라면 뭐든지 시도할 수밖에 없었다.〉[38] 거기에는 〈필요한〉 수술을 더 저렴하게 받을 수 있도록 치료비를 깎는 — 때로는 상당히 — 것도 포함되었다. 전쟁이 끝나고 수십 년이 지난 뒤에 길리스는 자신이 의원 활동으로 엄청난 부를 쌓았을 것이라는 예전 동료의 가정을 바로잡았다. 〈내가 한 《재산》 쌓았을 것이라는 당신의 생각은 아마 잘못된 것 같다. 나는 1914년 8월이나 지금이나 별 다를 바 없다고 생각한다.〉[39]

성형 수술로 돈을 벌었든 못 벌었든 간에 길리스는 미용 수술의 정당성을 둘러싸고 대중뿐 아니라 의료계 내부에서 나오는 의문들을 의식하고 있었다. 그는 오로지 허영을 충족시키기 위해서 수술을 한다고 해도 아무 문제가 없다고 주장했다. 그는 환자들에게 이렇게 말했다. 「내가 만들어 줄 코가 헛수고가 된다면 내가 이런 일을 굳이 할 이유가 어디 있겠어요.」[40] 그런데도 길리스가 때때로 내면의 갈등을 느꼈다는 것은 분명하다. 〈얼굴의 주름을 제거하다가 문득 내가 그저 돈을 벌기 위해 하는 것이 아닐까 하는 죄책감이 들면서도, 수술을 받은 이들의 얼굴에 피어나는 환한 표정을 볼 때면 과연 환자를 거부할 수 있을까 하는 의문이 든다.〉[41] 길리스는 무심히 지나치는 사람에게는 사소해 보일 〈일탈〉이 당사자에게는 심한 고민의 원천이 될 수 있다는 것을 당시의 누구보다도 더 잘 이해하고 있었다. 그래서 그는 미용 수술이 〈원하는 이에게 약간의 추가 행복〉을 안겨 주기에 정당화할 수 있지 않을까 생각했다.[42] 결국 그는 그렇다고 결론지었다.

단순히 외모를 증진시키기 위해 길리스를 찾은 고객도 많았지만 전혀 다른 이유로 찾아오는 이들도 있었다.[43] 1895년, 엑스선이 발견된 뒤에 다양한 쪽으로 그것을 응용하는 일들이 유행했는데, 그중 하나는 보이지 않는 털을 제거하는 것이었다. 이 유행은 1950년대까지도 이어졌다. 1970년에 뉴욕에서 방사선으로 유발된 암에 걸린 여성 368명을 조사했더니 그중 35퍼센트는 엑스선을 이용한 털 제거를 자주한 것이 원인일 수 있다고 나왔다.

길리스는 그렇게 털 제거를 위해 엑스선을 쬐다가 얼굴 전체에 궤양과 암이 생긴 한 여성을 진료했다. 그녀는 다른 외과 의사에게서 아래턱과 아랫입술을 제거하는 수술을 받았고, 그 결과 혀가 목 아래로 늘어져서 달랑거리는 상태로 살아야 했다. 나중에 그 외과 의사는 길리스에게 설명했다. 「나는 암을 제거했다고 확신하지만 수술실에 있던 간호사들이 어떻게 여자 얼굴을 그렇게 훼손하냐고 욕하는 시선을 고스란히 느꼈습니다.」[44] 여성은 그런 고통을 겪으면서 마음에 큰 충격을 받았다. 길리스는 얼굴을 재건하는 일을 시작한 직후에 그녀가 한 병원의 창문에 매달려 있고 겁에 질린 두 간호사가 그녀를 꽉 붙잡고 있는 광경을 보기도 했다. 이윽고 길리스는 관 모양 줄기 피판과 이식편을 써서 턱을 재건할 수 있었다. 얼굴이 복원됨에 따라서 그녀의 우울증도 조금씩 걷혔다.

그 전후 시기에 더욱 힘겨운 수술들도 있었다. 뇌전증 발작을 일으키면서 난로에 엎어지는 바람에 얼굴 전체에 화상을 입은 브라운 부인의 수술이 그랬다. 사고 당시에 그녀는 4개월 된 딸을 안고 있었는데 의식을 잃은 채 몇 시간 동안 서서히 얼굴이 구워지고 있었다. 그 결과 그녀와 딸 모두 극심한 화상을 입었고, 딸은 뒤꿈치가 거의 엉덩이에 닿을 만치 한쪽 다리가 구부러졌다. 두 사람은 스코틀랜드 남동 해안인 에어의 한 병원으로 급히 옮겨졌다. 화상이 너무 심해 의료진은 생존 자체도 불투명하다고 판단했다.

그러나 그들은 기적처럼 서서히 회복되었다. 훗날 브라운 부인의 딸은 그 시절을 이렇게 회상했다. 〈엄마의 얼굴은 살이 거의 다 떨어져 나가고 없었다.〉[45] 그녀의 입술은 완전히 사라졌고 뜨거운 열기에 잇몸도 바짝 쪼그라들어서 치아만이 길고 삐죽삐죽하게 솟아난 모양이 되었다.

브라운 부인은 결국 치료를 위해 런던으로 이송되었다. 그곳에서 그녀는 해럴드 길리스를 만났고, 길리스는 퇴역했음에도 전시에 본 상황으로 다시 돌아가게 되었다. 〈전쟁터와 일터의 사고로 화상을 입은 환자들이 훨씬 더 많을지 모르지만 이처럼 극심한 화상을 입은 사람은 없었다.〉[46] 그는 그런 화상을 입고도 살아남을 수 있다는 사실 자체에 경이로움을 느꼈다. 〈얼굴의 뼈대가 드러난 모습으로 이 가여운 환자가 내 의원에 왔을 때…… 이마굴은 안쪽 벽까지 드러나 있었고 예전에 눈이 있던 곳에는 흉터로 덮인 불투명한 덩어리가 나를 응시하고 있었다.〉

가장 힘든 결정은 먼저 무엇을 해야 하느냐가 아니라, 과연 수술을 해야 할까 여부였다. 길리스는 자신이 이 여성에게 고통만 더 안겨 줄 뿐 성과가 거의 또는 전혀 없을 가능성도 있다고 보았다. 더욱 손상을 입힐 가능성도 있었다. 〈이렇게 심란한 결정을 내려야 한다니!〉[47] 길리스는 고심에 고심을 거듭했다. 〈내가 얼굴을 만들어 주는 어려운 과제를 받아들이는 것이 타당한지를 고심하면서 진찰하는 동안, 그녀는 말없이 가만히 앉아 있었다.〉 거의 상상도 할 수 없을 만큼 엄청난 규모의 일이었다. 브라운 부인은 얼굴 피부를 다 잃었을 뿐 아니라 내층과 근육도 파괴된 상태였다. 〈어디를 먼저 손대야 하지?〉[48] 그는 스스로에게 물었다. 〈엄두도 내기 힘들 정도의 과제였기에, 그나마 긍정적인 효과를 볼만한 곳부터 시작하는 수밖에 없었다.〉

길리스는 재건을 시작하려면 먼저 브라운 부인의 얼굴에 피부를 이식해야 한다는 것을 알았다. 안타깝게도 대개 피부판을 만드는 데 쓰는 목과 이마도 손상된 상태였다. 그는 배에서 관 모양 줄기 피판을 만들어서 피부를 이식하기로 결정했다. 그는 줄기 피판을 먼저 손목에 붙인 뒤 이후에 목에 붙였다. 다음으로 이 피부를 사용하여 눈꺼풀, 뺨, 코를 만들었다. 코안에는 연골도 이식했다. 이어 국소 피판으로 눈구멍과 입의 내층을 복원했다. 또 〈줄기 피판으로 만든 밋밋한 얼굴의 단조로움을 깨기 위해〉 두피에서 얻은 털이 난 피판을 써서 눈썹도 만들었다.[49]

그러나 가장 큰 도전 과제는 입이었다. 그는 이렇게 설명했다. 〈관 모양 줄기 피판에는 근육과 탄성이 없어 그것으로 만든 입은 늘어날 수 없다.〉[50] 선택할 방안은 두 가지였다. 입을 작고 모양 있게 만들거나 축제 때 쓰는 호박 등처럼 넓적하게 만드는 것이었다. 전자라면 의치를 넣을 수가 없을 테고, 후자라면 치아를 지닐 수 있을 터였다. 길리스는 후자를 택했다. 브라운 부인은 총 약 30차례 수술을 받았다. 마침내 그녀가 퇴원하여 집으로 갈 때가 되자 길리스는 그녀에게 엘리자베스 아덴 상점에 들르도록 했다.[51] 기운이 나도록 화장품을 선물했다. 이 모든 일이 끝났을 즈음에 그녀의 딸은 이렇게 썼다. 〈엄마는 결코 기쁜 표정을 짓지 못했지만 일종의 얼굴을 지니게 되었다.〉[52]

길리스는 브라운 부인을 치료한 일에 무척 자부심을 느꼈다. 그녀에게 정체성 감각을 돌려줄 수 있었을 뿐 아니라 자신의 성공이 다른 의사들에게 자극제가 될 것이라고 기대했기 때문이다. 〈재건 과정 내내 나의 마음 한편에는 이렇게 시도한 복원 사례가 이런저런 단점이 있을 수밖에 없겠지만 비슷한 난제에 직면할 미래의 외과 의사에게 용기를 줄 것이라는 생각이 늘 있었다.〉[53]

길리스는 브라운 부인의 얼굴을 어느 정도 비슷하게 복원할 수 있었으나 몇 년 뒤 그녀가 다시 뇌전증 발작을 일으켜서 돌연사하는 것까지는 막을 수 없었다. 그는 골프를 치다가 그 소식을 들었다. 「불쌍한 부인.」[54] 그는 골프가 끝날 때까지 계속 그렇게 중얼거렸다.

브라운 부인의 딸은 더 나았다. 아기였다가 걸음마를 떼기 시작한 이후로 뒤틀렸던 다리는 저절로 펴졌다. 그녀는 훗날 이렇게 썼다. 〈지금은 흉터만 남아 있다. 두껍고 보기 흉하지만 짧은 치마로도 어느 정도 감출 수 있으며, 그런 치마를 입을 때면 평소보다 조심스럽게 움직이게 만들 뿐이다.〉[55] 그녀는 어머니의 이야기를 들려주고자 했다. 성형 수술의 변화시키는 힘을 잘 보여 주는 사례라고 느꼈기 때문이다. 〈길리스 경이 엄마의 몸에서 얻은 피부로 거의 뼈만 남았던 곳에 얼굴을 만든 것을 생각할 때, 이 사례가 그의 가장 위대한 성공 사례에 속하지 않을까?〉[56]

길리스의 명성은 영국 해안 너머 멀리까지 퍼지기 시작했다. 전 세계에서 이 대가로부터 배우고 싶어 하는 학생들이 방문했다. 수술할 때 그는 조수들을 이름이 아니라 온 지역명으로 불렀다. 「멕시코시티, 자네가 이 환자를 수술한다면 어떻게 시작할 건가?」[57] 그는 그런 비슷한 질문들을 〈요하네스버그〉, 〈오슬로〉, 〈뉴캐슬〉, 〈리우〉에게 물었다. 길리스는 지나치다고 할 만치 찾아오는 많은 학생을 받아들이고 있었다. 그는 전시에 자신이 프랑스에서 겪은 일 때문이라고 했다. 〈어느 면에서는 모레스탱이 내 앞에서 수술실 문을 닫았을 때의 실망감이 학생들과 성형 문제를 더 허심탄회하게 논의하려는 성향을 빚어낸 듯하다.〉[58]

그러나 길리스가 전 세계에서 오는 열의에 찬 성형외과 의사들에게 자신의 문을 활짝 연 것이 단지 협조적인 성향 때문만은 아니었다. 그는 〈아직 자신의 한계를 모르고 희망이 꺾이는 상황을 접하지 못한 열정적인 젊은이들〉과 함께 지내기를 좋아했다.[59] 그들의 열정과 소박함이 그로 하여금 수술실에서 해낼 수 있는 일의 한계를 더 밀어붙일 계기를 제공했다. 전쟁 때 젊은 자신이 스스로 택한 분야에서 한계 따위는 모른 채 일했던 것처럼 말이다.

성형외과를 정식 분야로 만들려는 그의 노력은 열정적인 의대생들을 성형외과 의사로 배출하는 데 그치지 않았다. 전쟁이 끝난 지 2년 뒤 그는 그 주제를 다룬 첫 주요 연구서인 『얼굴 성형 수술*Plastic Surgery of the Face*』을 냈다. 책에는 그가 전쟁 때 배운 잔혹한 교훈들과 갈고 닦은 주요 기술이나 방법이 실려 있었다. 이 책은 성형 수술에 관한 최초의 책인 동시에 책의 두께와 실린 수많은 사례를 볼 때 당대에 가장 가치 있는 책에 속했다.

5월의 별 한 점 보이지 않는 흐린 날 밤, 1시 직전에 고폭탄 하나가 런던 상공에서 투하되었다. 1941년의 컴컴한 밤이면 흔히 벌어지는 일이었다. 8개월 동안 런던을 쑥대밭으로 만들고 있던 독일의 공습이 이제 겨우 끝나 가는 참이었다. 그런데 이 폭탄은 링컨스 인 필즈의 왕립 외과 대학에 떨어졌다. 이윽고 먼지가 가라앉고 불이 꺼지자 6천 점이 넘는 해부학 표본을 포함하여 이루 가치를 따질 수 없는 소중한 역사 기록물들이 파괴된 사실이 드러났다.

이 공습에 해럴드 길리스의 사례 기록도 많이 사라졌다. 제1차 세계 대전이 끝난 뒤로 그 건물에 보관되어 있었다. 길리스의 환자들은 수술 기록으로 요약된 처지에서도 전쟁의 충격파를 피할 수 없었던 듯하다. 그러나 수술 기록 중 한 가지 중요한 부분은 살아남았다. 부서진 파편 사이에 헨리 통크스가 섬세한 손으로 그린 초상화 몇 점이 온전히 남아 있던 것이다.[60]

길리스의 재능과 힘겹게 터득한 실력은 제2차 세계 대전 때도 필요했다.[61] 전쟁이 날 당시 그는 일흔일곱 살이었다. 그러나 그의 노력은 자신의 사촌인 아치볼드 매킨도의 명성에 가려졌다. 매킨도는 화상을 입은 영국 공군 조종사들로 이루어진 이른바 〈기니피그 클럽〉의 재건 수술로 세계적인 명성을 얻었다. 성형외과의 〈낯선 신기술〉로 매킨도를 끌어들인 사람은 길리스였으며, 매킨도는 길리스의 추천으로 1938년에 영국 공군의 민간 자문가가 되었다. 매킨도는 길리스가 제1차 세계 대전 때 창안한 기술들을 개선하는 한편, 심한 화상을 입은 얼굴을 치료할 새로운 기술도 개발했다.

매킨도의 화상 입은 조종사들은 예전 길리스의 몇몇 환자만큼 주목을 끌었다. 호레이스 슈얼은 한 편지에 이렇게 썼다. 〈지난 전쟁이 벌어지는 동안과 그 이후에 사람들이 스스로 기니피그라고 부른다는 기사를 읽었을 때 나는 피가 끓었습니다. 진짜 기니피그는 20여 년 전에 시드컵에 있었고, 당시 화염 방사기에 화상을 입은 이들이 훨씬 더 끔찍했으니까요.〉[62]

1945년 전쟁이 끝나갈 무렵, 마이클 딜런이 길리스에게 특이한 요청을 했다. 딜런은 여성으로 태어났지만 어릴 때부터 자신의 성별 때문에 불행했다. 일곱 살 때는 부모의 한 친구가 그를 대장장이에게 데려가 남자로 만들어 주겠다고 농담했다. 〈나는 그 말을 진지하게 받아들이고 기뻐하며 흥분하다가 그런 일이 불가능하다는 것을 깨닫고 펑펑 울었다.〉[63] 나이를 먹을수록 딜런은 점점 더 불행해졌다. 1930년대 말에 딜런은 테스토스테론 알약을 먹기 시작했고 유방 조직을 수술로 제거했다. 그러나 딜런은 성전환을 완결짓고 싶었으며, 이를 위해서는 진정으로 혁신적인 외과 의사의 도움을 받아야 했다.[64]

길리스는 얼굴을 재건하는 일 외에도 제2차 세계 대전 때와 그 뒤에 부상병의 생식기 재건 수술도 했다. 그렇기에 그는 딜런의 복잡한 문제를 해결할 적임자였다. 여성으로 성전환하는 이들에게 질 성형술을 한 외과 의사가 소수 있긴 했지만, 여성에서 남성으로 전환하는 이들에게 음경 성형술을 한 사람은 아무도 없었다. 사실 많은 외과 의사는 그 일이 불가능하다고 여겼을 것이다. 비윤리적이라고 믿는 이들도 있었을 수 있다. 그렇긴 해도 법규는 딜런에게 유리했다. 음경의 제거를 금지하는 법은 있었지만 음경을 다는 것을 막는 법은 없었기 때문이다. 도전할 만한 수술 과제 앞에서 결코 몸을 사린 적이 없는 길리스는 딜런에게 음경 성형술, 즉 음경을 제작하는 수술을 하기로 했다. 그의 결정은 언론에 호의적으로 실렸다. 딜런은 나중에 이렇게 썼다. 〈아무튼 세상이 살 만한 곳으로 보이기 시작했다.〉[65]

길리스는 새 환자에게 급성 요도밑 열림증이라는 허위 진단서를 써주었다. 요도 구멍이 잘못된 곳에 생기는 선천성 결함이었다. 진료실에 오는 딜런이 성전환자임을 숨겨서 보호하려는 조치였다. 길리스는 몇 년에 걸쳐 딜런에게 13차례 수술을 했다.[66] 그는 배벽의 조직을 관 모양으로 말아서 요도를 만들었고, 그 조직을 다른 관 모양 줄기 피판으로 감쌌다.[67] 그럼으로써 음경을 만들 수 있었다. 1949년, 길리스는 성전환 남성의 음경 성형술에 성공한 최초의 외과 의사가 되었다.[68] 그가 개척한 기법은 현대 음경 성형술의 토대가 되었다.

딜런은 수술 결과에 기뻐했다. 〈삶이 너무나 달라졌다! 누가 나를 다시 쳐다보면서 뭐라고 하지나 않을까 두려워하지 않으며 당당하게 걸을 수 있다.〉[69] 수술 이후로 두 사람은 친구가 되었다. 딜런은 그 동네에 갈 일이 있을 때마다 길리스의 병원을 찾곤 했다. 〈그는 언제나 나를 반갑게 맞아 주었다.〉[70] 딜런은 이렇게 썼다. 〈나를 수술한 일이 너무나 보람 있는 일이어서 기쁘다는 말을 으레 반복했다. 그런 인품을 지닌 사람은 그리 많지 않았다. 나는 그에게 평생 갚을 수 없는 빚을 졌다.〉

1958년, 영국 기자들은 마이클 딜런의 의사에 반하여 그의 신원을 드러냈다.[71] 언론의 취재 열기가 이어졌고 그는 인도로 피신했다. 그곳에서 그는 불교 수도승이 되었다. 이런 소동이 벌어지는 가운데 길리스는 딜런에게 위로와 격려를 담은 편지를 썼다. 나중에 딜런은 그 성형외과 의사를 이렇게 회상했다. 〈관습이나 다수의 견해가 어떻든 간 자연이나 사람에게 부당한 대우를 받는 이들에게 새로운 희망과 새로운 출발을 제공함으로써 삶을 견디며 살아갈 수 있도록 하는 것이 언제나 그의 유일한 목표였다.〉[72] 딜런을 남성으로 받아들이지 못하는 이들도 있었지만, 해럴드 길리스는 그렇지 않았다.

서부 전선에서 총성이 멎은 지 오랜 세월이 흐른 뒤에 군의관 프레드 알비는 이렇게 썼다. 〈인류에게 닥치는 모든 악은 언제나 어느 정도 선을 동반하기 마련이다.〉[73] 전쟁의 학살이 자극한 의학 발전도 그런 선에 속했다. 이 발전은 개인에게 두 번째 기회를 제공하는 한편, 인류 전체에게도 마찬가지로 중요한 기여를 했다.

해럴드 길리스는 수술이 할 수 있는 것의 한계를 밀어붙이는 일을 절대 멈추지 않았다. 그는 자신이 이룬 가장 근본적인 혁신조차도 결국 또 다른 혁신에 밀려나리라는 것을 알았다. 〈언젠가 외과 의사들은 환자를 위해 또 다른 새로운 혁신을 이루게 될 것이다.〉[74] 1944년에 길리스는 이 새로운 전문 분야의 이익을 지키고, 발전을 이끌며, 표준을 정하는 일을 할 전문 협회를 만들자는 착상을 내놓았다. 2년 뒤 그는 영국 성형외과 의사 협회의 초대 회장으로 선출되었다.

『얼굴 성형 수술』을 쓴 지 수십 년 뒤 그는 그 분야를 더 포괄적으로 다룬 두 번째 책을 쓰기 시작했다. 이번에는 미국인 제자

D. 랠프 밀러드 주니어의 도움을 받았다. 여러 차례의 미국 여행 중에 우연히 만난 제자였다. 밀러드가 영국에 오자 길리스의 동료들은 그를 환영하는 동시에 놀렸다. 「우리는 네가 도와도 그 노인이 책을 탈고하거나 한 장이라도 제대로 쓸 수 없다는 쪽에 내기를 걸었어.」[75] 길리스가 꾸물거리는 쪽으로 재능이 있다고 본 그들의 생각은 틀리지 않았다. 곧 밀러드는 길리스가 수술뿐 아니라 삶에서도 자신의 첫 번째이자 항구적인 원칙을 충실히 지킨다는 것을 알아차렸다. 〈내일로 미룰 수 있는 일을 결코 오늘 하지 말라.〉[76] 길리스는 그 일에 매달리려는 밀러드의 시선을 딴 데로 돌리려고 시도했지만 어쨌든 두 사람은 마침내 1957년에 『성형 수술의 원리와 기법*The Principles and Art of Plastic Surgery*』을 내놓았다. 그 직후에 길리스는 두 저서를 특별 장정하고 서명을 새긴 뒤 왕대비에게 바쳤다. 왕대비는 〈이 위대한 외과 치료 분야의 개척자인 귀하로부터 선물을 받아서 뿌듯합니다〉라고 화답했다.[77] 그 책은 오늘날까지도 그 분야의 선구적인 저서 중 하나로 남아 있다.

전쟁 때 길리스의 혁신적인 활동은 의학사의 한 전환점을 이루었다. 단지 기능만이 아니라 미학도 고려하는 신세대 성형외과 의사들을 배출할 문을 열었기 때문이다. 코 성형술처럼 전쟁 이전부터 있던 성형 수술법도 있었지만, 기존 기법들을 개선하고 새로운 기법을 상상하며 검증하고 표준화하는 일은 길리스의 주도로 이루어졌다.[78] 그가 전반적으로 성형 수술의 발전에 중요한 기여를 했으며, 특히 자신의 환자들에게 큰 도움을 주었다는 사실은 아무리 강조해도 지나치지 않는다. 외과 의사 닐 오언스는 길리스가 세상을 뜬 직후에 이렇게 썼다. 〈한 인물의 노력 덕분에 지금의 불안한 세계에서 살아가는 많은 사람에게 세상은 살아갈 가치가 있는 더 나은 곳이 되었다.〉[79]

해럴드 길리스는 자기 분야에서 진정한 선각자였고, 자신이 치료하는 환자에게 최선을 다하려는 의욕은 생애 마지막 순간까지 지속되었다. 1960년 8월 3일, 그는 교통사고로 한쪽 다리가 산산조각 난 열여덟 살의 여성을 수술하다가 가벼운 뇌졸중을 일으켰다. 한 달 후 그는 일흔여덟의 일기로 세상을 떠났다.

길리스가 예측했듯이 성형외과는 제1차 세계 대전이 끝난 직후에 그가 공식 분야로 인정받기 위해 앞장서서 나섰을 때 상상도 할 수 없었을 다양한 방향으로 진화했다. 오늘날 외모를 바꾸고자 하는 이들은 무한히 많아 보이는 미용 수술과 시술 중에서 고를 수 있다. 유방 보형물 이식, 복부 성형, 지방 흡인, 얼굴 주름 제거 등등. 대중은 점점 더 성형 수술에 매료되고 있다. 성형외과 의사와 환자가 나오는 리얼리티 프로그램도 그런 열풍에 한몫한다. 그 결과 현재 매출이 수십억 달러에 달하는 산업으로 호황을 누리고 있다.

미용 시술에 대한 관심이 역사상 가장 높아지긴 했지만 선천적 이상, 외상, 질병으로 달라진 몸을 복원하고 기능을 회복하는 것을 목적으로 하는 재건 수술은 여전히 이 분야의 주류로 남아 있다. 더 최근에 이루어진 발전 중 하나는 〈안면 이식face transplant〉으로서 기증자의 조직을 써서 개인의 얼굴 일부나 전부를 대체하는 것이다. 〈생명 구하기〉가 아니라 〈삶 증진〉이라고 여겨지는 이 수술은 얼굴 차이라는 문제를 사회적인 것이 아니라 개인의 결함으로 간주한다.[80] 거울로 자신의 모습을 들여다본 뒤 몰리와 파혼한 하사 X조차도 지금 살고 있다면 알아차릴 수 있을 만한, 신체 기형을 향한 편견 섞인 태도도 이 수술의 수요에 얼마간 기여한다. 그러나 추진력이 무엇이든 안면 이식이 일부 환자의 삶을 더 가치 있게 만들어 왔다는 점은 분명하다. 고형 음식물을 먹고, 자력으로 호흡을 하며, 더 나아가 평생 처음으로 냄새를 맡을 수 있게 해줌으로써다.

2005년 프랑스 아미앵 — 1918년에 1백 일 공세가 시작된 곳 — 에서 최초의 부분 안면 이식 수술이 이루어졌다. 환자는 개에게 코, 턱, 입술을 물어뜯긴 이자벨 디누아르였다. 5년 뒤 스페인의 외과 의료진은 총격 사건으로 부상을 입은 남성에게 전면 안면 이식 수술을 했다. 이후 전 세계 여러 나라에서 비슷한 수술이 이루어졌다. 이런 초기의 성공 사례들은 대중의 호기심을 자극했고 더욱 큰 기술 도약을 낳았다.

2017년에 오하이오주 클리블랜드 병원 수술실의 작은 수술 도구 탁자 주위로 마스크를 쓴 외과 의사들이 모였다. 제1차 세계 대전 때 함께 진료를 보기 위해 의사 3명이 설립한 병원이었다. 섬뜩한 고무 마스크처럼 보이는 것을 내려다보는 그들의 눈에는 피로감과 경외심이 뒤섞여 있었다.

몇 시간 전 그들은 약물 과다로 사망한 여성의 얼굴을 세심하게 벗겨 내기 시작했다. 자살하기 위해 총을 쐈다가 얼굴에 심한 외상을 입은 스물한 살의 케이티 스터블필드에게 이식하기 위해서였다. 스터블필드는 그런 혁신적인 수술을 받은 가장 젊은 환자가 될 예정이다. 이번이 병원에서 하는 세 번째 안면 이식 수술이긴 했지만 안면 이식 중 가장 방대하면서 복잡한 수술이기도 했다. 외과 의사 11명으로 이루어진 수술진은 두피, 눈구멍, 코, 치아, 신경, 근육, 피부를 포함하여 스터블필드의 얼굴 조직을 거의 다 교체했다. 그 전에 그들은 사진사가 두 사람 사이에 놓여 있는 떼어 낸 얼굴의 사진을 찍을 수 있도록 잠시 쉬었다.

그 수술은 하나의 이정표가 되었다. 그리고 과학 소설에나 나올 법한 이런 수술이 과학적 사실이 될 수 있었던 것은 바로 제1차 세계 대전 때 해럴드 길리스와 직원들이 성형 수술 쪽으로 흔들림 없이 일구어 나간 성취 덕분이다.

감사의 말

나는 늘 해럴드 길리스와 제1차 세계 대전에 관심이 많았지만 『수술의 탄생』 이후에 딱히 이 책을 쓰려고 한 것은 아니었다. 나는 다루기에 너무 큰 주제가 아닐까 걱정했고 이 이야기를 쓰기에 내가 가장 적합한 사람이 아니라고 생각했다. 나는 출판사에 쓸 만한 주제를 몇 가지 골라서 제시했는데, 그럴 운명이었는지 그쪽에서는 이 주제를 골랐다. 그랬기에 채 준비도 안 된 상태에서 이 주제에 달려들게 되었다. 친구인 에릭 라슨이 격려해 주지 않았다면 계속할 자신이 없었을 것이다.

결국 해내고 나니 기쁘기 그지없다. 그러나 수많은 사람의 지원과 격려를 받지 않았다면 이 일을 결코 해낼 수 없었다.

먼저 초고를 읽고서 이루 가치를 따질 수 없는 평을 해준 마크 해리슨 교수와 의사인 팀 쿡, 애덤 몽고메리, 캐서린 켈리, 폴 쇼필드, 벤저민 팰머께 감사드린다. 그분들이 이 이야기에 보인 열정과 전문적인 통찰 덕분에 훨씬 나은 책이 나왔다.

또 장애인 활동가이자 작가인 에리얼 헨리에게도 감사한다. 얼굴 손상을 입은 채 살아가는 그는 이 책에 독특한 관점을 제공했다. 그의 통찰과 조언 덕분에 그가 없었다면 불가능했을 방식으로 해럴드 길리스의 환자들이 겪은 일들을 일관된 맥락에 놓을 수 있었다. 원고를 읽고 꼼꼼하게 평을 해준 그에게 매우 깊은 감사를 보낸다.

이 책을 쓰기 시작했을 때 나는 독자를 각 일이 벌어지고 있는 현장의 한가운데로 떨어뜨리고 싶었다. 퍼시 클레어의 종손녀 레이철 그레이의 도움이 없었다면 그 일은 불가능했을 것이다. 그녀는 기꺼이 그의 일기를 활용하도록 허락했고, 덕분에 나는 그가 부상을 입게 된 혼란스러운 상황을 끼워 맞출 수 있었다. 길리스가 이 이야기의 뼈대라면, 클레어(그리고 다른 부상병들)는 이 이야기를 살아 숨 쉬게 하는 심장이다.

또 시드컵의 퀸 메리 병원 의학 교육부장으로 일하면서 제1차 세계 대전 때의 임상 기록물 수천 점을 발굴한 길리스 기록 보관자인 앤드루 뱀지께도 감사를 드리고 싶다. 이 기록물을 보전하려는 그의 노력이 없었다면, 이 책에 실린 많은 이야기는 영구히 사라졌을 것이다. 그의 공헌 자체가 이 분야의 가치 있는 자원이다.

저자의 역량은 편집자의 역량에 좌우되기 마련이며, 운 좋게도 나는 이 책을 쓰는 동안 세계적인 수준의 몇몇 편집자와 함께 일할 수 있었다. 먼저 패러, 스트라우스 앤드 지루 출판사의 담당 편집자인 알렉스 스타에게 고맙다는 말을 전한다. 그의 통찰과 평 덕분에 이 책은 훨씬 더 풍성하고 복합적인 형태가 되었다. 그는 원고를 쓰느라 정신없이 굴던 나를 계속 차분하게 달래 주었다. 또 이 책이 아직 착상에 불과했을 때 길을 인도한 이루 말할 수 없이 중요한 도움을 준 콜린 디커먼에게도 감사한다. 그리고 영국에서 나를 담당한 편집자 로라 스티크니는 이야기가 산만해지지 않도록 마지막까지 조언을 보탰다.

또 해외 판권을 관리하고 프랑스가 언제 판권을 구매할지를 묻곤 하는 내 전자 우편에 결코 짜증을 내지 않으면서 답해 준(답: 절대 안 한대요) 데번 마조네에게도 고맙다는 말을 전한다. 예리한 눈으로 문장을 매끄럽게 다듬고 1천 개가 넘는 불필요한 단어를 삭제한 이반 밴 와이에게도 감사한다.

그리고 자료 조사를 도운 캐럴라인 오버리에게도 진심으로 고맙다는 말을 전한다. 그녀의 도움이 없었다면 이 책을 쓰는 데 5년이 아니라 10년은 족히 걸렸을 것이다. 저작권과 사진 인용이라는 복잡한 세계를 헤쳐 나갈 수 있도록 돕고, 이 복잡한 이야기를 쓰는 동안 내가 중구난방으로 산만하게 행동하지 않도록 도와주었다. 두 번 다시 20세기로 돌아가지 않겠다고 약속할게!

코로나19의 세계적 대유행 기간에 책을 끝내기란 쉽지 않았다. 폐쇄와 격리가 반복되는 상황에서도 내가 자료를 조사할 수 있도록 도와준 많은 사서와 기록 관리자에게 심심한 감사를 표한다. 특히 영국 왕립 외과 대학과 빅토리아 리어, BAPRAS의 리바이 개빈에게 감사를 표한다. 기록물 세계의 드러나지 않은 영웅들이다. 이 책에 실린 엄청난 가치가 있는 사진들은 그들의 도움 덕분에 실릴 수 있었다.

또 내 저작권 대리인 로버트 귄슬러에게도 고맙다는 말을 전한다. 그는 내 삶이 혼란에 빠졌을 때 이 집필 계획을 끌고 나가도록 도와주었다. 그리고 내 대외 활동뿐 아니라 자신감을 증진시키기 위해 지치지 않고 나를 지지하는 매니저인 호르헤 이노호사에게도 고마움을 전한다. 내가 하는 일이 가치 있음을 믿어 줘서 고마워. 앞으로 비관론자가 되지 않으려 노력할게!

또 운 좋게도 나는 여러 집안사람과 친구들의 사랑과 지원을 받을 수 있었다. 하나가 아닌 다양한 관점에서 세상을 볼 수 있게 해준 루시 콜먼 탤벗에게 진심으로 감사한다. 그 우정과 포용 덕분에 내 수준이 더 높아질 수 있었다. 덕분에 이 책도 더 나아질 수 있었을 뿐 아니라 나 자신도 좀 더 나은 사람이 될 수 있었다.

나와 동고동락하는 생산적인 동반자이자 가까운 친구인 로리 콘기벌에게도 감사한다. 그리고 내 〈영원한 술친구〉로서 처음부터 굳건히 나를 지지해 준 셸리 이스터스도 고맙다. 의학사를 연구하는 쪽으로 나만큼 괴짜인 모니카 워커에게도 감사의 말을 전한다.

지난 몇 년 동안 정말로 든든하게 의지할 친구가 되어 준 케이트 소에게도 고맙다고 전하고 싶다. 자신이 사랑하는 이에게 놀라울 만큼 관대하면서 아무것도 요구하지 않는 모습이 감탄스럽다. 내 인생에 너를 만난 것이 정말로 행운이야.

내 〈아늑한 고릴라〉인 루시 캠벨에게도 고맙다. 좋으면서 한결같은 친구가 무슨 뜻인지를 매일 보여 주는 너. 또 못하겠다는 내 투덜거림에 개의치 않고 열심히 운동시켜 허리 통증에 시달리지 않으면서 독자와의 만남을 계속할 수 있도록 체력을 길러 준 데이브 브라운에게도 고맙다고 해야겠다. 그리고 긴 세월 동안 내게 한결같은 사랑과 웃음과 지지를 보여 준 진정한 친구 에스텔 파랑크도 너무너무 고맙다.

2020년에 갑자기 세상을 떠난 친애하는 친구 빌 매클호스에게 조의를 표하고 싶다. 그는 내가 작가의 길로 들어섰을 때 내가 할 수 있다고 믿어 주었다. 매일 그가 떠오른다.

또 내가 축 늘어져 있을 때면 늘 기운을 북돋아 주신 엄마와 의붓아빠인 데비와 그렉 클레브께도 감사드린다. 그리고 내 사돈인 그레이엄과 산드라 틸은 세계적 유행병이 돌던 지난해에 거의 견딜 수 없이 고립되어 있던 내 기분을 즐겁게 해주었다. 촌철살인으로 내게 현실을 자각시켜 주는 형제 크리스 피츠해리스도 고맙다(#ForeverBarb). 그리고 내 문학적 꿈을 뒷받침하기 위해서 전국을 여행한 아빠와 의붓엄마 마이크와 수 피츠해리스에게도 감사의 인사를 전한다.

그리고 모든 손주, 특히 나의 삶에 보너스가 되어 주신 할머니 도로시 시저즈께 무한한 감사를 드린다.

남편 에이드리언 틸에게도 고맙다는 말을 전하고 싶다. 마지막으로 인사한다고 해서 결코 쥐꼬리만큼 고맙다는 뜻은 아니다. 늘 내 글을 읽는 첫 번째 독자이자 출판사에 보낼 최종 원고에 마지막 평을 하는 사람. 나는 그 누구보다도 더 당신의 의견을 존중해. 당신이 곁에 없었다면 이 책을 쓸 수 없었을 거야. 너무너무 사랑해.

옮긴이의 말

이 책은 성형외과의 탄생과 그 탄생에 가장 크게 이바지한 인물의 일대기를 담은 책이다. 이렇게 말하면, 으레 미용 쪽을 떠올리겠지만, 전혀 아니다. 인류의 많은 발전이 그렇듯이, 이 분야도 전쟁 속에서 탄생했다. 제1차 세계 대전 때 총알과 포탄에 맞아 얼굴의 일부가 사라진 부상병이 수없이 생겨났고, 그들을 돕기 위해 애쓴 이들이 있었다. 그들이 많은 시행착오를 거치면서 개발하고 다듬고 표준화한 온갖 수술법과 치료 방법이 바로 오늘날 성형외과의 기원이다.

린지 피츠해리스는 그 탄생기에 활약한 이들의 모습을 상세히 보여 준다. 당연히 의사도 있었고, 가면 제작자, 화가 등 저마다 자기 능력을 최대로 발휘한 사람도 있었다. 저자는 그들의 능력, 성공과 좌절, 그리고 인간적인 모습과 약점까지 생생하게 들려준다. 그들만이 아니다. 전쟁터에서 얼굴이 날아간 채 피를 철철 흘리면서 며칠을 엎드려 있다가 구조된 군인, 그런 군인을 구조하다가 총알에 맞아 죽은 동료, 순수한 마음으로 돕기 위해 나섰다가 잘린 팔다리와 피 웅덩이와 고름과 악취, 비명이 가득한 임시 진료소에서 정신없이 일해야 했던 간호사 등등.

저자는 그런 이들의 일지와 기록, 편지까지 조사함으로써, 그들이 어떤 심경과 고통을 겪으면서 험한 시대를 헤쳐 나갔는지, 또는 그 고통에 굴복했는지도 들려준다. 또한 그들이 겪은 고통과 감정을 세밀하게 묘사한다. 팔다리를 잃거나 다른 부위에 상처를 입은 군인들은 영웅 대접을 받지만, 얼굴이 날아간 군인들은 그런 한편으로 두려움과 혐오감도 불러일으킨다. 흉측한 얼굴을 볼 때 저절로 일어나는 반응이기 어쩔 수가 없다. 즉 그들은 다른 부상병들과 다른 처지에 놓인다. 저자는 그렇게 부상당하고 고국에 돌아와서도 가족에게 연락조차 못 하고, 약혼자에게 이별을 통보하고, 은둔해 살아가는 이들의 심경과 삶을 가슴 아프게 묘사한다. 여생을 남의 시선을 의식하며 살아야 하는 삶이다. 그리고 그런 부상자들의 얼굴을 재건하기 위해 갖은 노력을 하는 이들, 덕분에 완벽하진 않지만 사라진 턱과 얼굴이 어느 정도 재건되어 일상으로 복귀한 이들의 삶도 생생하게 담고 있다.

이렇게 당사자들의 마음을 하나하나 살피면서 이야기를 펼쳐 나간다는 점이 이 책의 가장 큰 장점이라고 할 수 있다. 그러면서 저자는 얼굴을 재건하는 일이 얼굴 부상을 입은 이들에게 얼마나 중요한 의미를 지니는지 깨닫게 한다. 읽다 보면 성형의 의미를 저절로 되새기게 되고, 아울러 내가 지금 어떤 편견에 사로잡혀 있지 않은가 하는 생각도 들게 하는 책이다.

주

프롤로그

1 Private Papers of P. Clare, vol. 3, November 20, 1917. Private Papers of P. Clare. Documents. 15030. Documents and Sound Archives of the Imperial War Museums. The manuscript com prises four unpaginated volumes written in 1918, revised in 1920, and recopied in 1932 and 1935. It includes an appendix of transcribed letters to his mother.

2 William Clarke, "Random Recollections of '14/'18," 8, Liddle Collection, Brotherton Library Special Collections, University of Leeds. Originally found in Joanna Bourke, *Dismembering the Male: Men's Bodies, Britain, and the Great War* (London: Reaktion Books, 1996), 215.

3 Quoted in Leo van Bergen, *Before My Helpless Sight: Suffering, Dying and Military Medicine on the Western Front, 1914–1918*, trans. Liz Waters (Farnham, UK: Ashgate, 2009), 490.

4 Robert Weldon Whalen, Bitter Wounds: German Victims of the Great War, 1914 – 1939 (Ithaca, NY, and London: Cornell University Press, 1984), 43.

5 van Bergen, *Before My Helpless Sight*, 132.

6 Paul Fussell, ed., *The Bloody Game: An Anthology of Modern Warfare*, vol. 2 (London: Abacus, 1992), 179.

7 Quoted in Richard van Emden, *Meeting the Enemy: The Human Face of the Great War* (London: Bloomsbury, 2013), 186.

8 Private Papers of P. Clare, vol. 3.

9 같은 책.

10 같은 책.

11 Simon Schama, *The Face of Britain: The Nation Through Its Portraits* (London: Viking, 2015), 529.

12 Ellen N. La Motte, "The Backwash of War: The Human Wreckage of the Battlefield as Witnessed by an American Hospital Nurse," in *Nurses at the Front: Writing the Wounds of the War*, ed. Margaret R. Higonnet (Boston: Northeastern University Press, 2001), 16.

13 Fred H. Albee, *A Surgeon's Fight to Rebuild Men: An Autobiography* (New York: Dutton, 1945), 136.

14 Andrew Bamji notes that eleven patients who ended up at the Queen's Hospital in Sidcup received facial wounds inflicted by animals. Nine had been kicked, and two had been bitten. Andrew Bamji, *Faces from the Front: Harold Gillies, the Queen's Hospital, Sidcup and the Origins of Modern Plastic Surgery* (Solihull, UK: Helion, 2017), 21.

15 Sandy Callister, " 'Broken Gargoyles': The Photographic Representation of Severely Wounded New Zealand Sol diers," *Social History of Medicine* 20, no.1 (April 2007): 116–117; Suzannah Biernoff, "The Rhetoric of Disfigurement in First World War Britain," *Social History of Medicin*e 24, no. 3 (January 2011): 666.

16 van Bergen, *Before My Helpless Sight*, 31.

17 James William Davenport Seymour, *History of the American Field Service in France, "Friends of France"* 1914–1917: Told by Its Members, vol. 2 (Boston: Houghton Mifflin, 1920), 90.

18 The Germans tried gas a few times in 1914 on the Eastern Front, with no success.

19 O. S. Watkins, *Methodist Report*, cited in Amos Fries and C. J. West, *Chemical Warfare* (New York: Mc Graw Hill, 1921), 13. Originally found in Gerard J. Fitzgerald, "Chem ical Warfare and Medical Response During World War I," *American Journal of Public Health* 98, no. 4 (April 2008): 611–625.

20 Wilson, J. K. Tape 286/Transcript LIDDLE/WW1/TR/08/69, Liddle Collection, Brotherton Library Special Collections, University of Leeds.

21 Frederick A. Pottle, *Stretchers: The Story of a Hospital Unit on the Western Front* (New Haven, CT: Yale Univer sity Press, 1929), chapter 4.

22 Nelson Wyatt, "First World War Fly ers Risked Shortened Lifespan but Have Extended Legacy," *Canadian Press*, accessed October 8, 2020, http://ww1.canada.com/faces-of-war/first-world-war-flyers-risked-shortened-lifespan-but-have-extended-legacy.

23 Sean Coughlan, "Graphic Eyewitness Somme Accounts Revealed," BBC News, November 17, 2016, accessed November 4, 2019, https://www.bbc.co.uk/news/education-37975358.

24 Andrew Robertshaw, *First World War Trenches* (Stroud, UK: History Press, 2014), 62.

25 Reginald A. Colwill, *Through Hell to Vic tory: From Passchendaele to Mons with the 2nd Devons in 1918*, 2nd ed. (Tor quay, UK: Reginald A. Colwill, 1927), 81–82.

26 van Bergen, *Before My Helpless Sight*, 132.

27 Bourke, *Dismembering the Male*, 59.

28 "Worst Loss of All. Public Deeply Moved by War- Time Revelation," *Manchester Evening Chronicle*, May–June 1918. Found in the Queen's Hospital, Sidcup, Kent: Newspaper Cuttings, London Metropolitan Archives, City of London H02/QM/Y/01/005, page 37.

29 Bourke, *Dismembering the Male*, 65. In contrast, disfigurement in France was a Class 6 injury, considered less serious than blindness or loss of limbs, and it therefore warranted no pension. As a result, the surgeon Léon Dufourmentel lamented that maimed French veterans were sure to face economic hardship: "It is sadly certain that a disfigured face inspiring disgust or horror, in spite of the pity and respect we owe to the victims of the Great War, can cause these men considerable prejudices." See Claudine Mitchell, "Fac ing Horror: Women's Work, Sculptural Practice and the Great War," in Valerie Mainz and Griselda Pollock, eds., *Work and the Image II: Work in Modern Times, Visual Mediations and Social Processes* (Aldershot, UK: Ashgate, 2000), 45.

30 Suzannah Biernoff, *Portraits of Violence: War and the Aesthetics of Disfigurement* (Ann Arbor: University of Michigan Press, 2017), 15.

31 Marjorie Gehrhardt, *The Men with Broken Faces: Gueules Cassées of the First*

World War (Oxford: Peter Lang, 2015), 2. See also François-Xavier Long, "Les Blessés de la Face durant la Grande Guerre: Les Origines de la Chirurgie Maxillo-faciale," *Histoire des Sciences Médicales* 36, no. 2 (2002): 175–183.

32 Biernoff, "The Rhetoric of Disfigurement," 669.

33 Patricia Skinner, "'Better Off Dead Than Disfigured'? The Challenges of Facial Injury in the Premodern Past," *Transactions of the Royal Historical Society* 26 (2016): 26.

34 Francis J. McGowan, "My Personal Ex periences of the Great War," page 7. 6 Mss Essays by Patients with Fa cial Injuries in Sidcup Hospital, 1922. LIDDLE/WW1/GA/WOU/34, Essay 1. Liddle Collection, Brotherton Library Special Collections, University of Leeds.

35 R. T. McKenzie, *Reclaiming the Maimed: A Handbook of Physical Therapy* (New York: Macmillan, 1918), 117.

36 "The Loneliest of All Tommies," *Sunday Herald*, June 1918. Found in the Queen's Hospital, Sidcup, Kent: News paper Cuttings, London Metropolitan Archive, H02/QM/Y/01/005, page 41.

37 Private Papers of P. Clare, vol. 3.

38 같은 책.

39 같은 책.

40 같은 책.

41 Letter from Percy Clare to his mother (n.d.), Private Papers of P. Clare, Letters to His Mother.

42 Ernest Wordsworth, "My Personal Experiences of the Great War," 6 Mss Essays by Patients with Facial In juries in Sidcup Hospital, 1922. LIDDLE/WW1/GA/WOU/34, Essay 2. Liddle Collection, Brotherton Library Special Collections, Univer sity of Leeds.

43 van Bergen, *Before My Helpless Sight*, 306.

44 Louis Barthas, *Les Carnets de Guerre de Louis Barthas, Tonnelier 1914–1918* (Paris: Maspero, 1983), 72. Originally quoted in van Bergen, *Before My Helpless Sight*, 169–170.

45 Private Papers of P. Clare, vol. 3.

46 같은 책.

47 Lyn MacDonald, *They Called It Passchendaele* (London: Michael Joseph,

1978), 118.

48 Quoted in Ena Elsey, "Disabled Ex- Servicemen's Experiences of Rehabilitation and Employment After the First World War," *Oral History* 25, no. 2 (Autumn 1997): 51.

49 "My Personal Experiences of the Great War," 6 Mss Essays by Patients with Facial Injuries in Sidcup Hos pital, 1922. LIDDLE/WW1/GA/WOU/34, Essay 6. Liddle Collec tion, Brotherton Library Special Collections, University of Leeds.

50 Sir Harold Gillies and D. Ralph Millard, Jr., *The Principles and Art of Plastic Surgery* (London: Butterworth, 1957), 23.

51 Quoted in Sir Terence Ward, "The Maxillofacial Unit," *Annals of the Royal College of Surgeons of England* 57 (1975): 67. In 1962, William Kelsey Fry gave the opening address at the First International Congress of Oral Surgery.

52 Notes on Maxillo- facial Injuries, report presented to Army Council, 1935, AWM54, 921/3/1. Found in Kerry Neale, "Without the Faces of Men: Facially Disfigured Great War Sol diers of Britain and the Dominions" (unpublished PhD thesis, Univer sity of New South Wales, Australia, March 2015), 47. Neale points out that it is difficult to know to what extent this protocol was adopted.

53 Clare refers to the wound as a "Blighty One" in his diary, but the phrase is more often associated with less dis abling injuries.

54 Private Papers of P. Clare, vol. 3.

55 Fritz August Voigt, *Combed Out* (London: Swarthmore Press, 1920), 70.

56 Bamji, *Faces from the Front*, 31.

1장 발레리나의 엉덩이

1 Stefan Goebel and Jerry White, "London and the First World War," *London Journal* 41, no. 3 (2016): 199–218, ac cessed March 2, 2020, https://www.tandfonline.com/doi/full/10.1080/03058034 . 2016. 1216758.

2 같은 책.

3 Reginald Pound, *Gillies, Surgeon Extraordinary: A Biography* (London: Michael Joseph, 1964), 15.

4 같은 책, 18.

5 같은 책.

6 같은 책, 9.

7 D. Ralph Millard. Jr., "Gillies Memorial Lecture: Jousting with the First Knight of Plastic Surgery," *British Jour nal of Plastic Surgery* 25 (1972): 73; Michael Felix Freshwater, "A Criti cal Comparison of Davis' *Principles of Plastic Surgery* with Gillies' *Plastic Surgery of the Face*," *Journal of Plastic, Reconstructive & Aesthetic Surgery* 64 (2011): 20. Freshwater indicates that there is some dispute about which elbow was fractured. Millard told Freshwater that it was the right elbow; Gillies's biographer Reginald Pound claimed that it was the left. A film of Gillies doing a forehead flap nasal reconstruction shows him hyper f lexing his right wrist, which would be compatible with compensating for elbow stiffness.

8 "The Late Robert Gillies," *Bruce Herald*, Volume 17, Issue 1759, June 18, 1886, accessed April 20, 2020, https://paperspast.natlib.govt.nz/newspapers/BH18860618.2.12?fbclid=Iw AR38tHrv_zbjP15-xLT5RJSa0MxgHqodP-4uI-crdRRils801XQnoRm OCqwU.

9 Pound, *Gillies*, 14.

10 같은 책, 15–16.

11 같은 책, 13.

12 Letter from Norman Jewson to Reg inald Pound. Letters to Reginald Pound, 1955–1972. From the Archives of the Royal College of Surgeons, MS0336.

13 Quoted in Pound, *Gillies*, 16.

14 Kenneth D. Pringle, Notes on Sir Harold Gillies. Letters to Reginald Pound.

15 Mick Gillies, *Mayfly on the Stream of Time* (Whitfeld, UK: Messuage Books, 2000), 3.

16 Pound, *Gillies*, 20.

17 The date link first came to light when it was spotted by historian Brian Presland visiting the Museum of Military History in Vienna, where the car is on display, in 2004.

18 Some accounts say that the archduke's car was third in the motorcade, but most scholars agree it was the second. Chris topher Clark, *The Sleepwalkers: How Europe Went to War in 1914* (London: Penguin, 2013), 367–377. I'm hugely indebted to Clark for the details included in this section of the book.

19 같은 책, 371.

20 Quoted 같은 책.

21 Quoted 같은 책, 373.

22 같은 책.

23 Greg King and Sue Woolmans, *The Assassi nation of the Archduke: Sarajevo 1914 and the Murder That Changed the World* (London: Pan Books, 2014), 204.

24 Quoted in Clark, *Sleepwalkers*, 374.

25 Some accounts claim that the Gräf & Stift had no reverse gear. Mr. Ilming, an arms and technology expert at the Mu seum of Military History in Vienna, says the car does have a reverse gear but that it took a long time to switch gears because of the technical standards of the day. Benjamin Preston, "The Car That Witnessed the Spark of World War I," *New York Times*, July 10, 2014, accessed May 7, 2020, https://www.nytimes.com/2014/07/11/automobiles/the-car-that.

26 Clark, *Sleepwalkers*, 375–376.

27 This statistic comes from searching www.britishnewspaperarchive.co.uk.

28 *Daily Record*, Saturday, June 27, 1914, 6.

29 Matthew Johnson, "More Than Spectators? Britain's Liberal Government and the Decision to Go to War in 1914," The Conversation, August 4, 2014, accessed February 5, 2019, http://theconversation.com/more-than-spectators-britains-liberal-government-and-the-decision-to-go-to-war-in-1914-30053.

30 *Daily Mirror*, August 5, 1914, 3.

31 "Voices of the First World War: Joining Up," Imperial War Museums podcast, accessed July 21, 2020, https://www.iwm.org.uk/history/voices-of-the-first-world-war-joining-up.

32 Details gleaned from "The Teenage Soldiers of World War One," BBC News, November 11, 2014, accessed January 26, 2021, https://www.bbc.co.uk/news/magazine-29934965; see David Lister, *Die Hard, Aby! Abraham Bevistein—The Boy Soldier Shot to Encourage the Others* (Barnsley, UK: Pen & Sword Military, 2005).

33 George Coppard, *With a Machine Gun to Cambrai: The Tale of a Young Tommy in Kitchener's Army, 1914–1918* (London: Her Majesty's Stationery Office, 1969), 19.

34 Quoted in van Bergen, *Before My Helpless Sight*, 443–444.

35 Denis Winter, *Death's Men: Soldiers of the Great War* (London: Allen Lane, 1978), 23.

36 "Voices of the First World War: Join ing Up."

37 Max Arthur, *Forgotten Voices of the Great War* (London: Random House, 2012), 18–22.

38 Leo van Bergen, *Before My Helpless Sight*, 39.

39 Quoted in Stella Bingham, *Ministering Angels* (London: Osprey Publishing, 1979), 132.

40 같은 책, 133.

41 Lyn MacDonald, *The Roses of No Man's Land* (London: Michael Joseph, 1980), 165.

42 Quoted in Janet S. K. Watson, "Wars in the Wards: The Social Construction of Medical Work in First World War Britain," *Journal of British Studies* 41 (October 2002): 493.

43 Quoted 같은 책, 494.

44 Quoted in Fiona Reid, *Medicine in First World War Europe: Soldiers, Medics, Pacifists* (London: Bloomsbury, 2017), 4.

45 Reginald Pound states that the Red Cross sent for Gillies at the end of January; Gillies says he went to France "early in 1915." Pound, *Gillies*, 22; Gillies and Millard, *Principles and Art of Plastic Surgery*, 6. See also "New Commandant of Belgian Field Hospital," *The Times*, May 5, 1915, 13.

46 General Register Office, Margaret Gillies's birth registration, St. Marylebone, London (born January 31, 1915, 73 New Cavendish Street; registered February 25, 1915, by K. M. Gillies). PDF copy in possession of author.

2장 은빛 유령

1 William Cruse, "Auguste Charles Valadier: A Pioneer in Maxillofacial Surgery," *Military Medicine* 152, no. 7 (1987): 337–338.

2 Quoted 같은 책, 338.

3 같은 책, 338.

4 M. J. Newell, ed., *Ex Dentibus Ensis: A History of the Army Dental Service* (Aldershot, UK: RADC Historical Museum, 1997), 11.

5 The army did eventually send dentists to South Africa.

6 "Dental Examiners to the Forces (Edito rial)," New Zealand Dental Journal 10 (January 1915): 150 – 151. Found in Harvey Brown, *Pickerill: Pioneer in Plastic Surgery, Dental Education and Dental Research* (Dunedin, NZ: Otago University Press, 2007), 107.

7 Quoted in Penny Starns, *Sisters of the Somme: True Stories from a First World War Field Hospital* (Stroud, UK: History Press, 2016), 55.

8 Punch (August 19, 1914). Found in Nic Clarke, *Unwanted Warriors: Rejected Volunteers of the Canadian Expeditionary Force* (Vancouver: University of British Columbia Press, 2016), 82.

9 Robert Roberts, *The Classic Slum: Salford Life in the First Quarter of the Century* (Manchester, UK: Manchester Uni versity Press, 1971), 150.

10 Starns, *Sisters of the Somme*, 13.

11 Sylvestre Moreira, "The Dental Service in War," *Dental Surgeon* 14, no. 685 (December 15, 1917): 488, quoted in F.S.S. Gray, "The First Dentists Sent to the Western Front During the First World War," *British Dental Journal* 222, no. 11 (2017): 893.

12 Quoted in Cruse, "Auguste Charles Valadier," 339. There is a question as to whether Valadier was the dentist who extracted General Haig's tooth. Cruse and other schol ars have made a strong case for Valadier, given his proximity to the Bat tle of Aisne, his reputation, and the fact that Haig later recommended Valadier for a decoration. For these reasons, I have included this story in the book.

13 L. J. Godden, *History of the Royal Army Dental Corps* (Aldershot, UK: Royal Army Dental Corps, 1971), 5.

14 같은 책, 8.

15 A. L. Walker, "A Base Hospital in France, 1914 – 1915," Scarletfinders, accessed May 18, 2020, http://www.scarletfinders.co.uk/156.html.

16 Neale, "Without the Faces of Men," 47.

17 For more on Joseph Lister, see Lindsey Fitzharris, *The Butchering Art: Joseph Lister's Quest to Transform the Grisly World of Victorian Medicine* (New York: Scientific American / Far rar, Straus and Giroux, 2017).

18 A. G. Butler, *Official History of the Australian Medical Services, 1914–1918*,

vol. 2 (Canberra: Australian War Memorial, 1940), 315.

19 Tom Scotland, *A Time to Die and a Time to Live, Disaster to Triumph: Groundbreaking Developments in Care of the Wounded on the Western Front 1914–1918* (Warwick, UK: Helion, 2019), 71–77.

20 J. E. McAuley, "Charles Valadier: A For gotten Pioneer in the Treatment of Jaw Injuries," *Proceedings of the Royal Society of Medicine* 67, no. 8 (1974): 786.

21 Murray C. Meikle, *Reconstructing Faces: The Art and Wartime Surgery of Gillies, Pickerill, McIndoe and Mowlem* (Dunedin, NZ: Otago University Press, 2013), 48.

22 Gillies's exact movements in France are uncertain. I've pieced them together as best I could using a variety of sources cited in this chapter, but there are still gaps. In *The Principles and Art of Plastic Surgery*, Harold Gillies states that he arrived in France in early 1915. His biographer Reginald Pound corroborates this, stat ing it was the end of January 1915. An article in The Times states that Gillies arrived at the Belgian Field Hospital in Hoogstade in early May. The following month, he was promoted to major and reassigned to the Allied Forces' Base Hospital Étaples, France, where he remained until December. Before taking up his new post, he went on leave. He re turned to London, where the sportswriter Henry Leach spotted him playing golf. According to Gillies, he traveled to Paris sometime in June to visit Hippolyte Morestin. Both Gillies and Pound imply that he met Valadier before he met Morestin. Therefore, it seems likely to me that Gillies met Valadier in the months before he was assigned to the Belgian Field Hospital. The period between January and May is otherwise unac counted for in the records. It is possible that Gillies met Valadier after leaving the Belgian Field Hospital but before meeting Morestin. The timeline is so narrow, however, that I don't think this is a likely sce nario. Records also state that Gillies was assigned to Valadier's jaw unit to supervise the dentist's work, which implies it was an official post, rather than a chance encounter while he was on leave.

23 One early use of the term in relation to sur gery was by the German surgeon Carl Ferdinand von Graefe in his paper "Rhinoplastik," published in 1818. See John D. Holmes, "Development of Plastic Surgery," in *War Surgery 1914–1918*, eds. Thomas Scotland and Steven Heys (Solihull, UK: Helion, 2012), 258.

24 Pat Leonard, "The Bullet That Changed History," *New York Times*, August 31, 2012, accessed August 8, 2018, https://opinionator.blogs.nytimes.com/2012/08/31/the-bullet-that-changed-history/.

25 Gurdon Buck, *Case of Destruction of the Body of the Lower Jaw and Extensive Disfiguration of the Face from a Shell Wound* (Albany, NY: Private Printing, 1866), 4–5. Originally found in David Seed, Stephen C. Kenny, and Chris Williams, eds., *Life and Limb: Per spectives on the American Civil War* (Liverpool: Liverpool University Press, 2016), 90.

26 *The Medical and Surgical History of the War of the Rebellion (1861–1865) / Prepared, in Accordance with the Acts of Congress, Under the Direction of Surgeon General Joseph K. Barnes, United States Army* (Washington, DC: Government Printing Office, 1870–1888), 721.

27 F. W. Seward, *Seward at Washington as Senator and Secretary of State: A Memoir of His Life, with Selections from His Letters (1861–1872)* (New York: Derby & Miller, 1891), 270. See also "Terrible Tragedy in Washington: Murder of the President, Attempted Murder of Mr. Seward," *New York Times*, April 17, 1865, 2.

28 William W. Keen, "Gangrene of the Face Following Salivation," National Museum of Army Medicine Accession File 1000867; Gurdon Buck, *Contributions to Reparative Surgery* (New York: D. Appleton, 1876), 36, 38. Originally found in Seed, Kenny, and Williams, *Life and Limb*, 90–91.

29 George Alexander Otis, *The Medical and Surgical History of the War of the Rebellion*, part 1, vol. 2 (Washington, DC: Government Printing Office, 1876).

30 Blair O. Rogers and Michael G. Rhode, "The First Civil War Photographs of Soldiers with Facial Wounds," *Journal of Aesthetic Plastic Surgery* 19 (1995): 271.

31 Observation by Mr. C. Bowdler Henry in McAuley, "Charles Valadier," 788.

32 Quoted in J. E. McAuley, "Valadier Re visited," *Dental Historian* 19 (1990): 19.

33 같은 책.

34 Garffild Lloyd Lewis, *Faced with Mametz* (Llanrwst, UK: Gwasg Carreg Gwalch, 2017), 89.

35 Herman H. de Boer, "The History of Bone Grafts," *Clinical Orthopaedics and Related Research 226* (January 1988): 292–298.

36 Letter from Philip Thorpe to Reginald Pound, March 30, 1963, 2, Letters to Reginald Pound.

37 Lewis, *Faced with Mametz*, 92.

38 Meikle, *Reconstructing Faces*, 49.

39 Letter from Philip Thorpe to Mr. J. E. McAuley, May 29, 1965, Museum of Military Medicine, Aldershot, UK, RADCCF/3/3/4/55/VALA.

40 Meikle, *Reconstructing Faces*, 52.

41 Gillies and Millard, *Principles and Art of Plastic Surgery*, 6.

42 같은 책, 22.

43 Harold Gillies, "The Problems of Facial Re construction," *Transactions of the Medical Society of London* 41 (1918): 165.

3장 특수 임무

1 *The Times*, May 5, 1915, 13. According to the newspaper, Gillies departed for Belgium with Morrison on Satur day, May 1, 1915.

2 Henry Sessions Souttar, *A Surgeon in Belgium* (London: Edward Arnold, 1915), 110–127.

3 C. P. Blacker, *Have You Forgotten Yet? The First World War Memoirs by C. P. Blacker* (Barnsley, UK: Leo Cooper, 2000), 17–18.

4 "Belgian Field Hospital," *The Times*, April 27, 1916, 8.

5 *A War Nurse's Diary: Sketches from a Belgian Field Hospital* (New York: Macmillan, 1918), 86–88.

6 *The Times*, September 7, 1915, 6.

7 *A War Nurse's Diary*, 87.

8 같은 책.

9 *The Times*, May 5, 1915, 13.

10 Blacker, *Have You Forgotten Yet?*, 28–29.

11 *A War Nurse's Diary*, 102.

12 같은 책, 99.

13 van Bergen, *Before My Helpless Sight*, 65–66. The Germans introduced chlorine gas with minimal ef fect on the Russian Eastern Front at Bolimov earlier in the war, where it was so cold, the gas froze.

14 "Voices of the First World War: Gas Attack at Ypres," Imperial War Museums

podcast, accessed May 6, 2020, https://www.iwm.org.uk/history/voices-of-the-first-world-war-gas-attack-at-ypres.

15 *A War Nurse's Diary*, 99.

16 No. 7 was known as the "Allied Forces Base Hospital." It had a short existence with two hundred beds at the Hotel Christol, Boulogne, from October 23, 1914, to January 11, 1915. It reopened for about five months at Étaples from August to November 1915. Gillies took leave in late June and, on his return to France, stopped in Paris to visit Morestin. He likely arrived at the Allied Forces Base Hospital shortly before or just as it reopened in August 1915. William Grant Macpherson, *History of the Great War Based on Official Documents. Medical Services General History*, vol. 2 (London: His Majesty's Stationery Office, 1923), 73.

17 Henry Leach, "The Golfer's Prog ress," *Illustrated Sporting and Dramatic News*, June 26, 1915, 470.

18 같은 책.

19 Darryl Tong, Andrew Bamji, Tom Brooking, and Robert Love, "Plastic Kiwis—New Zealanders and the Development of a Specialty," *Journal of Military and Veterans' Health* 17 (October 2008): 12. See also W. H. Dolamore, "The Treatment in Ger many of Gunshot Injuries of the Face and Jaws," *British Dental Journal* 37 (1916 War Supplement): 105 – 184.

20 Quoted in Pound, *Gillies*, 23. Pound claims it was a book that inspired Gillies. But Andrew Bamji later speculated that it may have been an article.

21 Georges Duhamel, "A Muster of Ghosts," in *Light on My Days: An Autobiography*, trans. Basil Collier (London: J. M. Dent & Sons, 1948), 275.

22 같은 책, 276 – 277.

23 J. L. Faure, "H. Morestin (1869 – 1919)," Presse Médicale 27 (1919): 109. Originally found in Blair O. Rogers, "Hip polyte Morestin (1869 – 1919). Part I: A Brief Biography," Aesthetic Plastic Surgery 6 (1982): 143.

24 David Tolhurst, *Pioneers in Plastic Surgery* (Cham, Switzerland: Springer, 2015), 35 – 38. See also Rogers, "Hippolyte Morestin (1869 – 1919)," 141 – 147.

25 Gillies and Millard, *Principles and Art of Plastic Surgery*, 7.

26 같은 책.

27 같은 책.

28 Gillies remained at the Allied Forces Base Hospital until December 1915. *London Gazette*, Supplement 29415 (December 23, 1915), 12804.

29 Gillies and Millard, *Principles and Art of Plastic Surgery*, 22.

30 For more on the relationship between Gil lies and Kazanjian, see Hagop Martin Deranian, *Miracle Man of the Western Front: Dr. Varaztad H. Kazanjian, Pioneer Plastic Surgeon* (Worcester, MA: Chandler House Press, 2007), 106–108.

31 Bamji, Faces from the Front, 48.

4장 낯선 신기술

1 Catherine Black, *King's Nurse— Beggar's Nurse* (London: Hurst & Blackett, 1939), 85.

2 같은 책, 85–86.

3 같은 책, 84.

4 La Motte, "The Backwash of War," 13–14.

5 van Bergen, *Before My Helpless Sight*, 286–287.

6 Bingham, *Ministering Angels*, 139. Possibly apocryphal.

7 Quoted in Gehrhardt, *The Men with Broken Faces*, 55.

8 Mary Borden, *The Forbidden Zone* (London: William Heinemann, 1929), 142.

9 Black, *King's Nurse— Beggar's Nurse*, 84.

10 Gillies and Millard, *Principles and Art of Plastic Surgery*, 8.

11 Duhamel, "A Muster of Ghosts," 278.

12 Gillies, letter to Millard, September 12, 1951. Quoted in Bamji, *Faces from the Front*, 49.

13 Pound, *Gillies*, 25.

14 H. D. Gillies and L.A.B. King, "Mechanical Supports in Plastic Surgery," *The Lancet* (March 17, 1917): 412.

15 H. D. Gillies, *Plastic Surgery of the Face Based on Selected Cases of War Injuries of the Face Including Burns* (Lon don: Henry Frowde, 1920), 12.

16 Gillies and Millard, *Principles and Art of Plastic Surgery*, 11.

17 같은 책, 13.

18 Pound, *Gillies*, 26–27.

19 같은 책, 40.

20 Gillies and Millard, *Princi ples and Art of Plastic Surgery*, 12.

21 E. D. Toland, *The Aftermath of Battle* (London: Macmillan, 1916), 43–44. Originally found in Neale, "Without the Faces of Men," 139.

22 Lisa Haushoher, "Between Food and Medicine: Artificial Digestion, Sickness, and the Case of Benger's Food," *Journal of the History of Medicine and Allied Sciences* 73, no. 2 (2018): 169.

23 Mark Harrison, *The Medical War: British Military Medi- cine in the First World War* (Oxford: Oxford University Press, 2010), 10.

24 "Medical Work in the Field and at Home," chapter 66 of *The Times History of the War*, part 41, vol. 4 (London: The Times, 1915), 42.

25 Quoted in Pound, *Gillies*, 26.

26 La Motte, "The Backwash of War," 9.

27 Gillies, "The Problems of Facial Reconstruction," 165–170.

28 Denis Winter, *Death's Men: Soldiers of the Great War* (London: Allen Lane, 1978), 83.

29 Albee, *A Surgeon's Fight to Rebuild Men*, 128.

30 "Experiments in Armour," *The Times*, July 22, 1915, 7.

31 "Steel- Clad Soldiers," *The Times*, March 8, 1917, 3.

32 Neale, "Without the Faces of Men," 37.

33 Pound, *Gillies*, 38, 49.

34 Quoted 같은 책, 39.

35 Quoted 같은 책.

36 Albee, *A Surgeon's Fight to Rebuild Men*, 110.

37 Quoted in Pound, *Gillies*, 37.

38 Ward Muir, *The Happy Hospital* (Lon don: Simpkin, Marshall, 1918), 143. Originally found in Biernoff, "The Rhetoric of Disfigurement," 668.

39 Muir, *The Happy Hospital*, 143–144.

40 Black, *King's Nurse—Beggar's Nurse*, 86.

41 같은 책, 85.

42 Gillies and Millard, *Principles and Art of Plastic Surgery*, 10.

43 Private William Henry Young dies in August 1916, but he is wounded in December 1915, which is why I've placed his story in this chapter.

44 Young's headstone records his age to be thirty- eight at the time of his death,

but birth and death records indicate he was forty.

45 Henry L. Kirby, *Private William Young V.C.: One of Preston's Heroes of the Great War* (Blackburn, UK: T.H.C.L. Books, 1985), 6–7.

46 같은 책, 9–10.

47 "Private William Young VC," Lancashire Infantry Museum, accessed June 23, 2021, https://www.lancashireinfantrymuseum.org.uk/private-william-young-vc/.

48 Quoted in Kirby, *Private William Young V.C.*, 9.

49 Quoted 같은 책, 10.

50 같은 책, 11–12.

51 Gillies and Millard, *Principles and Art of Plastic Surgery*, 25.

52 같은 책.

53 Kirby, *Private William Young V.C.*, 13.

54 Scotland, *A Time to Die and a Time to Live*, 86.

55 Kirby, *Private William Young V.C.*, 13.

56 같은 책, 6.

57 "Death of the Preston V.C. After an Operation," *Yorkshire Post*, August 29, 1916, 6.

58 같은 책.

5장 공포실

1 Gillies and Millard, *Principles and Art of Plastic Surgery*, 30.

2 Gillies, *Plastic Surgery of the Face*, 23.

3 Gillies and Millard, *Principles and Art of Plastic Surgery*, 30.

4 "Moulding New Faces. From a Sur geon," *Daily Mail*, September 15, 1916, 3.

5 Quoted in Pound, *Gillies*, 39–40.

6 Quoted 같은 책, 29.

7 Quoted 같은 책.

8 Anthony Bertram, *Paul Nash: The Portrait of an Artist* (London: Faber and Faber, 1955), 39.

9 L. Morris, ed., *Henry Tonks and the "Art of Pure Drawing"* (Norwich, UK: Norwich School of Art Gallery, 1985), 8.

10 Gilbert Spencer, *Memoirs of a Painter* (London: Chatto & Windus, 1974), 31.

11 Joseph Hone, *The Life of Tonks* (London: Wil liam Heinemann, 1939), 11.

12 같은 책, 110.

13 같은 책.

14 같은 책.

15 Jerry White, *London in the Twentieth Century: A City and Its People* (London: Viking, 2001), 103 – 104.

16 Goebel and White, "London and the First World War," 199 – 218, accessed March 2, 2020, https://www.tandf online.com/doi/full/10.1080/03058034.2016.1216758.

17 Quoted in Richard Hough, *Louis and Vic toria: The Family History of the Mountbattens*, 2nd ed. (London: Weidenfeld and Nicolson, 1984), 246.

18 *Hackney and Kingsland Gazette*, September 14, 1914. Originally found in Jerry White, *Zeppelin Nights: London in the First World War* (London: Bodley Head, 2014), 73.

19 The Times, September 26 and Octo ber 26, 1914.

20 White, *Zeppelin Nights*, 72.

21 Hone, *Life of Tonks*, 111.

22 Suzannah Biernoff, "Flesh Poems: Henry Tonks and the Art of Surgery," *Visual Culture in Britain* 11, no. 1 (2010): 25.

23 George Moore, *Conversations in Ebury Street* (Lon don: William Heinemann, 1924), 117.

24 Henry Tonks, "Notes from 'Wander Years,'" Artwork 5 (1929): 235.

25 Quoted in Hone, *Life of Tonks*, 111.

26 Quoted 같은 책, 112.

27 Quoted 같은 책, 114 – 115.

28 Quoted 같은 책, 115.

29 Quoted 같은 책, 126.

30 Quoted 같은 책.

31 The comment is attributed to an unnamed "London hostess" by Pound, *Gillies*, 30.

32 Ashley Ekins and Elizabeth Stewart, eds., *War Wounds: Medicine and the Trauma of Conflict* (Wollombi, NSW: Exisle Publishing, 2011), 69.

33 Quoted in Hone, *Life of Tonks*, 127.

34 D. S. MacColl, "Professor Henry Tonks," *Burlington Magazine for Connoisseurs* 70 (February 1937): 94.

35 Quoted in Hone, *Life of Tonks*, 127.

36 "An Eyewitness. Remarkable Narrative," *Daily Mail*, Saturday, June 17, 1916, 4.

37 Imperial War Museums Sound Recording: AC 4096, Reel 1 C. Falmer. Originally quoted in Nigel Steel and Peter Hart, Jutland, 1916: *Death in the Grey Wastes* (London: Cassell, 2003), 95.

38 Imperial War Museums Doc uments: E. C. Cordeaux: Manuscript letter, ca. 6/1916. Originally quoted in Steel and Hart, *Jutland*, 1916, 95.

39 Imperial War Museums Documents: Misc. 1010, R. Church Collection: S-King Hall, Typescript manuscript. Originally quoted in Steel and Hart, *Jutland*, 1916, 108.

40 Quoted from "Jutland." Imperial War Museums pod cast, accessed August 1, 2020, https://www.iwm.org.uk/history/voices-of-the-first-world-war-jutland.

41 A.E.M. Chatfield, *The Navy and Defence: The Autobiography of Admiral of the Fleet Lord Chatfield*, vol. 1 (Lon don: William Heinemann, 1942), 143.

42 G. J. Meyer, *A World Undone: The Story of the Great War, 1914–1918* (New York: Bantam Books, 2015), 421.

43 Quoted from "Jutland," Imperial War Museums podcast.

44 Ms. letter written and signed "Albert" by HRH Prince Albert, later King George VI, to Mrs. Eugenie Godfrey- Faussett, June 11, 1916, Imperial War Museums Documents, 2884. "Letter Written by HM King George VI Describing the Battle of Jut land, June 1916," accessed August 4, 2020, https://www.iwm.org.uk/collections/item/object/1030002834.

45 Juliet Gardiner and Neil Wen born, eds., *The History Today Companion to British History* (London: Collins & Brown, 1995), 443.

46 "An Eyewitness. Remarkable Narrative," 4.

47 Imperial War Museums Documents: C. Caslon Collection, "Recollections of the Battle of Jutland," 16. Quoted in Steel and Hart, *Jutland*, 1916, 402.

48 Quoted in Steel and Hart, *Jutland*, 1916, 415–416.

49 Imperial War Museums Docu ments: D. Lorimer, Typescript, 122. Quoted in

Steel and Hart, *Jutland*, 1916, 408.

50 Imperial War Museums Documents: Misc. 1010, R. Church Collection: J. Handley, Manuscript answer to question naire, ca. 1970 – 1974. Quoted in Steel and Hart, *Jutland*, 1916, 409.

51 Imperial War Museums Documents: C. Caslon Collection, "Recollections of the Battle of Jutland," 17. Quoted in Steel and Hart, *Jutland*, 1916, 405.

52 Imperial War Museums Documents: C. E. Leake, Typescript from the original 1917 manuscript, 1971. Quoted in Steel and Hart, *Jutland*, 1916, 381 – 382.

53 Imperial War Museums Documents: G.E.D. Ellis, Microfilm copy of manuscript diary, 31.5/1916. Quoted in Steel and Hart, *Jutland*, 1916, 210.

54 Imperial War Museums Documents: D. Lorimer: Typescript, 120 – 121. Quoted in Steel and Hart, *Jutland*, 1916, 160 – 161. Found in Bamji, *Faces from the Front*, 23.

55 Imperial War Museums Documents: D. Lorimer: Typescript, 120 – 121. Quoted in Steel and Hart, *Jutland*, 1916, 160 – 161. Found in Bamji, *Faces from the Front*, 23.

56 같은 책, 24.

57 Imperial War Museums Documents: Misc. 1010, R. Church Collection: F. J. Arnold, Manuscript answer to questionnaire, ca. 1970 – 1974. Quoted in Steel and Hart, *Jutland*, 1916, 159.

58 A. Maclean and H.E.R. Ste phens, "Surgical Experiences in the Battle of Jutland," *Journal of the Royal Naval Medical Service* 2 (1916): 421 – 425.

59 On July 18, 2009, the last surviving veteran of the battle, Henry Allingham, died at the age of 113, by which time he was the oldest documented man in the world and one of the last surviv ing veterans of the whole war. "Britain's Oldest Veteran Recalls WWI," BBC News, June 26, 2006, accessed July 28, 2021, http://news.bbc.co.uk/1/hi/uk/5098174.stm.

60 Gillies, *Plastic Surgery of the Face*, 356.

61 같은 책.

62 같은 책, 3 – 4.

63 Thomas Dent Mütter, "Cases of Deformity from Burns, Relieved by Operations," *American Journal of the Medical Sciences*, n.s. 4 (1842): 66 – 80.

64 Gillies, *Plastic Surgery of the Face*, 4.

65 Thomas Dent Mütter, *Cases of Deformity from Burns: Successfully Treated by Plastic Operations* (Philadelphia: Merrihew & Thompson, 1843), 17.

66 Gillies, *Plastic Surgery of the Face*, 123.

67 같은 책, 8.

68 Gillies and Millard, *Princi ples and Art of Plastic Surgery*, 11.

69 같은 책, 12.

70 Quoted in Pound, *Gillies*, 36.

71 같은 책, 33.

6장 거울 없는 병동

1 Private Papers of S. W. Appleyard, Imperial War Museums 7990, 82/1/1 52–60. Found in Andrew Rob erts, *Elegy: The First Day on the Somme* (London: Head of Zeus, 2015), 86.

2 Quoted in G. J. Meyer, *A World Undone: The Story of the Great War, 1914–1918* (New York: Bantam Books, 2015), 386.

3 Private Papers of Major A. E. Bundy, Imperial War Museums Documents, 10828. Quoted in Anthony Richards, *The Somme: A Visual History* (London: Imperial War Museums, 2016), 79.

4 Gillies and Millard, *Principles and Art of Plastic Surgery*, 17–18; Gillies, *Plastic Surgery of the Face*, 264–265. Sey mour's story is also discussed in Bamji, *Faces from the Front*, 19, 77, 172, and 192.

5 Quoted in van Bergen, *Before My Helpless Sight*, 83.

6 "Voices of the First World War: The First Day of the Somme," Imperial War Museums podcast, accessed August 6, 2019, https://www.iwm.org.uk/history/voices-of-the-first-world-war-the-first-day-of-the-somme.

7 Sean Coughlan, "Graphic Eyewitness Somme Accounts Revealed," BBC News, November 17, 2016, accessed August 3, 2020, https://www.bbc.co.uk/news/education-37975358.

8 van Bergen, *Before My Helpless Sight*, 77.

9 같은 책.

10 Martin Middlebrook, *The First Day on the Somme* (Barnsley, UK: Pen & Sword Military, 2003 reprint), 264. Middle brook notes that the exact German losses for the day's fighting cannot be known, as their units only made a

casualty return once every ten days.

11 Starns, *Sisters of the Somme*, 94.

12 Quoted in Elsey, "Disabled Ex- Servicemen's Experiences of Rehabilitation and Employment After the First World War," 52.

13 같은 책.

14 Philip Gibbs, *Realities of War* (London: Heine mann, 1920), 287.

15 Gillies and Millard, *Principles and Art of Plastic Surgery*, 12.

16 Quoted in Pound, *Gillies*, 33.

17 Black, *King's Nurse—Beggar's Nurse*, 87.

18 Whether this technique was in dependently conceived by Gustavo or reached Italy from India is debatable. For more information, see Isabella C. Mazzola and Riccardo F. Mazzola, "History of Reconstructive Rhinoplasty," *Journal of Facial Plastic Surgery* 30, no. 3 (2014): 227 – 236.

19 Ambrose Paré, *The Workes of that famous Chirurgion Ambrose Parey*, Translated out of Latine and compared with the French by Th[omas] Johnson (London: Printed by Th. Cotes and R. Young, 1634), sig. Ddd4(v). Originally found in Emily Cock, "'Lead[ing] 'Em by the Nose into Publick Shame and Derision': Gaspare Tagliacozzi, Alexander Read and the Lost History of Plastic Surgery, 1600 – 1800," *Social History of Medicine* 28, no. 1 (2015): 7.

20 Gaspare Tagliacozzi, "Letter to Mercu riale," in Martha Teach Gnudi and Jerome Pierce Webster, *The Life and Times of Gaspare Tagliacozzi: Surgeon of Bologna, 1545–1599* (New York: Rechner, 1950), 137.

21 Edward Ward and Thomas Brown, *The Legacy for the Ladies: Or, Characters of the Women of the Age* (London: S. Briscoe, 1705), sig. M4(v). Originally cited in Cock, "'Lead[ing] 'Em by the Nose,'" 2.

22 Cock, "'Lead[ing] 'Em by the Nose,'" 2.

23 Quoted in Sander L. Gilman, *Making the Body Beautiful* (Princeton, NJ: Princeton University Press, 1999), 68.

24 René- Jacques Croissant de Garengeot, *Traité des Opérations de Chirurgie* (Paris: Huart, 1731), 55. Quoted in Thomas Gibson, "Early Free Grafting: The Restitution of Parts Completely Sep arated from the Body," *British Journal of Plastic Surgery* 18 (1965): 3.

25 J. Thomson, *Lectures on Inflammation* (Edinburgh: William Blackwood, 1813),

230.

26 Gilman, *Making the Body Beautiful*, 71.

27 Bamji, *Faces from the Front*, 75.

28 Pound refers to this case briefly but claims that the patient had undergone surgery while in German captiv ity. Bamji expands upon this and identifies him as Leonard Tringham— who in actuality had undergone this failed operation in Birmingham. Pound, *Gillies*, 55; Bamji, *Faces from the Front*, 78; Gillies, *Plastic Surgery of the Face*, 228.

29 Gillies and Millard, *Principles and Art of Plastic Surgery*, 17; Gillies, *Plastic Surgery of the Face*, 264–265.

30 Kelly Smale, "Wil liam Spreckley Was Treated at Queens Hospital in Sidcup in 1917," *News Shopper*, July 19, 2012, accessed January 8, 2020, https://www.newsshopper.co.uk/news/9826677.william-spreckley-was-treated-at-queens-hospital-in-sidcup-in-1917/.

31 Gillies, *Plastic Surgery of the Face*, 294–298.

32 Gillies and Millard, *Principles and Art of Plastic Surgery*, 40.

33 같은 책.

34 같은 책.

35 Quoted in Pound, *Gillies*, 37.

36 Quoted 같은 책, 39.

37 Black, *King's Nurse—Beggar's Nurse*, 86–87.

38 Quoted in Pound, *Gillies*, 23.

39 Capt. Holtzapffel, "Ama teur Soldier" (unpublished and undated), 86, Liddle Collection, Brother ton Library Special Collections, University of Leeds, G. A. Wounds 58. Originally found in Fiona Reid, "Losing Face: Trauma and Maxil lofacial Injury in the First World War," in Jason Crouthamel and Peter Leese (eds.), *Psychological Trauma and the Legacies of the First World War* (Basingstoke, UK: Palgrave Macmillan, 2017), 32.

40 Quoted in Pound, *Gillies*, 35.

41 Black, *King's Nurse—Beggar's Nurse*, 87–89.

42 W. Arbuthnot Lane, "War." Unpub lished Autobiography. Wellcome Library, Archives and manuscripts GC/127/A/2.

43 Pound, *Gillies*, 35. Nurse Black does not mention this detail in her account.

This comes from a direct quote by Gillies to Pound about the fate of this particular patient.

44 The story of Private Walter Ash worth is discussed extensively in Schama, *The Face of Britain*, 532–534.

45 Gillies and Millard, *Principles and Art of Plastic Surgery*, 13.

46 Bamji, *Faces from the Front*, 72–73.

47 Walter Ashworth case notes. From the Archives of the Royal College of Surgeons, British Pa tient Files MS0513/1/1/01 (54).

48 Gillies, *Plastic Surgery of the Face*, 62.

49 Bamji, *Faces from the Front*, 185. Bamji corresponded with Ashworth's granddaughter Diane Smith on this story.

50 Gillies, *Plastic Surgery of the Face*, 62.

51 Emma Clayton, "Pioneering Plastic Surgery for Soldier Shot in the Face and Left for Dead in a Trench," *Telegraph & Argus*, November 7, 2018, accessed July 15, 2019, https://www.thetelegraphandargus.co.uk/news/17206411.pioneering-plastic-surgery-for-soldier-shot-in-the-face-and-left-for-dead-in-a-trench/.

52 같은 책. There are conflicting accounts as to whether Ashworth underwent further surgery. I have chosen to base my account on the recollections of his granddaughter Diane Smith.

7장 주석 코와 강철 심장

1 Sarah Crellin, "Wood, Francis Derwent (1871–1926), sculptor," *Oxford Dictionary of National Biography* (September 23, 2004), accessed May 18, 2020, https://www.oxforddnb.com/view/10.1093/ref:odnb/9780198614128.001.0001/odnb-9780198614128-e-36999/version/1.

2 Francis Derwent Wood, "Masks for Facial Wounds," *The Lancet* (June 23, 1917): 949.

3 Brian F. Conroy, "A Brief Sortie into the History of Cranio- oculofacial Prosthetics," *Facial Plastic Surgery* 9, no. 2 (1993): 100.

4 Meikle, *Reconstructing Faces*, 64.

5 G. Whymper, "The Gunner with the Silver Mask," *London Medical Gazette* 12 (1832–1833): 705–709. See also, Conroy, "A Brief Sortie into the History of

Cranio- oculofacial Prosthetics," 89 – 115. The mask and plaster cast are now housed at Surgeons' Hall Museums in Edinburgh.

6 Wood, "Masks for Facial Wounds," 949.

7 Letter from Horace Sewell to Reg inald Pound, March 17, 1963, 4, Letters to Reginald Pound.

8 Katherine Feo, "Invisibility: Memory, Masks and Masculinities in the Great War," *Journal of Design History* 20 (2007): 22.

9 Sharon Romm and Judith Zacher, "Anna Coleman Ladd: Maker of Masks for the Facially Mutilated," *Plastic and Reconstructive Surgery* 70, no. 1 (1982): 108.

10 Wood, "Masks for Facial Wounds," 949 – 951.

11 "Mending the Broken Soldier," *The Times*, August 12, 1916, 9.

12 Wood, "Masks for Facial Wounds," 949.

13 "A Brief Sortie into the History of Cranio- oculofacial Prosthetics," 105.

14 Muriel Caswall, "Woman Who Remade Soldiers' Injured Faces," *Boston Sunday Post*, February 16, 1919. Found in David M. Lubin, "Masks, Mutilation, and Modernity: Anna Coleman Ladd and the First World War," *Archives of American Art Journal* 47, no. 3/4 (2008): 10.

15 Quoted in Higonnet, ed., *Nurses at the Front*, 63.

16 "Finds Soldiers Brave Under Disfigure ment," *Evening Public Ledger*, March 7, 1919, 11. See also Julie M. Powell, "About- Face: Gender, Disfigurement and the Politics of French Re construction, 1918 – 1924," *Gender & History* 28, no. 3 (November 2016): 604 – 622.

17 Romm and Zacher, "Anna Cole man Ladd," 108. After Ladd left France, another person took over as director of the studio, and it continued to produce masks for disfigured men for another year before closing.

18 G. S. Harper. "New Faces for Muti lated Soldiers," *Red Cross Magazine* 13, no. 44 (November 1918).

19 Muriel Caswall, "Woman Who Re made Soldiers' Injured Faces Reaches Boston Home," *Boston Sunday Post*, February 16, 1919. Clipping in the Anna Coleman Ladd Papers, AAA, Box 2, Scrapbook, 1914 – 1923 (folder 4 of 7). Found in Biernoff, *Portraits of Violence*, 105.

20 Romm and Zacher, "Anna Cole man Ladd," 109.

21 "Her War Work Brings Honors," in terview by Elizabeth Borton of the *Boston Herald*, November 29, 1932, Box 3, Folder 32, Anna Coleman Ladd papers, 1881–1950, Archives of American Art, Smithsonian Institution.

22 Conroy, "A Brief Sortie into the History of Cranio- oculofacial Prosthetics," 106.

23 Biernoff, "The Rhetoric of Disfig urement," 666–685.

24 Wood, "Masks for Facial Wounds," 949.

25 Letter from Frances Steggall to Reginald Pound, Letters to Reginald Pound.

26 Pound, *Gillies*, 35.

27 Quoted 같은 책, 50.

28 H. P. Pickerill, "The Queen's Hospital, Sid cup," *British Journal of Plastic Surgery* 6 (1953): 249.

29 Gillies and Millard, *Principles and Art of Plastic Surgery*, 10.

30 Quoted in Pound, *Gillies*, 38.

31 Gillies and Millard, *Principles and Art of Plas tic Surgery*, 30.

32 Bamji, *Faces from the Front*, 52.

33 Gillies and Millard, *Principles and Art of Plastic Surgery*, 30.

34 Bamji, *Faces from the Front*, 53–54.

35 Quoted in Pound, *Gillies*, 42.

36 Black, *King's Nurse—Beggar's Nurse*, 92.

37 Ben Shephard, *A War of Nerves: Sol diers and Psychiatrists in the Twentieth Century* (Cambridge, MA: Harvard University Press, 2001), 21. See also Adam Montgomery, *The Invisible Injured: Psychological Trauma in the Canadian Military from the First World War to Afghanistan* (Montreal: McGill- Queen's University Press, 2017), 31–32.

38 Pound, *Gillies*, 41.

39 Meikle, *Reconstructing Faces*, 81.

40 Gillies and Millard, *Principles and Art of Plastic Surgery*, 31.

8장 기적의 일꾼들

1 Harold Begbie, "Patient's New Face Taken from His Chest," *Yorkshire Evening Post*, December 6, 1917, 1. Begbie visits the Queen's Hospital in December 1917; this event is, there fore, out of sequence with patients yet to be discussed.

I've taken artistic license and moved a discussion of his visit here, as it does not affect the historical integrity of the story.

2 Harold Begbie, "The Workshops of Destruc tion: Things Seen Behind the Firing Line," *Liverpool Daily Post*, March 27, 1915, 4.

3 Begbie, "Patient's New Face Taken from His Chest," 1.

4 같은 책.

5 같은 책.

6 같은 책.

7 같은 책.

8 같은 책.

9 같은 책.

10 같은 책.

11 Quoted in Richard Hopton, *Pistols at Dawn: A History of Duelling* (London: Portrait, 2007), 357.

12 Gilman, *Making the Body Beautiful*, 123.

13 Kun Hwang, "An Honorable Scar on the Face: A Scar Worthy of Satisfaction," *Journal of Craniofacial Surgery* 29, no. 8 (November 2018): 2009.

14 Surajit Bhattacharya, "Jacques Joseph: Father of Modern Aesthetic Surgery," *Indian Journal of Plastic Sur gery* 41 (October 2008): S3–S8.

15 Neale, "Without the Faces of Men," 88.

16 Paolo Santoni-Rugiu and Philip J. Sykes, *A History of Plastic Surgery* (Berlin and London: Springer, 2007), 313.

17 같은 책, 313.

18 Pickerill, "The Queen's Hospital, Sidcup," 247–249.

19 Gillies and Millard, *Principles and Art of Plastic Surgery*, 30–31.

20 같은 책, 30. Andrew Bamji puts this figure closer to seven hundred. Bamji, *Faces from the Front*, 64.

21 Gillies, *Plastic Surgery of the Face*, ix.

22 Gillies and Millard, *Principles and Art of Plastic Surgery*, 23–24.

23 Pickerill, "The Queen's Hospital, Sidcup," 247.

24 Daryl Lindsay, "Five Men," *Medical Journal of Australia* (January 18, 1958): 62. Originally found in Bamji, *Faces from the Front*, 62. Lindsay first met Newland in France in 1916. Little did he know then that he would end up work-

ing for the surgeon for two years when he arrived at Sidcup.

25 Meikle, *Reconstructing Faces*, 79. See also Bamji, *Faces from the Front*, 61–62.

26 H. P. Pickerill, "New Zealand Expe ditionary Force, Jaw Department," *NZDJ* 13 (September 1917): 35–38. Originally quoted in Brown, *Pickerill*, 120.

27 Meikle, *Reconstructing Faces*, 92.

28 HM Queen Mary, *Requiescat in Pace et Honore*. Unpublished and undated manuscript. Pickerill Papers, Hocken Collections. Originally quoted in Brown, *Pickerill*, 123.

29 Quoted in Deranian, *Miracle Man of the Western Front*, 106–107.

30 같은 책.

31 Gillies and Millard, *Principles and Art of Plastic Surgery*, 31.

32 Pickerill, "The Queen's Hospital," 249.

33 "Intensive Medical Treatment," *The Lancet* (December 8, 1917): 863.

34 Gillies and Millard, *Principles and Art of Plas tic Surgery*, 38.

35 T. B. Layton, *Sir William Arbuth not Lane, Bt. C.B., M.S.: An Enquiry into the Mind and Influence of a Surgeon* (Edinburgh and London: E. & S. Livingstone, 1956), 111.

36 Sally Frampton, "Honour and Subsistence: Invention, Credit and Surgery in the Nineteenth Century," *British Journal for the History of Science* 49 (December 2016): 566.

37 Gillies, *Plastic Surgery of the Face*, x.

38 Quoted in Brown, *Pickerill*, 129.

39 Gillies, *Plastic Surgery of the Face*, 356.

40 같은 책.

41 같은 책.

42 Quoted in Pound, *Gillies*, 44.

43 Quoted 같은 책, 45.

44 Quoted 같은 책.

45 Quoted 같은 책.

46 Quoted 같은 책.

47 Gillies and Millard, *Principles and Art of Plastic Surgery*, 37.

48 Pound, *Gillies*, 78.

49 Gillies and Millard, *Principles and Art of Plastic Surgery*, 153.

50 같은 책, 37.

51 같은 책.

52 Pound, *Gillies*, 46.

53 "World War One: How the German Zeppe lin Wrought Terror," BBC News, August 4, 2014, accessed February 24, 2020, https://www.bbc.co.uk/news/uk-england-27517166.

54 같은 책.

55 Quoted in Patrick Bishop, *Wings: One Hundred Years of British Aerial Warfare* (London: Atlantic Books, 2012), 82.

56 Thomas Fegan, *The "Baby Killers": German Air Raids on Britain in the First World War* (Barnsley, UK: Pen & Sword Military, 2013), 21–22.

57 Albee, *A Surgeon's Fight to Rebuild Men*, 85.

58 Christopher Klein, "London's World War I Zeppelin Terror," *History* (August 31, 2018), accessed February 25, 2020, https://www.history.com/news/londons-world-war-i-zeppelin-terror.

59 같은 책.

60 Ms. letter from Patrick Blundstone to his fa ther, September 1916, Imperial War Museums Documents 5508, "Let ter Concerning the Burning of a Zeppelin," accessed August 4, 2020, https://www.iwm.org.uk/collections/item/object/1030005513.

61 Christopher Cole and E. F. Cheesman, *The Air Defence of Great Britain 1914–1918* (London: Putnam, 1984), 448–49; Micheal Clodfelter, *Warfare and Armed Conflicts: A Statistical Encyclope dia of Casualty and Other Figures, 1492–2015* (Jefferson, NC: McFarland, 2017), 430. According to Cole and Cheesman, 557 people were killed and 1,358 were injured by Zeppelins. According to Clodfelter, 857 peo ple were killed and 2,058 were injured by the heavier biplane bomb ers. I arrived at the total number of casualties by adding these numbers together.

62 Jay Winter and Jean-Louis Robert, *Capital Cities at War: Paris, London, Berlin 1914–1919*, vol. 1 (Cambridge: Cambridge University Press, 1997), 517.

63 Quoted in Pound, *Gillies*, 46.

64 B. Haeseker, "The First Anglo-Dutch Con tacts in Plastic Surgery: A Brief

Historical Note," *British Journal of Plastic Surgery* 38 (1985): 15–23.

65 J.F.S. Esser, "Epithelial Inlay in Cases of Refractory Ectropion," *Archives of Ophthalmology* 16, no. 1 (1936): 55–57.

66 J. F. Esser, "Studies in Plas tic Surgery of the Face," *Annals of Surgery* 65, no. 3 (March 1917): 297–315.

67 For more detailed descrip tions of the epithelial outlay, see Meikle, *Reconstructing Faces*, 83–84.

68 Pound, *Gillies*, 46.

69 Bamji, *Faces from the Front*, 95.

9장 파란 벤치에 앉은 소년들

1 John Mercer, *Sidcup & Foots Cray: A History* (Stroud, UK: Amberley Publishing, 2013), 52.

2 "Miracles They Work at Frognal," *Daily Sketch*, April 1918. Found in Biernoff, Portraits of Violence, 18–19.

3 "Worst Loss of All."

4 Letter dated March 10, 1916. GS 1816, Evans, Reginald, J. T., box 1. Liddle Collection, Brotherton Library Special Collections, University of Leeds. Found in Biernoff, *Portraits of Violence*, 68.

5 Quoted 같은 책, 68–69.

6 같은 책.

7 같은 책.

8 Bamji, *Faces from the Front*, 143.

9 Muir, *The Happy Hospital*, 144.

10 같은 책.

11 Letter from Horace Sewell to Regi nald Pound, March 17, 1963, 2, Letters to Reginald Pound.

12 같은 책, 3.

13 Pound, *Gillies*, 47.

14 G. M. FitzGibbon, "The Commandments of Gillies," The Gillies Lecture 1967, *British Journal of Plastic Surgery* 21 (1968): 227.

15 Quoted in Pound, *Gillies*, 47.

16 Letter from Philip Thorpe to Reginald Pound, March 11, 1963, 6, Letters to

Reginald Pound.

17 Quoted in Pound, *Gillies*, 50.

18 Gillies and Millard, *The Principles and Art of Plastic Surgery*, 45.

19 Letter from Philip Thorpe to Reginald Pound, March 11, 1963, 7, Letters to Reginald Pound.

20 Budd Papers, Liddle Collection, Brotherton Li brary Special Collections, University of Leeds, LIDDLE/WWI/WF/ REC/01/B43. Quoted in Bamji, *Faces from the Front*, 148.

21 Letter from Philip Thorpe to Reginald Pound, March 11, 1963, 8, Letters to Reginald Pound.

22 "Faces Rebuilt. New Hospital to Trans form Ugliness into Good Looks. Shattered Men Remade," *Daily Sketch*, July 1917. Found in the Queen's Hospital, Sidcup, Kent: Newspa per Cuttings, London Metropolitan Archive, H02/QM/Y/01/005, page 14.

23 "Worst Loss of All."

24 The Editor, "The Queen's Hospital, Frognal, Sidcup. New Jaws and Noses for Wounded Men," *Kent Messenger*, August 1917. Found in the Queen's Hospital, Sidcup, Kent: News paper Cuttings, London Metropolitan Archive, H02/QM/Y/01/005, page 16.

25 "No plastic unit is good": Gillies and Millard, *Principles and Art of Plastic Surgery*, 31.

26 같은 책.

27 Frederick W. Noyes, *Stretcher- Bearers...at the Double!* (Toronto: Hunter-Rose, 1937), 177.

28 Quoted in van Bergen, *Before My Help less Sight*, 90.

29 Edwin Campion Vaughan, *Some Desperate Glory: The World War I Diary of a British Officer, 1917* (Barnsley, UK: Pen & Sword Military, 2010), 228.

30 Quoted in Tim Lynch, *They Did Not Grow Old: Teenage Conscripts on the Western Front, 1912* (Stroud, UK: Spellmount, 2013), 212.

31 Claire Chatterton and Marilyn McInnes, "'Rekindling the Desire to Live.' Nursing Men Following Facial Injury and Surgery During the First World War," *Bulletin of the UK Association for the History of Nursing* (2016): 57.

32 Private J. McCauley, Imperial War Muse ums Documents 97/10/1. Originally

quoted in Lynch, *They Did Not Grow Old*, 212.

33 같은 책.

34 Chatterton and McInnes, "'Rekindling the De sire to Live,'" 58.

35 Bamji, *Faces from the Front*, 192.

36 Letter from Allen Daley to Reginald Pound, February 3, 1963, 2, Letters to Reginald Pound.

37 Beldam's wife would remain by his side un til he died from cancer in 1978—over sixty years after he was given a prognosis of six months. Chatterton and McInnes, "'Rekindling the Desire to Live,'" 58.

38 J. L. Aymard, "The Tubed Ped icle in Plastic Surgery," *The Lancet* (July 31, 1920): 270.

39 J. L. Aymard, "Nasal Reconstruction. With a Note on Nature's Plastic Surgery," *The Lancet* (December 15, 1917): 888 – 892.

40 Aymard, "The Tubed Pedicle in Plastic Sur gery," 270.

41 H. D. Gillies, "The Tubed Pedicle in Plastic Surgery," *The Lancet* (August 7, 1920): 320.

42 Gillies and Millard, *Principles and Art of Plastic Surgery*, 44.

43 Klaas W. Marck, Roman Palyvoda, An drew Bamji, and Jan J. van Wingerden, "The Tubed Pedicle Flap Cen tennial: Its Concept, Origin, Rise and Fall," *European Journal of Plastic Surgery* (February 2017): 473 – 478.

44 Letter from Harold Gillies to Sir Squire Sprigge (May 3, 1935). Quoted in Pound, *Gillies*, 109.

45 Pound, *Gillies*, 109. See also Meikle, *Reconstructing Faces*, 83.

46 Letter from Harold Gillies to J. L. Aymard (Janu ary 21, 1939). Quoted in Pound, *Gillies*, 127.

47 같은 책.

10장 퍼시

1 Private Papers of P. Clare, vol. 3.

2 Letter from Percy Clare to his mother (n.d.). Private Papers of P. Clare, Letters to His Mother.

3 Private Papers of P. Clare, vol. 3.

4 같은 책.

5 같은 책.

6 같은 책.

7 같은 책.

8 La Motte, "The Backwash of War," 32.

9 Private Papers of P. Clare, vol. 3.

10 같은 책.

11 같은 책.

12 같은 책.

13 Malcolm Vivian Hay, *Wounded and a Prisoner of War by an Exchanged Officer* (New York: George H. Doran, 1917), 229–230. Originally found in Bamji, *Faces from the Front*, 38–39.

14 Private Papers of P. Clare, vol. 3.

15 같은 책.

16 John H. Plumridge, *Hospital Ships and Ambulance Trains* (London: Seeley, Service, 1975), 37–39.

17 같은 책, 42–43.

18 Quoted in Elizabeth Gleick and Anthee Carassava, "Deep Secrets," *Time International* (South Pacific Edition) 43 (October 26, 1998): 72.

19 Private Papers of P. Clare, vol. 3.

20 같은 책.

21 P. Gibbs, *Now It Can Be Told* (Garden City, NY: Garden City, 1920), 179–180.

22 Private Papers of P. Clare, vol. 3.

23 같은 책.

24 같은 책.

25 같은 책.

26 같은 책.

27 같은 책.

28 같은 책.

29 같은 책.

30 같은 책.

31 같은 책.

32 "'Soldiers' and Sailors' Free Buffet' at Vic toria Station," Imperial War Museums, accessed November 16, 2020, https://www.iwm.org.uk/collections/

item/object/30019570.

33 Private Papers of P. Clare, vol. 3.

34 "A Christmas Wonder Tale. How They Spend Yule in the Military Hospitals," *Pall Mall Gazette*, December 24, 1917. Found in the Queen's Hospital, Sidcup, Kent: Newspaper Cut tings, London Metropolitan Archive, H02/QM/Y/01/005, page 26.

35 Private Papers of P. Clare, vol. 3.

36 "The Queen's Hospital, Sidcup, The Treatment of Facial and Jaw Injuries," *Nursing Mirror and Midwives' Journal* (August 4, 1917): 309. Found in the Queen's Hospital, Sidcup, Kent: Newspaper Cuttings, London Metropolitan Archive, H02/QM/Y/01/005, page 20. See also Private Papers of P. Clare, vol. 3.

37 Private Papers of P. Clare, vol. 3.

38 같은 책.

39 "My Personal Experiences of the Great War," 6 Mss Essays by Patients with Facial Injuries in Sidcup Hospital, 1922. LIDDLE/WW1/GA/WOU/34, Essay 4. Liddle Collection, Brother ton Library Special Collections, University of Leeds.

40 Quoted in Bamji, *Faces from the Front*, 149.

41 Private Papers of P. Clare, vol. 3.

42 Letter from Percy Clare to his mother (January 8, 1918). Private Papers of P. Clare, Letters to His Mother.

43 같은 책.

44 "The Queen's Hospital, Sid cup. The Treatment of Facial and Jaw Injuries."

45 Bamji, *Faces from the Front*, 154.

46 "New Military Queen's Hospital at Frognal, Sidcup, Kent," *The Citizen*, August 4, 1917, 4.

47 "The Queen's Hospital, Sidcup. The Treatment of Facial and Jaw Injuries."

48 "Soldier Craftsmen. Display of Work by Hospital Patients," *The Times*, December 9, 1919; "Queen Mary and the Elephant," *Pall Mall Gazette*, December 9, 1919. Found in the Queen's Hospital, Sidcup, Kent: Newspaper Cuttings, London Metro politan Archive, H02/QM/Y/01/005, page 59.

49 Bamji, *Faces from the Front*, 156.

50 Letter from Percy Clare to his mother (n.d.). Private Papers of P. Clare, Letters to His Mother.

51 Letter from Percy Clare to his mother (n.d.), 같은 책.

52 Letter from Percy Clare to his mother (December 13, 1917), 같은 책.

53 Letter from Percy Clare to his mother (n.d.), 같은 책.

54 Letter from Percy Clare to his mother (January 8, 1918), 같은 책.

55 같은 책.

56 Private Papers of P. Clare, vol. 3.

57 같은 책.

58 Gillies, *Plastic Surgery of the Face*, 40 – 41. Also see Pound, Gillies, 53.

59 Private Papers of P. Clare, vol. 3.

11장 영웅적인 실패

1 As retold in Captain J. K. Wilson's account of his service on the Western Front, including the battle of Cambrai in 1917 and his experience at Sidcup (written c. 1970), Private Papers of Captain J. K. Wilson, Documents, 12007, 8. Documents and Sound Archives of the Imperial War Museums. Wilson calls it "the com mon room," but I believe he's referring to the "Convalescent Officer's Sitting Room," which was situated in the mansion.

2 "RAF Honours First WW1 Pi lot to Win the Victoria Cross," accessed September 29, 2020, https://www.raf.mod.uk/news/articles/raf-honours-first-ww1-pilot-to – win-the-victoria-cross/.

3 According to Gillies's case 388: "In addition to the left eye being burned and to all the other destruction in evidence, the right eye was practically blind, as a result of staphyloma of the cornea." Gillies, *Plastic Surgery of the Face*, 364.

4 Letter from Agnes Keyser to Sir Reginald Wilson, February 1917. Quoted in Bamji, *Faces from the Front*, 24.

5 Gillies, *Plastic Surgery of the Face*, 364.

6 Millard, "Gillies Memorial Lecture," 76.

7 Pound said that Gillies did this before every major operation. Pound, *Gillies*, 51. For more on the organization of the hospital, see "The Queen's Hospital, Frognal, Sidcup," *The Lancet* (November 3, 1917): 687 – 689.

8 Gillies and Millard, Principles and Art of Plastic Surgery, 46.

9 같은 책, 50.

10 Gillies, *Plastic Surgery of the Face*, 364.

11 같은 책.

12 같은 책.

13 같은 책.

14 같은 책.

15 "Voices of the First World War: The German Spring Offensive," Imperial War Museums podcast, accessed July 5, 2021, https://www.iwm.org.uk/history/voices-of-the-first-world-war-the-german-spring-offensive.

16 Gillies and Millard, *Principles and Art of Plastic Surgery*, 53.

17 Lindsay, "Five Men," 63.

18 "Daryl Lindsay: Late in Life an Old Dream Is Coming True," *The Age*, August 4, 1962, 18.

19 Lindsay, "Five Men," 62.

20 같은 책.

21 같은 책.

22 같은 책.

23 같은 책, 63.

24 같은 책.

25 같은 책.

26 Gillies, *Plastic Surgery of the Face*, x–xi.

27 Bamji, *Faces from the Front*, 123.

28 Emily Milam, "A Brief History of Early Medical Photography," *Clinical Correlations*, September 30, 2016, accessed December 22, 2020, https://www.clinicalcorrelations.org/2016/09/30/a-brief-history-of-early-medical-photography/.

29 Pound, *Gillies*, 159.

30 Quoted 같은 책.

31 "Voices of the First World War: The German Spring Offensive."

32 Quoted in Gillies and Millard, *Princi ples and Art of Plastic Surgery*, 15.

33 Pound, *Gillies*, 50. Pound says that Gillies was "sweating with fear" over what to do about Bell's case. See also Gilles and Millard, *Principles and Art of Plastic Surgery*, 15.

34 Joseph Harbison, "The 13th Stationary/ 83rd (Dublin) General Hospital, Boulogne, 1914 – 1919," *Journal of the Royal College of Physicians of Edinburgh* 45 (2015): 229 – 235.

35 McAuley, "Charles Valadier: A For gotten Pioneer," 785.

36 Meikle, *Reconstructing Faces*, 49.

37 Letter from Philip Thorpe to Reg inald Pound, March 11, 1963, 5 – 6, Letters to Reginald Pound.

38 Gillies and Millard, *Principles and Art of Plastic Surgery*, 15.

39 같은 책.

40 Pound, *Gillies*, 54.

41 Gillies, *Plastic Surgery of the Face*, 87.

42 Gillies and Millard, Principles and Art of Plastic Surgery, 16.

43 Gillies, *Plastic Surgery of the Face*, 87.

44 Quoted in Bamji, *Faces from the Front*, 134.

12장 모든 역경에 맞서서

1 Pound, *Gillies*, 56.

2 J. M. McDonald, "Anaesthesia on the Western Front—Perspectives a Century Later," *Anaesthesia and In tensive Care* 44 Suppl. (2016): 16.

3 W. G. MacPherson, *Medical Services General History*, vol. 1 (London: HMSO, 1921), 180. See also N. H. Metcalfe, "The Effect of the First World War (1914 – 1918) on the Development of British Anaesthesia," *European Journal of Anaesthesiology* 24, no. 8 (2007): 649 – 657.

4 Quoted in McDonald, "Anaesthesia on the Western Front," 18.

5 Gillies, *Plastic Surgery of the Face*, 23.

6 Gillies and Millard, *Principles and Art of Plastic Surgery*, 57.

7 Pound, *Gillies*, 32.

8 Gillies and Millard, *Principles and Art of Plastic Surgery*, 60.

9 Peter Bodley, "Development of Anaes thesia for Plastic Surgery," *Journal of the Royal Society of Medicine* 71 (November 1978): 842.

10 For more on Magill and his contri butions to anesthesia, see Bamji, Faces from the Front, 109 – 110.

11 "Residents Who Served, Girling, Stanley (Gunner)," accessed February 11,

2021, https://www.saanich.ca/EN/main/parks-recreation-culture/archives/saanich-remembers-wwi/residents-who-served-a-l.html.

12 Carl Zimmer, "Why Do We Have Blood Types?," BBC Future, July 15, 2014, accessed February 17, 2020, https://www.bbc.com/future/article/20140715-why-do-we-have-blood-types.

13 같은 책.

14 Luis Agote is sometimes credited as performing the first transfusion of citrated blood. However, Agote performed his transfusion on November 9, 1914, nearly eight months after Hustin performed his own citrated transfusion.

15 Geoffrey Keynes, *Blood Transfusions* (Oxford: Oxford Medical Publications, 1922), 17.

16 F. Boulton and D. J. Roberts, "Blood Transfusion at the Time of the First World War—Practice and Promise at the Birth of Transfusion Medicine," *Transfusion Medicine* 24 (2014): 329. See also Rose George, *Nine Pints: A Journey Through the Mysterious, Miraculous World of Blood* (London: Portobello Books, 2018), 75–77.

17 A. Fullerton, G. Dreyer, and H. C. Bazett, "Observations on Direct Transfusion of Blood, with a Description of a Simple Method," *The Lancet* (May 12, 1917): 715–719. Despite the high failure rate, Fullerton felt his results were good, since all the cases were desperate. Saving two lives was better than saving none, even if it meant that fifteen others still died.

18 S. L. Wain, "The Contro versy of Unmodified Versus Citrated Blood Transfusion in the Early 20th Century," *Historical Review* 24, no. 5 (1984): 405.

19 Fullerton, Dreyer, and Bazett, "Observations on Direct Transfusion," 715.

20 J. R. Hess and P. J. Schmidt, "The First Blood Banker: Oswald Hope Robertson," Transfusion 40, no. 1 (2000): 110–113.

21 Letters to Peyton Rous, O. H. Robertson's Papers, American Philosophical Society, Philadelphia, PA, dated June 27, 1917, quoted in William C. Hanigan and Stuart C. King, "Cold Blood and Clinical Research During World War I," *Military Medicine* 161, no. 7 (1996): 394.

22 Oswald H. Robertson, "Trans fusion with Preserved Red Blood Cells," *British Medical Journal 1* (1918): 691–695.

23 Letters to Peyton Rous, O. H. Robertson's Papers, American Philosophical So-

ciety, Philadelphia, PA, dated June 27, 1917, quoted in Hanigan and King, "Cold Blood and Clinical Research During World War I," 394.

24 Letters to Peyton Rous, O. H. Robert son's Papers, American Philosophical Society, Philadelphia, PA, dated December 29, 1917, quoted in Hanigan and King, "Cold Blood and Clinical Research During World War I," 395.

25 Hanigan and King, "Cold Blood and Clinical Research During World War I," 395.

26 Boulton and Roberts, "Blood Transfu sion at the Time of the First World War," 31.

27 Quoted in Hanigan and King, "Cold Blood and Clinical Research During World War I," 397–398.

28 "Brother Who Gave His Life," *Sunday Pictorial*, October 20, 1918, 1.

29 For more, see Julian Freeman, "Profes sor Tonks: War Artist," *Burlington Magazine* 127, no. 986 (May 1985): 284–293.

30 Tonks to Yockney, July 25, 1918; Imperial War Museums, Tonks correspondence file, quoted 같은 책, 289.

31 Tonks to Yockney, September 14, 1918, Impe rial War Museums, Tonks correspondence file, quoted 같은 책, 290.

32 Laura Spinney, *Pale Rider: The Spanish Flu of 1918 and How It Changed the World* (New York: Public Affairs, 2017), 151–163.

33 For a lengthy discussion of this subject, see Mark Osborne Humphries, "Paths of Infection: The First World War and the Origins of the 1918 Influenza Pandemic," *War in History* 21, no. 1 (January 2014): 55–56.

34 Colonel Guy Carleton Jones, "The Impor tance of the Balkan Wars to the Medical Profession of Canada," *Canadian Medical Association Journal* 4, no. 9 (1914): 801–802.

35 George R. Callender and James F. Coupal, *The Medical Department of the United States Army in the World War: Pathology of the Acute Respiratory Diseases, and of Gas Gan grene Following War Wounds*, Vol. 12 (Washington, DC: U.S. Government Printing Office, 1929), 57.

36 This story may be apocryphal.

37 N. R. Grist, "Pandemic Influenza 1918," *British Medical Journal* (December 2, 1979): 1632–1633.

38 Bexley Borough WW1 Roll of Hon our, accessed July 9, 2021, https://www.bexley.gov.uk/discover-bexley/archives-and-local-history/local-history-resources/bexley-remembers-first-world-war.

13장 반짝이는 모든 것

1 Lindsay, "Five Men," 62.
2 *Daily Mirror*, Novem ber 14, 1918, 2.
3 van Bergen, *Before My Helpless Sight*, 493.
4 Lindsay, "Five Men," 62.
5 Gillies and Millard, *Principles and Art of Plastic Surgery*, 43.
6 As told in Reginald Pound, *Gillies*, 55.
7 Shane A. Emplaincourt, "La Chambre des Officiers and Recapturing the Evanescent Memory of the Great War's Gravely Disfigured," *War, Literature & the Arts* 30 (2018): 18.
8 *The Times*, June 30, 1919, 13.
9 *Lancashire Daily Post*, June 30, 1919, 2.
10 같은 책.
11 같은 책.
12 Millard, "Gillies Memorial Lec ture," 76.

에필로그 길을 내다

1 Bamji, *Faces from the Front*, 161.
2 같은 책, 159.
3 Pound, *Gillies*, 68.
4 Cruse, "Auguste Charles Vala dier: A Pioneer in Maxillofacial Surgery," 337–338.
5 For a thoughtful critique, see Biernoff, "The Rhetoric of Disfigurement," 666–685.
6 Hone, *The Life of Tonks*, 175.
7 Quoted 같은 책, 224–225.
8 Quoted 같은 책, 230.
9 Private Papers of P. Clare, vol. 3.
10 같은 책.

11 Quoted in Layton, *Sir William Arbuthnot Lane*, 110.

12 Mick Gillies, *Mayfly on the Stream of Time*, 2.

13 Quoted in Pound, *Gillies*, 93.

14 Quoted 같은 책, 97.

15 같은 책, 93–94.

16 Gillies and Millard, *Principles and Art of Plastic Surgery*, 391.

17 같은 책.

18 Quoted in Pound, *Gillies*, 64.

19 "Plastic Surgery of the Face," *The Lancet* (July 24, 1920): 194.

20 Gillies and Millard, *Principles and Art of Plastic Surgery*, 391.

21 Quoted in Pound, *Gillies*, 66.

22 Gillies and Millard, *Principles and Art of Plastic Surgery*, 395.

23 Samuel M. Lam, "John Orlando Roe: Fa ther of Aesthetic Rhinoplasty," *Archives of Facial Plastic Surgery* 4 (April–June 2002): 122–123. See also Elizabeth Haiken, "The Making of the Modern Face: Cosmetic Surgery," *Social Research* 67, no. 1 (2000): 81–97; and Michelle Smith, "The Ugly History of Cosmetic Surgery," *The Independent*, June 10, 2016.

24 John B. Mulliken, "Bio graphical Sketch of Charles Conrad Miller, 'Featural Surgeon,'" *Plastic and Reconstructive Surgery* 59 (February 1977): 175–184.

25 "Publications. Cosmetic Surgery. *The Correction of Featural Imperfections* by Charles C. Miller," *California State Journal of Medicine* 6, no. 7 (July 1908): 244–245.

26 Gillies and Millard, *Principles and Art of Plastic Surgery*, 395.

27 같은 책, 427.

28 Quoted in Pound, *Gillies*, 58.

29 Gillies and Millard, *Principles and Art of Plastic Surgery*, 391.

30 As retold in Captain J. K. Wilson's account of his service on the Western Front, including the Battle of Cambrai in 1917 and his experience at Sidcup (written c. 1970). Private Papers of Captain J. K. Wilson. Documents. 12007, 81–82. Documents and Sound Archives of the Imperial War Museums.

31 Gillies and Millard, *Principles and Art of Plastic Surgery*, 428.

32 Letter from Frances Steggall to Reginald Pound. Letters to Reginald Pound.

33 Quoted in Pound, *Gillies*, 86.

34 Quoted 같은 책.

35 같은 책, 130.

36 Gillies and Millard, *Principles and Art of Plastic Surgery*, 427.

37 같은 책.

38 같은 책.

39 Quoted in Pound, *Gillies*, 129.

40 Gillies and Millard, *Principles and Art of Plastic Surgery*, 425.

41 같은 책, 395.

42 같은 책.

43 Virat Markandeya, "When Deadly X- Rays Were Used for Hair Removal," *Ozy*, November 26, 2019, accessed Octo ber 20, 2020, https://www.ozy.com/true-and-stories/when-hair-removal-was-a-public-health-crisis/220770/. See also Rebecca Herzig, *Plucked: A History of Hair Removal* (New York: New York University Press, 2015).

44 Quoted in Pound, *Gillies*, 128.

45 Letter from Mrs. V.F.E. Gerrard to Reginald Pound. Letters to Reginald Pound.

46 Gillies and Millard, *Principles and Art of Plastic Surgery*, 445.

47 같은 책.

48 같은 책.

49 같은 책, 446.

50 같은 책.

51 Pound, *Gillies*, 82.

52 Letter from Mrs. V.F.E. Gerrard to Reginald Pound. Letters to Reginald Pound.

53 Gillies and Millard, *Principles and Art of Plastic Surgery*, 446.

54 Quoted in Pound, *Gillies*, 82.

55 Letter from Mrs. V.F.E. Gerrard to Regi nald Pound. Letters to Reginald Pound.

56 같은 책.

57 Pound, *Gillies*, 164.

58 Gillies and Millard, *Principles and Art of Plastic Surgery*, 392.

59 같은 책.

60 Reports indicate that Tonks's por traits were in the building at the time of the bombing, though it is pos sible that they had been removed beforehand. A.J.E.

Cave, "Museum," *Royal College of Surgeons of England. Scientific Report* (1940–1941): 4, 10.

61 For more on Archibald McIndoe, see Emily Mayhew, *The Reconstruction of Warriors: Archibald McIndoe, the Royal Air Force and the Guinea Pig Club* (London: Greenhill Books, 2004).

62 Letter from Horace Sewell to Reg i nald Pound. Letters to Reginald Pound.

63 Michael Dillon and Lobzang Jivaka, *Out of the Ordinary: A Life of Gender and Spiritual Transitions*, eds. Jacob Lau and Cameron Partridge (New York: Fordham University Press, 2017), 89–90. See also Brandy Schillace, "The Surprisingly Old Science of Living as Transgender," *Scientific American* (March 18, 2020).

64 Gillies and Millard, *Princi ples and Art of Plastic Surgery*, 379; Dillon and Jivaka, Out of the Ordinary, 8.

65 Dillon and Jivaka, *Out of the Ordinary*, 102.

66 같은 책, 104. See also Andrew N. Bamji and Peter J. Taub, "Phalloplasty and the Tube Pedicle: A Chronological Re-evaluation," *European Journal of Plastic Surgery* 43 (2020): 7–12.

67 Rajesh Nair, "Sir Harold Gillies: Pioneer of Phalloplasty and the Birth of Uroplastic Surgery," *Journal of Urology* 183 (May 31, 2010): e437.

68 Karl Baer is sometimes erroneously iden tified as the first trans man to undergo phalloplasty. Baer was intersex and was born with hypospadias, a comparatively common birth defect resulting in the displacement of the urethra on the penis. As a result, he was misgendered at birth and raised as a girl. As an adult, he visited the Institute for Sexual Research, led by eminent German sexologist Mag nus Hirschfeld. After undergoing an examination, Baer was allowed to change his sex legally. It is unclear whether he underwent any surgical procedure, since the case notes have since been destroyed or lost. For more on Baer, see J. Funke, "The Case of Karl M.[artha] Baer: Narrating 'Uncertain' Sex," in *Sex, Gender and Time in Fiction and Culture*, eds. B. Davies and J. Funke (London: Palgrave Macmillan, 2011), 132–153.

69 Dillon and Jivaka, *Out of the Ordinary*, 109.

70 같은 책, 187.

71 When Dillon was outed as a trans man by British journalists in 1958, Gillies

wrote to his former patient, offering his support. "Letters started coming now from my oldest friends, offer ing their sympathy and saying what they thought of the press. Sir Harold Gillies also wrote, and the Lady Warden from the Mission to Seamen, and, of course, Lobzang Rampa, who himself had been in the papers in the past two months. One and all they wrote encouragement." Dillon and Jivaka, *Out of the Ordinary*, 217.

72 같은 책, 102.

73 Albee, *A Surgeon's Fight to Rebuild Men*, 134.

74 Gillies and Millard, *Principles and Art of Plastic Surgery*, 629.

75 Millard, "Gillies Memorial Lecture," 77.

76 같은 책, 78.

77 Quoted in Pound, *Gillies*, 225.

78 Meikle, *Reconstructing Faces*, 81.

79 Neal Owens, "To Sir Harold Gillies," *American Journal of Surgery* 95, no. 2 (February 1958): 167.

80 Fay Bound Alberti and Victoria Hoyle, "Face Transplants: An International History," *Journal of the His tory of Medicine and Allied Sciences* 76, no. 3 (July 2021): 319–345, accessed July 9, 2021, https://doi.org/10.1093/jhmas/jrab019.

찾아보기

ㄱ

ㅂ

ㅅ

ㅈ

ㅊ

ㅍ

옮긴이 이한음 생물학을 공부했고, 전문적인 과학 지식과 인문적 사유가 조화된 번역으로 우리나라를 대표하는 과학 전문 번역가로 인정받고 있다. 케빈 켈리, 리처드 도킨스, 에드워드 윌슨, 리처드 포티, 제임스 왓슨 등 저명한 과학자의 대표작이 그의 손을 거쳐 갔다. 과학의 현재적 흐름을 발 빠르게 전달하기 위해 과학 전문 저술가로도 활동하고 있다. 저서로는 『바스커빌가의 개와 추리 좀 하는 친구들』, 『청소년을 위한 지구 온난화 논쟁』 등이 있으며, 옮긴 책으로는 『인에비터블, 미래의 정체』, 『제2의 기계 시대』, 『인간 본성에 대하여』, 『우리는 왜 잠을 자야 할까』, 『늦깎이 천재들의 비밀』, 『수술의 탄생』 등이 있다. 『만들어진 신』으로 한국출판문화상 번역 부문을 수상했다.

얼굴 만들기

발행일 **2026년 1월 15일 초판 1쇄**

지은이 **린지 피츠해리스**
옮긴이 **이한음**
발행인 **홍예빈**
발행처 **주식회사 열린책들**

경기도 파주시 문발로 253 파주출판도시
전화 **031-955-4000** 팩스 **031-955-4004**
홈페이지 **www.openbooks.co.kr** 이메일 **humanity@openbooks.co.kr**

ISBN 978-89-329-2554-7 03920